工商管理类创新融合教材
"互联网+"教育改革新理念教材

管理心理学

王　林　汪杰宇　霍丽丽　主　编
陈四娣　闻学颖　张清芳　副主编

中国商业出版社

图书在版编目（CIP）数据

管理心理学/王林，汪杰宇，霍丽丽主编. —北京：中国商业出版社，2023.12

ISBN 978-7-5208-2807-9

Ⅰ.①管… Ⅱ.①王…②汪…③霍… Ⅲ.①管理心理学—高等职业教育—教材 Ⅳ.①C93-051

中国国家版本馆 CIP 数据核字（2023）第 246314 号

责任编辑：管明林

中国商业出版社出版发行

（www.zgsycb.com 100053 北京广安门内报国寺 1 号）

总编室：010-63180647 编辑室：010-83114579

发行部：010-83120835/8286

新 华 书 店 经 销

唐山唐文印刷有限公司印刷

* * *

880 毫米×1230 毫米 16 开 12.5 印张 303 千字

2023 年 12 月第 1 版 2023 年 12 月第 1 次印刷

定价：49.80 元

* * * *

（如有印装质量问题可更换）

前言

心理学在管理中无处不在。人是管理之本，管理者要根据人的心理和思想规律，通过尊重人、关心人、激励人来改善人际关系，充分发挥人的积极性和创造性，从而提高劳动和管理效率。管理心理学正是在这一时代背景下产生并迅速发展的一门学科。

本书从心理学专业角度构筑了有特色的管理心理学的内容体系，囊括了管理心理学的基本范畴、研究方法、基础知识、理论框架，并对近年来管理心理学的研究重点作了深入、细致的探讨，增加了许多新概念、新理论、新方法，汇集了当今国内外管理心理学的重要理论成果，有助于读者更好地把握管理心理学界的前沿动态。

本书在管理心理学基本知识的基础上吸收了心理资本等新理论。本书内容主要包括管理心理学导论、个体认知与管理、人力资源的跨文化管理、个体心理与管理、激励与管理、员工心理健康、群体与团队、领导心理、领导者的领导艺术与技巧、组织与管理。

虽然本书在编撰过程中力求做到精益求精，但由于编著者的水平有限，书中难免有疏漏与不妥之处，敬请广大读者批评、指正。

编　者

目
录
MULU

第一章 管理心理学导论

【学习目标】

- 掌握管理心理学五大研究目的。
- 掌握管理心理学发展历程。
- 理解管理心理学与其他学科的关系。
- 掌握人性假设理论。
- 能理解管理心理学各种研究方法在不同情境下的使用。
- 能区分不同人性假设下的管理要点。

人是企业最重要的资产，管理者的关键能力之一就在于知人善用，洞悉人性，善用心理学知识来激励员工、管理企业，协助企业在竞争中获得优势，创造更好的经营绩效。

第一节　管理心理学概述

管理心理学是心理学的一个重要分支，也是现代管理理论的一个重要组成部分。管理心理学在西方又称为组织行为学或行为管理学，是研究组织管理活动中人的行为规律及其潜在心理机制的一门学科。

一、管理心理学的概念

管理心理学是运用心理学的原理和方法研究管理活动中人的心理现象、心理过程及其规律，使个人或者组织提高效率的一门科学。它把心理学的理论、原则和方法运用于组织管理中，通过研究组织中人的心理和行为规律，进而控制和预测组织中人的行为，以调动人的积极性，发挥人的潜能，提高生产和工作效率，改善人际关系并增强组织功能。

心理学的研究对象是人的心理现象和心理规律，而管理心理学是一门研究在管理过程中人与人之间相互关系的科学，它的研究对象是在管理条件下人与人之间在心理上的相互关系及其规律。管理心理学是从现代管理科学和行为科学发展过程中派生出来的一门新兴的独立学科。

二、管理心理学的研究内容

管理心理学研究的主要内容是管理中具体的社会心理现象，以及个体、群体、组织中的具体心理活动的规律性。因此，可以将管理心理学的研究内容划分为以下三个方面：

（1）个体心理。任何组织都是由个体组成的，任何个体都是有思想、有感情、有追求的活生生的有机体。个体心理研究是指从个体差异与个体共同的心理特征这两个方面的理论出发，对如何激励员工等管理手段进行有效的分析研究。

（2）群体心理。群体是组织中的基本单元，在现代企业中，管理部门的工作主要是针对群体进行的。群体心理研究是指在正式群体与非正式群体中，从群体规范、群体压力、群体气氛、信息沟通、人际关系、群体内聚力等多个维度，对人的心理状态及其对群体活动的影响进行分析研究。

（3）组织心理。组织心理的研究由三个方面组成：①组织结构与组织理论；②组织变革的规律、抵制变革的因素与对策；③组织发展的特点与干预途径。

三、管理心理学的研究方法

管理心理学的研究对象是人，人的心理和行为的复杂性决定了管理心理学的研究方法也是多种多样的。下面介绍几种常用的研究方法。

（一）观察法

观察法是指有目的、有计划地观察研究对象（被观察者）在一定条件下的言语、行为、表情等反应，从而分析其心理活动和行为规律的一种研究方法。观察可以以感官为工具，也可以利用录音、录像、摄影等现代技术设备作为辅助，来提高观察的效果。一般情况下，观察法可以按照以下两种维度进行分类：

第一，根据观察者所处的情境特点，可以将观察法分为自然观察与控制观察两类。自然观察是在完全自然、真实的条件下观察他人的行为，而且被观察者一般不知道自己正在被观察。控制观察则是在限定情境下所进行的观察，也就是在操纵或控制一些条件的情况下观察他人的行为，且被观察者知道自己处于被观察的状态。

第二，从观察者与被观察者的关系出发，可以将观察法分为参与观察与非参与观察两类。参与观察是指观察者直接参与被观察者的活动，在共同活动中进行观察。例如，某销售主管若想弄清楚公司一名推销员绩效不佳的原因，就可以和该推销员一起销售产品，在工作过程中有意观察其一言一行，从中发现问题的症结所在。相反，非参与观察是指观察者不参与被观察者的活动，以旁观者身份进行观察。

观察法的优点是目的明确、简易方便，且所得资料比较系统真实。其缺点是研究难以深入，所观察到的多为表面现象，取得的资料也较为肤浅，难以进行数量化的统计分析。鉴于此，在实际研究过程中，应把观察法与其他方法配合使用，以取得更佳的研究效果。

（二）实验法

实验法是指有目的地严格控制或创设一定的条件，来引起某种心理活动或行为表现以进行研究的方法。根据实验场地的性质差异，可以将实验法分为实验室实验与现场实验两类。

实验室实验是指在专门的实验室内，运用一定的仪器和设备严格地控制实验条件，以研究某种心理与行为现象的方法。例如，要考察表扬对人行为产生的影响，在控制其他无关变量的前提下，可以设立一个表扬组（实验组），对被试良好的工作表现给予表扬；再设立一个对照组，不对该组被试良好的工作表现进行表扬。经过一段时间之后，比较两组后续工作的成绩，若表扬组优于对照组，就可以将其归结为表扬所致。实验室实验的优点是能够严格控制各种无关变量对实验结果的影响，研究结论具有可重复性，且所得数据较为精确：缺点是人为性强，脱离实际生活情境。

现场实验是指在日常生活和工作的情境下，适当控制条件以研究某种心理与行为现象的方法。为提高研究的外部效度，使研究结果更具普遍意义和可推广性，管理心理学家越来越重视现场实验研究。例如，梅奥（Mayo）在霍桑工厂进行的福利实验，即通过提供或取消某

些福利措施来探究其对生产总量的影响，就是典型的现场实验。现场实验的优点是能够结合日常生活和工作进行，避免了实验室实验的局限性，使研究结论更具备可推广性；缺点是不容易严格控制现场的无关变量，研究得出的结论可能会存在一定偏差。

（三）问卷法

问卷法是指研究者根据研究目的和任务编制出内容明确、表达准确的问卷，让被试者根据个人情况实事求是地做出回答，从而收集所需资料和数据的研究方法。问卷法是管理心理学研究常用的一种方法。

问卷法的优点是可以在较短时间内取得大量的材料，并采用统计方法对调查结果进行处理分析，因此得出的研究结论更有普遍意义；缺点是所得到的材料一般较难进行质化分析，不易把结论与被试的实际行为作比较。

（四）访谈法

访谈法是指研究者通过口头谈话的方式从被研究者那里收集第一手资料，了解被研究者心理与行为规律的一种研究方法。就研究者对访谈结构的控制程度而言，访谈可以分为结构化访谈、非结构化访谈和半结构化访谈。

在结构化访谈中，研究者对访谈的走向和步骤起主导作用，即按照自己事先设计好的、具有固定结构的统一问卷进行访谈。在这种访谈中，选择访谈对象的标准和方法、所提的问题、提问的顺序以及记录的方式都已经标准化，研究者对所有的受访者都按照同样的程序问同样的问题。

非结构化访谈没有固定的访谈问题，研究者鼓励受访者自由地发表自己的看法。这种访谈的目的是了解受访者自身认为重要的问题、他们看待问题的角度及其表达方式等。非结构化访谈中，研究者只是起到一种辅助作用，尽量让受访者根据自己的思路自由联想。访谈的形式不拘一格，研究者可以根据当时的情况随机应变。

在半结构化访谈中，研究者对访谈结构具有一定的控制作用，但同时也允许受访者积极参与。通常，研究者事先备有一个粗线条的访谈提纲，根据自己的研究设计向受访者提出问题。但是，访谈提纲主要作为一种提示，研究者在提问的同时也鼓励受访者提出自己的问题，并且根据访谈的具体情况对访谈的程序和内容进行灵活的调整。

访谈法的优点是简单易行，便于迅速取得第一手资料，因而使用范围较为广泛。其缺点是仅凭受访者的口头回答而得出的结论往往缺乏可靠性和真实性，因此，这种方法一般与其他研究方法结合起来运用。

（五）测验法

测验法是指采用标准化的心理量表或精密的测验仪器来测量被试的有关心理品质或行为的研究方法。量表是心理测验常用的研究工具，目前流行的测验量表种类繁多，按测验的内容可分为智力测验、个性测验、态度测验和能力测验等，按测验的方式可分为文字测验与非文字测验，按测验的方法可分为问卷测验、操作测验和投射测验。

在管理心理学的研究中，测验法常作为人员测评的一种工具。例如，用智力量表测定组织成员的一般和特殊能力状况，用个性量表测定组织成员和领导者的性格特征等。测验法的主要优点是测验内容广泛，具有较强的科学性，能够对研究的心理现象进行定量的分析。但测验法也存在一些问题，如心理测验的运用有一定难度，测验者必须经过专门的训练。另外，量表的设计、取样技术等都有较高要求，使用时稍有不慎，就会使测验结果产生很大误差。

（六）个案法

个案法是指对某一个体、群体或组织在较长时间里连续进行考察，系统地了解、收集资料，以便研究其心理与行为发展变化规律的方法。例如，研究者参与某企业一个研发团队的工作，通过长时间地体验生活，掌握了整个团队成员的心理与行为特点、团队的绩效状况和人际关系等，并在此基础上进行深入分析，整理出能反映该团队特点的详细材料。

个案法的优点是呈现的内容丰富，有助于人们发现新问题，为研究者发现和提出新的理论假设奠定良好的基础。其缺点在于，这种研究一般都是描述性的，不容易在较短时间内作出有关因果关系的推论。此外，个案研究一般取样比较小，这就大大限制了研究结果的可应用性和普遍意义，而且得出的研究结论很难进行重复验证。

总之，管理心理学的研究方法（见图 1-1）都有其各自的应用价值，但也都存在一定的局限性。在实际研究过程中究竟采用哪种方法较好，应视研究任务的要求和具体情境而定。通常情况下，管理心理学的研究往往以某种方法为主，辅之以其他方法，这样可以更准确、更客观地反映人的行为和心理活动的规律及特点。

图 1-1　管理心理学的研究方法

四、管理心理学的研究目的

管理心理学的五大研究目的分别是描述、解释、预测、控制与提升工作生活质量。

（一）描述

管理心理学的研究目的之一是通过科学的方法，让我们可以更完整地描述员工的心理过程与外在行为。通过科学的观察，将研究过程中所搜集到的事实数据用文字或口语客观地描

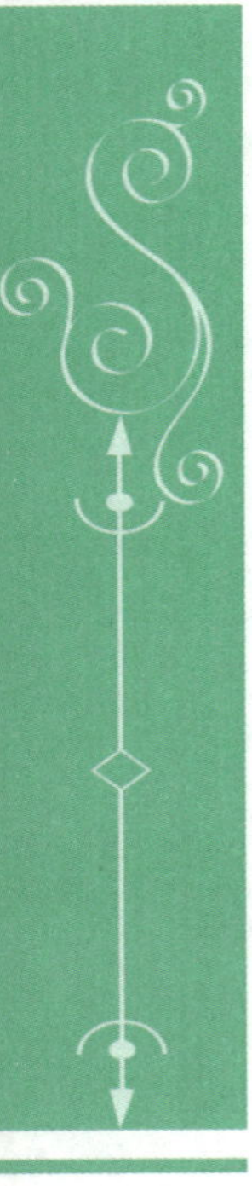

述出来；只说明事实真相，不探究问题发生的原因。例如，管理心理学家如果想要了解工作压力所造成的问题，第一步就是通过科学化的观察，客观地描述工作压力的相关现象，如工作环境中的哪些事件或状况会造成员工的压力感受，或当员工感受到压力后会有什么反应等。

（二）解释

在通过观察得到描述的基础上，接下来的研究目的便是对其加以解释。解释是对个人的行为作进一步分析，探究产生该行为的可能原因，找寻理由来解释问题。例如，通过科学方法找出可能造成工作压力的原因，或找出会加重或减轻工作压力的相关因素，以说明工作压力是如何发生改变的。具体而言，当主管交付员工很多工作，又未提供充足的人力、设备、时间或专业知识时，员工会感到备受限制，无法开展工作，此时“工作限制”便是造成压力感受的真正原因。若能排除这些限制性因素，工作量大反而可能产生激励效果，激发员工的斗志与潜力。

（三）预测

在能够清楚地描述问题，并解释其成因后，管理心理学家还想要进一步预测问题的发生。预测是根据现有的资料推测将来某一事件发生的可能性。例如，工作负荷过重或工作缺乏自主权，都是可能被个人评估后认为是工作压力的来源。所以当员工承担相当大的工作量而又缺乏相关资源时，管理者应及早预知该员工可能会产生较大的工作压力，从而进行相应的工作调整或向其提供必要的协助，以避免工作压力过大所造成的负面影响。

（四）控制

管理心理学家希望能通过描述、解释及预测个人的行为，进一步做到改变个人的行为。控制是指操纵影响某一事项的条件或决定因素，以使该事项能产生预期的变化。例如，针对如何协助员工解决感到工作压力的问题，在累积了众多的研究后发现，员工若能学习和掌握积极主动的应对策略，针对压力源采取可能的行动方案，例如主动沟通，寻求协助，或重新检视工作重要性的排序，优化工作流程，加强专业能力等来解决问题，就可以有效地降低自身的工作压力。

（五）提升工作生活质量

管理心理学的研究范畴涵盖了个人、人际关系及组织层次，所关注的研究主题包括人格、动机、情绪、人际互动、沟通与说服、工作压力以及职场健康等，这些都是整合了管理学与心理学的知识架构，可实际解决企业组织中的各项“疑难杂症”。管理心理学的最终目的是累积对工作场所中个人与群体的心理过程与行为的了解，并应用于组织管理的各层面，以提升工作者的工作和生活质量。

五、管理心理学与各学科之间的关系

（一）管理心理学与心理科学

管理心理学是心理科学的一个分支，属于心理学的应用学科。管理心理学主要以心理学为理论基础。

心理学是研究人的心理现象及其规律的科学，它具体包括两方面的内容：一方面是人的心理活动过程，如感觉、知觉、记忆、思维、想象、情感、情绪、意志等（概括地说，即知、情、意）；另一方面是人的个性心理，指个人身上带有一定倾向的心理特点的总和，它又分为个性心理特征（包括能力、气质、性格），和个性倾向性（包括需要、动机、兴趣、信念、理想、世界观等）。

管理心理学是研究在组织管理中人的心理及行为规律的科学。因为管理的核心和动力就是对人的管理，即管理者如何采用科学的管理方法最大限度地调动人的工作积极性、主动性和创造性。而人的行为积极性的调动主要受到心理和社会两个因素的制约。其中，心理因素是主要因素，人的行为和心理总是联系在一起的，任何工作行为积极性的高低最终都源于人的心理因素。因此，管理心理学试图用普通心理学理论来分析人的工作行为：什么心理因素决定人的工作效率的高低，如何正确处理群体中人与人之间的关系，群体作用对个人的心理影响等，这些问题都是普通心理学中关于心理过程和个性心理的理论在管理实践中的具体反映。所以说，普通心理学与管理心理学是主干与分支的关系。

（二）管理心理学与管理科学

管理心理学是管理科学领域中一门重要的独立学科。管理科学从 20 世纪 50 年代的现代管理理论发展到 70 年代以后的系统管理理论，它不同于过去近代管理理论只着重于生产过程的分析和组织控制的研究，重视技术因素但忽视社会因素和心理因素的做法，而是主要研究人群关系和分析系统工程，开始突出人的因素在管理中的作用和地位，而且强调任何一个劳动者都不是孤立的，应该重视社会和心理因素对他们的影响，激发他们的积极性和创造性，并用运筹学和其他科学的方法对与管理对象有关的所有方面进行系统的、整体的分析。随着现代管理理论到系统管理理论的发展，人的因素逐渐被重视，管理心理学应运而生。它最早以管理理论中的美国心理学家闵斯特伯格（Münsterberg）（工业心理学之父）的心理技术学理论、梅奥的人群关系理论、马斯洛（Maslow）的需求层次理论及德国心理学家勒温（Lewin）的群体动力理论为理论基础，自 20 世纪 50 年代开始在管理科学中逐渐发展成为一门重要的基础学科。

由此可见，管理心理学是管理科学中，侧重研究如何将劳动者作为管理的核心与动力来进行有效管理的那一部分。

（三）管理心理学与行为科学

行为科学是一个更广泛的概念，是一个综合的学科群，它把心理学、社会心理学、社会学、政治学、人类学、生物学、生理学、教育学、管理学等一切与人的行为有关的学科都融合到一起。行为科学的应用非常广泛，可以运用到政治、教育、医疗卫生等领域，当把它运用到组织管理中，便称为组织行为学。组织行为学和管理心理学都是管理科学中的行为科学学派专门用于研究企业管理的分支学科，它们都研究组织管理中的个人和团体的心理和行为，其特点都是既注重个人因素又注重组织因素，强调完成组织目标与实现个人目标的一致性，其理论基础都是心理学与管理科学的综合。

因此，两者之间联系密切。所以，从早在 20 世纪 60 年代初期美国出现的系统的工业社会心理学、组织行为学、组织心理学和管理心理学的专著来看，名称虽然不同，但其内容基本相同，事实上，组织行为学和管理心理学的研究在这时已经趋向一致。从这个角度讲，管理心理学是行为科学的一个组成部分，即组织行为学部分。

管理心理学既是心理学的一个分支，也是管理科学领域中一门重要的独立学科。它以心理学为基础，综合了社会学、社会心理学、人类学、管理学以及其他学科的理论知识，研究组织管理中的人的心理及行为规律。因此，这门学科既带有自然科学的性质，又拥有社会科学的内容，属于边缘交叉学科。

第二节　西方管理心理学的发展历程

管理活动自古就有，可谓源远流长，但真正成为一门科学并形成一套比较完整的理论体系，则是始于 20 世纪初以泰勒为代表的科学管理理论。“第二次世界大战”后，西方社会相对稳定的政治、复苏的经济和迅猛发展的科学技术，使得西方国家的生产劳动性质和劳动力结构发生了巨大的变革。随着“知识性劳动”和“白领工人”在劳动力结构中所占的比例不断扩大，之前的管理模式已不适合这种变化而遭到摒弃。随后，美国和西方其他国家的学者开始寻找一些新的管理理论。

就管理心理学的发展而言，从工业心理学的提出到正式以管理心理学命名，大概经历了三个重要阶段，即古典管理心理学阶段、行为管理心理学阶段和现代管理心理学阶段，每个阶段都有丰硕的理论成就。

一、古典管理心理学阶段

古典管理心理学阶段大概从 20 世纪初发展至 20 世纪 20 年代，其理论研究的核心是如何通过改进工作条件、建立工作规范、加强管理的科学性来提高工作效率。其主要代表人物是泰勒（Taylor）和闵斯特伯格。

（一）泰勒的科学管理理论

泰勒是科学管理理论的创始人。他认为劳资双方不应为争夺少得可怜的一小块利益而喋喋不休，而应设法提高生产效率，进而提高产出和利润，提高工资和改善劳动条件。只有这样，大家的日子才好过。他认为："管理的主要目的应该是使雇主实现最大限度的富裕，同时也使每个雇员实现最大限度的富裕。"泰勒运用"时间—动作分析"的方法进行了"搬铁块""铲铁砂和煤炭""金属切削"等多项实验，提出了"劳动定额""工时定额""工作流程图""计件工资制"等一系列科学管理的制度和方法。泰勒的科学管理方法在很大程度上调动了工人的积极性，提高了生产效率。泰勒科学管理理论的弊端是把人视为机器的附属物，忽略了"人的社会性"，这是该理论后来遭到批评的一个主要原因。

（二）闵斯特伯格的工业心理学理论

闵斯特伯格是工业心理学的主要创始人，他出生于德国，师从现代科学心理学的创始人、德国著名心理学家冯特（Wundt）。闵斯特伯格在德国莱比锡大学的心理学实验室中接受了正规的学术教育和训练，于 1885 年获得心理学博士学位。他于 1892 年受聘于哈佛大学，建立了心理学实验室并担任主任，他应用实验心理学的方法研究了包括知觉和注意力等方面在内的大量问题。闵斯特伯格对运用心理学研究方法研究工业中的实际问题十分感兴趣，于是他的心理学实验室就成为工业心理学活动的基地，成为后来工业心理学运动的奠基石。

1912 年，闵斯特伯格编著的《心理学与经济生活》一书，于 1913 年被译为《心理学与工业效率》。这本书里包含了广泛的工业心理学内容，成为心理学走上理论与实践相结合道路的一个重要里程碑。书中考察了诸如企业的科学领导、职业选择、生产训练以及其他有助于提高工人生产效率和企业家收益的因素，提出了后人广为传播的三项内容："最合适的人，最合适的工作，最理想的效果。"

闵斯特伯格进行了大量的工业中实际问题的研究，其中最经典的一个研究是探明安全驾驶的无轨电车司机应具备的特征。他系统地研究了这项工作的各个方面，并且设计了模拟电车的实验室实验，结果发现一个好的司机应该能够在驾驶的过程中同时理解所有影响电车行驶的因素。同时，闵斯特伯格认为研究疲劳问题对提高工业生产效率也非常重要。闵斯特伯格的研究为工业心理学开辟了新的研究领域，并为后续的研究奠定了基础。

知识链接

闵斯特伯格关于疲劳问题的研究

闵斯特伯格和他的继承者研究了许多工厂每天和每周的工作曲线．典型的日产记录显示出，每天上午 9～10 点产量有轻度的增加，午饭前产量下降，午饭之后产量又上升，但不如上午 9～10 点的情况，而下午下班前产量急速下降。一周的产量也显现出类似的情形，星期一的产量平常，星期二和星期三的产量最高，然后逐渐下降，直到星期六为止。

闵斯特伯格的研究方向和路线，以及所采取的方法对后来的人们有很大启示，在管理学上也有诸多应用。例如：他对工作中的个人进行科学研究，以使其生产效率和心理适应最大化；他认为应该用心理测验来选拔雇员，用学习理论来评价培训方法的开发，要对人类行为进行研究，以便搞清什么方法对于激励工人是最有效的；他还指出了科学管理与工业心理学都是通过科学的工作分析，以及通过使个人技能和能力更好地适合各种工作的要求，寻求提高生产效率。他的研究对于今天的人员甄选、员工培训、工作设计和激励仍有重要的影响。

但是，闵斯特伯格所考虑的面比较狭窄，仅限于个体心理的研究，缺乏社会心理学和人类学的观点和论据。所以，他的工业心理学在当时未能引起更为广泛的注意，而是在其影响下的研究和理论为工业心理学增加了深度和广度，也得到了更多人的重视。

二、行为管理心理学阶段

行为管理心理学阶段在20世纪20—40年代，这一阶段理论研究的特点是以人的行为为中心，研究如何通过满足人的需要、调整人的行为、改善人际关系来激发人的积极性和创造性，进而最终提高工作效率。

（一）霍桑实验和人际关系理论

20世纪20年代，位于美国芝加哥城郊外西方电器公司的霍桑工厂，是一家制造电话机的专用工厂，它设备完善，福利优越，具有良好的娱乐设施、医疗制度和养老金制度。但是，工人仍然愤愤不平，生产效率也很不理想。为此，1924年美国科学院组织了一个包括各方面专家的研究小组，对该厂的工作条件和生产效率的关系进行考察和实验，就此拉开了著名的霍桑实验的序幕。霍桑实验长达8年：1924年11月至1927年4月，主要是在美国国家科学委员会的赞助下进行；1927—1932年，主要是在美国哈佛大学心理学教授梅奥的主持下进行。整个实验分以下四个阶段：

1. 照明实验

照明实验在霍桑工厂共进行了两年半的时间。实验是在挑选出的两组绕线工人中进行的，一组是实验组，另一组是参照组。实验的目的是研究照明条件的变化对生产效率的影响。

知识链接

照明实验简介

在实验过程中，实验组不断地增加照明强度，而参照组的照明强度始终保持不变。研究者想通过实验知道照明强度变化对生产效率的影响，实验结果却是两组的产量都在不断提高。后来他们又采取了逐渐降低实验组的照明强度，一直降到0.06烛光（1烛光=1坎），几乎和月光差不多的程度，这时候产量才开始下降。

此外，研究人员还从工作报酬（集体工资和个人计件工资），以及休息时间、工作日和工作周的长短等方面进行了实验。结果表明，这些条件的变化与生产效率之间并不存在明确的因果关系。研究人员感到毫无意义，因而纷纷退出实验小组。霍桑实验陷入了困境。

1927年，梅奥率领的哈佛实验小组连同电器公司的人员成立了一个新的研究小组，开始了霍桑实验里程中更为艰辛的跋涉。霍桑实验的第二阶段从此开始。

2. **福利实验**

福利实验又称为实验室实验，实验目的总的来说是查明福利待遇的变化与生产效率的关系。

知识链接

福利实验简介

梅奥等挑选了6名女工，让她们在同其他工人隔离的控制条件下工作。实验过程中逐步增加一些福利措施，如缩短工作日、安排工间休息、调节工作场所的温度、免费供应茶点等，结果产量提高了。2个月后，他们取消了这些福利措施，发现产量不仅没有下降，反而继续上升。

由于实验结果显示增加福利措施对生产效率并无直接影响，所以研究人员进行了更深入的分析，发现导致生产效率上升的主要原因有两点：一是参加实验的光荣感。实验开始时，6名参加实验的女工曾被召进部长办公室谈话，她们认为这是莫大的荣誉。这说明被重视的自豪感对人的积极性有明显的促进作用。二是成员间良好的相互关系。管理人员对女工态度和蔼，女工之间的关系也比较融洽，她们能在友好、轻松的气氛中工作，从而激发了劳动热情。研究人员由此得出结论：在调动员工积极性和提高产量方面，人际关系是比福利措施更重要的因素。

3. **访谈实验**

访谈实验又称为谈话实验，目的是了解工人对工作状况、工资待遇、工作监督、公司方针等方面的真实态度。

知识链接

访谈实验简介

1928—1930年，梅奥等组织了大规模的员工态度面谈调查，谈话人数达21126人次。在访谈的过程中，访问者起初提出的问题大都是事先设计好的（先准备好问题提纲，后以受访者回答的形式进行面谈），例如工厂的督导工作及工作环境等方面的问题。虽然访问者事先声明将严格保守秘密，请工人放心，可是受访者在回答问题时仍然遮遮掩掩，存有戒心，怕厂

方知道后自己会遭到报复，谈话总是无关痛痒。后来实验人员放弃设计好的问题，采用事先不规定内容而让受访者自行选择话题的访谈形式，并将每次访谈的平均时间从 30 分钟延长到 1～1.5 小时，多听少说，详细记录工人的不满和意见。

这次访谈实验后，工厂的产量出现了大幅度的提高。研究者分析认为，这是由于工人长期以来对工厂的各项管理方法有许多不满，但无处发泄，通过自由面谈的方式倾听了他们的意见后，工人由此而感到心情舒畅，因而使产量迅速上升。

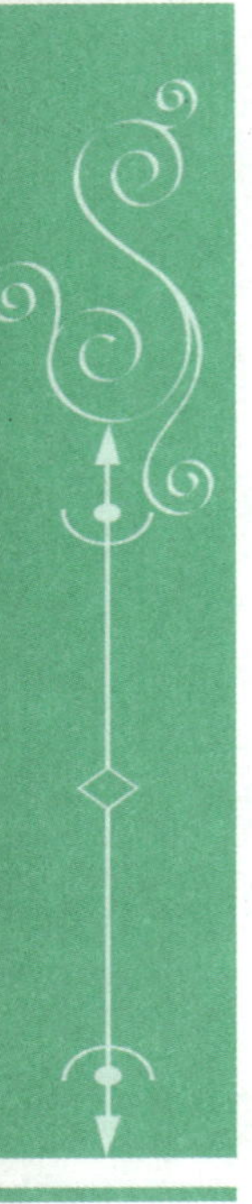

4. **群体实验**

群体实验又称为观察实验，其目的是通过观察以证实在工人中存在着一种非正式的组织，这种非正式的组织对工人的态度和行为有着极其重要的影响。

知识链接

群体实验简介

实验者为了系统地观察在实验群体中的工人之间的相互影响，在车间中挑选了 14 名男性职工，其中有 9 名绕线工、3 名焊接工、2 名检验工，让他们在一个单独的房间内工作。

实验开始时，研究人员向工人说明，他们可以努力工作，因为在这里实行的是计件工资制。研究人员原以为实行这一套办法可以使职工更为努力的工作，然而结果却是出乎意料的。事实上，工人实际完成的产量只是保持在中等水平上，而且每个工人的日产量都是差不多的。根据动作和时间分析，每个工人应该完成的标准定额为 7312 个焊接点，但是工人每天只完成 6000～6600 个焊接点就不干了，即使离下班还有较长一段的时间，他们也会自行停工。这是什么原因呢？研究人员通过观察了解到，工人自动限制产量的理由是：如果他们过分努力地工作，就可能造成其他同伴失业，或者公司会制定出更高的生产定额。

研究人员为了了解工人之间能力的差别，还对实验组的每个人进行了灵敏度和智力测验，发现 3 名生产最慢的绕线工在灵敏度的测验中得分是最高的。其中最慢的 1 名工人在智力测验上排行第一，灵敏度测验排行第三。测验的结果和实际产量之间的这种关系使研究人员联想到群体对这些工人的重要性。工人可以通过提高自身产量而得到小组工资总额中较大的份额，而且减少失业的可能性，然而这些物质上的报酬却会带来群体非难的惩罚，因此他们认为每天只要完成群体认可的工作量就可以相安无事了。

实验表明，在正式组织中存在着自发形成的非正式群体，这种群体对内在于控制其成员的行为，对外则为了保护其成员，使之不受来自管理阶层的干预。至于它形成的原因，并不完全取决于物质利益，主要是与更大的社会组织相联系。

霍桑实验的重大贡献在于，它不同意泰勒把人只看成“会说话的机器”或人的活动只受金钱驱使的观点，而认为人是“社会人”。霍桑实验的另一个重大贡献在于，它发现并证实了“非正式组织”的存在，这种“非正式组织”有其特殊的感情倾向和行为规范，控制着每个成员的行为，甚至影响整个正式组织的活动。梅奥将霍桑实验所取得的一系列成果进行了归纳、总结和整理，于 1933 年编著了《工业文明的人类问题》一书，并由此提出了著名的人际关系理论。

（二）群体动力理论

群体动力理论的创始人是德国心理学家勒温。勒温认为，人的心理和行为取决于人的内在需要和周围环境的相互作用。当人的需要没有得到满足时，会产生内部力场的张力，而客观环境中的一些刺激起着导火索的作用。人的行为动向取决于内部力场与情境力场的相互作用。他根据“心理场”理论提出了著名的行为公式：

$$B=f\ (P,\ E)$$

式中：B 代表行为（Behavior）；P 代表个人（Person）；E 代表环境（Environment）；F 代表函数（function）。

此公式的含义是，个人的一切行为（包括心理活动）是随其本身与所处环境条件的变化而改变的。也就是说，一旦两个或两个以上的人在一起，就会产生一种复杂的人与人之间的关系，这种关系确定了人们的行为。这些力量的相互作用和它们对群体的影响，就构成了群体的动力（群体活动的动向）。如果一个组织要最大限度地利用人力资源和满足成员最高水平的需要，就必须注意使组织群体中的个人之间相处得很好，这一点对领导者尤为重要。群体动力理论对于管理心理学中有关群体心理的研究产生了巨大的影响。1947 年勒温去世后，他开辟的这一领域在他的学生手中得以发展，勒温的学生详尽地研究了影响群体行为的诸多因素，如群体规范、群体沟通、领导等，创立了旨在提高群体中人际关系技能和学习怎样与他人进行合作的“敏感性训练”方法。

（三）马斯洛的需要层次理论

马斯洛于 1943 年编著的《人的动机理论》一书，提出了著名的需要层次理论。他认为人有五个层次的需要，由低到高依次为生理需要、安全需要、爱与归属需要、尊重需要和自我实现需要。马斯洛认为，人行为发展取决于人需要的发展，高层次需要和行为的出现有赖于低层次需要的基本满足。也就是说，如果希望一个人能充分发挥其创造才能，就要提供条件使其一系列先行需要得到满足。在当代，没有受过马斯洛思想影响的管理者很少，他的理论是管理心理学和行为科学的基础理论之一。

三、现代管理心理学阶段

现代管理心理学阶段大致从 20 世纪 50 年代开始发展至今，这一时期人们普遍认识到在管理工作中物质资本的作用不再突出，而人的作用日益显著，人已逐渐成为一种特殊的资源。最大限度地开发人力资源成为管理心理学研究的主要内容。这一时期管理心理学的理论研究可以分为两大类：一类是研究领导行为、管理决策、组织变革与发展、团队建设、沟通、激励和跨文化管理理论等问题；另一类是从个体差异的角度研究职务分析、人员选拔、培训、绩效评价和薪酬分配等理论和方法。也就是说，现代管理心理学研究者更强调从心理学和社会学的角度来研究管理问题，强调社会环境、个性发展以及人际关系对提高工作效率的重要性。这一时期研究者通过大量的实践研究总结出丰硕的理论成果，这些成果被越来越广泛地应用到组织管理中，并在实践中得到进一步的完善与发展。

第三节　管理心理学对人性的假设

了解管理心理学的发展历程之后，本节将介绍管理心理学对人性的假设。管理心理学在管理实务中最主要的研究对象是员工的态度与行为，所有管理制度的根本都来自对人性的假设，只有通过对人的了解，管理者才能规划出适宜的制度来提升管理效能。

随着社会、经济的发展，管理思潮不断演变，管理心理学对人性的假设产生了以下主要观点：X 理论与 Y 理论，以及经济人、社会人、自我实现人和复杂人的假设。

一、X 理论与 Y 理论

美国工业心理学家麦格雷戈（McGregor）曾说过：“每项管理决策与措施都是依据有关人性及行为的假设。”也就是说，管理者的管理策略、管理方式及管理行为等均受到管理者对人性所持的假设的影响。对人性的假设就是管理者看待人的方式，以及解读人的动机与行为的基本出发点。

麦格雷戈在 1960 年编著了《管理理论 X 或 Y 的抉择——企业的人性面》一书，他认为每一个管理决策的背后都必然有某些关于人性本质与个人行为的假设。管理者依据他们看待员工的方式来思考、规划与执行管理制度。所以，当管理者对人性假设的看法不同时，所展现的管理方式也会随之不同。

（一）X 理论

X 理论对人性基本假设的核心思想：“一般人天生就厌恶工作，所以会尽可能地逃避工作。”在这样的对人性的基本信念下，管理者必须通过管理制度来压制人们逃避工作的本性，仅依赖奖励制度是无法促进员工努力工作的，唯有给予惩罚的威胁，才能督促员工有好的工作表现。

管理者若秉持 X 理论来看待员工，会认为员工缺乏努力工作的动机，所以会设计各种防弊和惩罚的制度，以避免员工逃避工作职责。例如，设计请假制度，若员工无故缺席、迟到，就会扣减其薪资，通过这样的惩罚制度来监督员工的出勤。在认为员工不喜欢工作的假设下，X 理论发展出一项控制的基本原则：“层级原则”，即通过组织的层级与权威来监督和控制员工。例如，厂长掌控副厂长的工作目标达成状况，副厂长管理各生产线经理的绩效，生产线经理则直接指挥和监控各位员工的工作表现，通过这种组织阶层结构的设计来防止员工逃避工作职责。

（二）Y 理论

Y 理论对人性基本假设的核心思想：“一般人并非天生就厌恶工作，若情况许可，个人不仅能接受职责，而且会设法去完成工作，以追求工作上的满足。”在这样的对人性的基本信念下，管理者认为人是喜欢工作的，而且工作后的成就感可以让员工感到满足，所以管理者会设计各种激励和奖赏制度，以建立良好的雇佣关系。

秉持 Y 理论的管理者认为，员工会自动自发地完成工作使命，员工渴望使用自己的智力与创造力来应对工作上的挑战，通过达到工作目标来产生自我实现的满足感。管理者认为员工会主动地追求工作目标的达成，所以会通过制度来激励员工展现更高绩效的工作行为。例如设计高绩效人力资源管理制度，通过加薪、升迁与授权来奖励绩效表现优秀的员工，以激励员工持续投入工作，追求更好的工作表现。依据 Y 理论，管理者应致力于创造一种充满挑战的工作环境，通过激励措施来鼓励员工对组织目标产生承诺，同时也提供员工一个发挥自己的专业能力，并在工作中获得满足的机会。

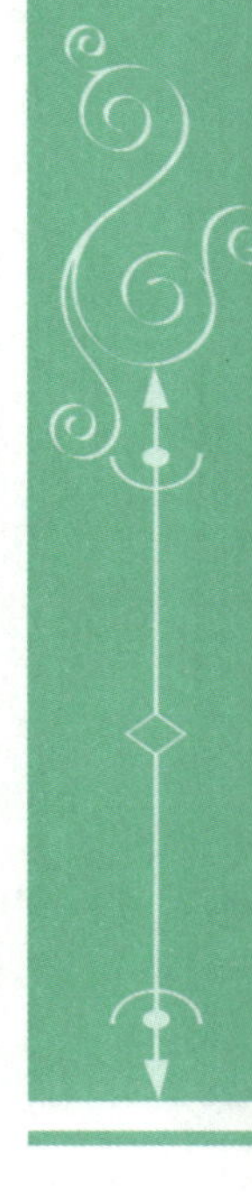

麦格雷戈就管理立场所提出的人性假设并非完全对立的概念，而是一个连续光谱带的两端，也没有孰优孰劣的绝对之分。换言之，X 理论与 Y 理论均有其适用性，管理者究竟应秉持何种人性假设，不仅是个人的价值选择与理念实践，还应视其所处的管理情境而定。再者，员工具有个体差异，并非所有员工均属天性懒惰，企图逃避工作责任，亦非所有员工都喜好接受挑战，渴望在工作中寻求自我满足。因此，管理者必须考虑组织情境与员工的个体差异，妥善运用激励与防弊的管理制度，而非一味地坚持单一措施造成管理制度的僵化。

二、经济人、社会人、自我实现人和复杂人的假设

沙因（Schein）在编著的《组织心理学》一书中整合了经济学、社会学及心理学对人性的看法，提出了管理者对人性的四种假设，即经济人、社会人、自我实现人和复杂人的假设。

（一）经济人的假设

经济人的假设来自经济学的劳动交换理论，认为人是自利的，人生的目标在于追求快乐，人的所有行为都是在追求自身的最大利益。人们工作的动机是为了获得经济上的报酬，因此最能有效激励员工努力工作的工具即经济性诱惑。

依据经济人的假设，管理者会善用经济报酬作为诱惑，通过薪资与奖酬来激励员工的绩效表现，以控制的手段来引导员工达成工作目标。例如，管理者会通过金钱的奖酬来激励员工，若员工的绩效未能达到标准，则无法获得奖金；唯有达到工作目标，员工才能获得奖赏。

（二）社会人的假设

社会人的假设认为个人的满足主要来自社会性的需求，唯有满足人际互动的需求才能激

励个人。也就是说，员工最主要的工作动机是社会需求，借工作中的人际关系获得社会互动，例如通过与同事的合作来获得认同，或与领导的互动来获得支持。根据社会人的假设，管理者除了要注意工作目标的完成，还须格外重视员工的社会需求，例如对工作团队的归属感、对组织的认同感等。若管理者无法满足员工对人际互动的需求，员工则会因社会需求无法得到满足而疏离组织，甚至产生离开组织的意图。为满足员工的社会需求，组织可通过授权和参与管理的方式让员工将自己定位成团队的一员，从而使其社会需求得以满足。

（三）自我实现人的假设

自我实现人是指人会积极主动地利用自己的能力，在工作中充分发挥潜能，也唯有尽最大限度的努力，人才能在工作中实现自己的理想，获得最大的满足。基于上述对人性的假设，管理者认为员工渴望在工作上发挥所长，更会自动自发地把个人目标与组织目标结合起来，在工作中寻求人生的意义与自我的满足。

自我实现人重视的是工作上的挑战与自主，他们追求更多成长与学习的机会来获得自我满足。管理者必须致力于营造一个有意义的工作环境，让员工在工作上拥有自主权，可以在专业能力范围内作决策，这样才能满足员工的自尊与自我实现的需求，从而激发员工对工作的投入。

案例链接

职场新鲜事——你不用来上班

谁说上班一定是“朝九晚五”？顺应职场大环境的变迁，还给员工“工时”的选择权，让他们能更好地兼顾工作与家庭、工作与休闲，照顾员工的心理感受，还给他们尊重与自由，这是越来越多的公司实施“弹性工时”的原因。也就是说，让员工享有选择上下班时间的部分自由，如由原本的朝九晚五改为上午10点上班，下午6点下班。弹性工时的原则是每周工作时数不变，在某些限度下，可依员工的自我需求调整上下班的时间。研究证明：弹性工时对绩效的提升确有显著的影响，更重要的是士气的提升，以及对公司向心力的增强。不过，下面这个极端弹性工时的案例还是会让人觉得不可思议！

北美某家市场占有率极高的连锁3C卖场，曾尝试了一场组织大变革，一是为了激励员工，二是想开发潜在的人力市场，吸引有“家庭生活负担”的女性和不想被“绑”在办公室的潮流青年加入，他们试图建立一个“完全绩效导向的工作环境”。

说得轻松，一开始其实阻力很大，疑虑也很多：有人担心员工偷懒，公司业绩会下滑；有人担心没有面对面的接触，工作团队精神难以为继；有人担心控制不了自己，结果工作与生活完全没了界线。

不过，主管阶层还是决定一试，也有一个部门自愿当“小白鼠”。没想到，实验的效果出奇的好：员工自愿离职率从16%降到0，业绩则上升35%，员工的投入感也明显增加。当然，“副作用”也是有的，如团队精神衰弱，沟通困难增加等。但是瑕不掩瑜，这项极端尝试依然是成功的。

"弹性工时"其实是最常用的一种"工作再设计"，其目的就是希望能改善员工的工作态度与生产力，通过不同于常规旧习的工作安排与规划来激励士气，增强员工的工作动机。从国内外的研究结果来看，此种措施基本上是成功的。当然，不是每家公司都适合用"弹性工时"，更不是每家公司都能实现前述的极端情况，但这无疑是值得考虑的组织变革选项之一。

（四）复杂人的假设

无论是经济人、社会人还是自我实现人的假设，都将人的需求单一化，而复杂人的假设则认为人本身是十分复杂的，每个人都有许多不同的需求，而这些需求很可能会随着年龄与发展阶段的不同产生相应的变化。也就是说，随着人生角色的变化，人在不同阶段会产生不同的需求。此外，每个人的动机也不相同，常常因时、因事、因地而产生变化，也会因为身处不同的组织、不同的管理方式而有极大的变动性。管理者无法使用一套固定的管理制度来管理所有员工，因此，管理者必须具有敏锐的观察能力，洞察员工的个别需求。

复杂人的假设较贴近现实情境，我们都知道，人是复杂且具有个体差异的，管理者必须针对不同员工的需求采取弹性的管理措施，而非对员工一视同仁，使用单一不变的方式来管理。例如，并非所有员工的工作动机都在于追求经济性报酬，有人将金钱视为生活的基本保障，认为工作是为了"五斗米折腰"；有人将金钱视为权力的象征，认为薪资就象征了个人的社会地位；也有人工作是为了使命感，通过工作目标来追求自我实现。所以，管理者无法仅使用金钱作为唯一的激励手段，对于不同员工应采取相对有效的激励方式，才能适才适所地激发员工的潜能。

经济人、社会人、自我实现人及复杂人的人性基本假设与相应的管理制度如表1-1所示。

表1-1　经济人、社会人、自我实现人及复杂人的人性基本假设与相应的管理制度

人性假设	基本假设	管理制度
经济人	追求快乐 重视最大经济利益	控制与防弊 使用金钱作为奖酬
社会人	追求社会性需求 重视人际关系的满足	强调归属与认同 以团队合作达成目标
自我实现人	追求工作的内在意义 重视自我潜能的发挥	自主与授权 给予挑战性的工作
复杂人	追求多种不同需求 需求会随着情境而变	权变与弹性 使用多元的激励措施

复习思考题

1. 列出管理心理学的五大研究目的。
2. 简述管理心理学的三种研究方法。
3. 简述经济人的假设。
4. 简述社会人的假设。
5. 简述复杂人的假设。

第二章 个体认知与管理

【学习目标】

· 掌握认知的概念及其涵盖的心理活动。
· 掌握社会认知的概念及内容。
· 理解社会认知效应。
· 理解归因及归因理论。
· 能解析认知所涵盖的各项心理活动。
· 能运用社会认知理论分析社会现象。
· 能运用归因理论进行科学的归因管理。

个体的行为往往不以事实真相为依据，而是以他们的所见、所感为依据。为了更好地理解个体行为，我们首先要探讨人的认知及其所涵盖的各项心理活动。

第一节　认知概述

认知是人类重要的心理现象之一，是主体对客体的反映。主体对客体的认知差异，会导致其行为反应的差异。组织成员对人、对事、对己的认知是组织行为管理的特点。个体、群体及组织心理与行为的问题都始于认知，尤其是社会认知，社会认知有无偏差会直接影响生产与管理的绩效。

认知过程是指人认识客观事物的表面属性和内在联系的心理活动过程，也是最基本的心理过程，它主要包括感觉与知觉、注意与记忆、思维与想象等心理活动环节。

一、感觉与知觉

（一）感觉

感觉是人脑对直接作用于感觉器官的客观事物的个别属性的反映。感觉的产生，首先要有客观事物作用于感觉器官而产生刺激，其次是刺激引起的神经生理活动，最后在大脑中枢产生感觉体验。它分为外部感觉和内部感觉，其中外部感觉包括视觉、听觉、嗅觉、味觉和触觉，内部感觉包括运动觉、平衡觉和机体觉。感觉是认识过程的初级阶段，是人认识外部客观世界的开端，也是意识形成和发展的基础。

（二）知觉

知觉是人脑对直接作用于感觉器官的客观事物的整体反映，是人对感觉信息的组织和解释的过程。它具有以下四个特性：

1. 知觉的整体性

知觉的整体性是指人根据自己的知识经验，把直接作用于感官的客观事物的多种属性整合为一个统一整体的过程。

案例链接

你的知觉整体性如何？

知觉的整体性能够将碎片化、零散的信息经过大脑加工形成整体的印象和感受。但受人的差异性影响，这种统一整体化的过程也会有所差异。认真观察图 2-1（a）和（b），你看到了什么？如果看到的是人，又看到多少人呢？

图 2-1　知觉整体性测验图

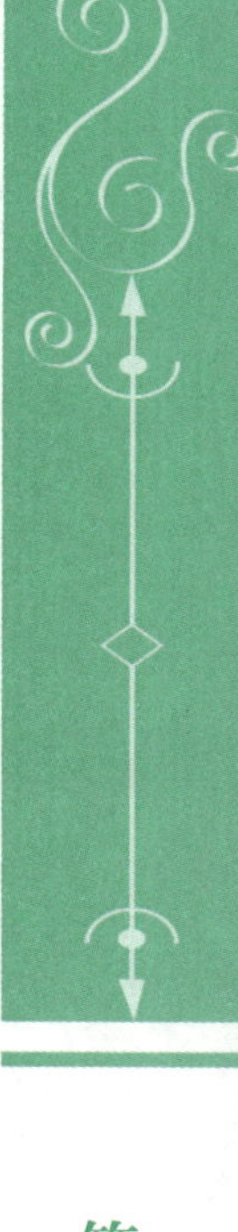

2. 知觉的选择性

知觉的选择性是指人根据自身的需要有选择地将客观刺激作为知觉对象进行加工的过程。知觉是比感觉更高一级的反应形式。复杂的知觉是要靠学习与经验获得的。影响知觉选择性的因素可以是客观因素、主观因素、经验知识、个体性格、个体气质等。正是这些综合因素的影响，使得个体知觉出现选择性，呈现不同的知觉过程及结果。这里主要介绍客观因素和主观因素。

从客观因素的角度分析，主要有三个具体因素：①知觉对象本身的特点。在周围环境中，那些刺激作用强烈而突出的事物，一开始特别容易引起人们的无意注意，成为知觉对象。例如，形状的大小、强度的高低、对比性的强弱、动态与静态、重复次数的多少都会对知觉选择性产生影响。②对象和背景的差别。对象与背景差别越大，越容易被知觉；对象相对背景越动态，越容易被知觉；对象强度越强，越容易在背景中脱颖而出。③对象的组合。接近原理，个体总是会情不自禁地将相近的事物连接在一起，形成一个整体；相似原理，个体总是会情不自禁地将相似的事物连接在一起，形成一个整体；闭锁原理，个体总是会情不自禁地将看似封闭的事物连接在一起，形成一个整体，即使他们并不是真正的完整的组合；连续原理，个体总是会情不自禁地将看似连续的事物连接在一起，形成一个整体，即使他们并不真正连续。

从主观因素的角度分析，主要有以下两大因素：①动机。动机是指人们行动的原因。在国外，也有人把动机称作驱动力。产生动机的来源包括内在条件（需要）和外在条件（刺激）。实验证明，动机在很大程度上决定着人们的知觉选择。②兴趣。兴趣的不同往往决定着知觉选择性的差异。一般来说，最感兴趣的事物会首先被知觉到，而那些对于观察者来说无兴趣的事物则往往被排除到知觉的背景中。

案例链接

你看到了什么？

组织者在实验前建立了两个实验组：实验组一的被试者在实验前 1 小时进餐，而且让他们吃得很饱；实验组二的被试者则在实验前的 8 小时内都不准吃东西。实验开始后，让这两组被试者看一些模糊不清的图片，并说他们说出所看到的图片内容。实验的结果让人吃惊，在实验前 8 小时都没吃过东西的人中，很多人都将图片内容说成是某种食物。这在一定程度上说明了随着饥饿程度的增加，被试者会更有可能把模糊不清的图片内容识别成与食物相关的事物。

钱币你怎么看？

研究者采用心理物理法中的调整法来测定被试者对标准刺激（一元、五元、十元、一百元）估计的大小。例如，研究者会询问被试者："在你心目中，一元的价值有多少？你想拥有吗？"结果表明：所有儿童对钱币价值大小的估计都会比成人高一些，但贫困儿童比富裕儿童对价值的估计更高，且更想拥有。其原因在于，同等面值的钱币对于贫困儿童则更有价值，因此他们对钱币价值的估计就会比富裕儿童要大一些，由此产生的兴趣自然也就更大。

3. 知觉的理解性

知觉的理解性是指人以知识经验为基础对感知的事物加工处理，并用词语加以概括说明的加工过程。

4. 知觉的恒常性

知觉的恒常性是指人的知觉映象在一定范围内不随知觉条件改变，而保持相对稳定特性的过程。

二、注意与记忆

（一）注意

注意是人的心理活动在特定阶段、特定时间对特定对象的指向和集中。正因如此，指向性和集中性是注意的两个基本特征。指向是心理活动有意或无意的选择结果，集中是对选择结果的聚焦。

（二）记忆

记忆是人脑对过去经验的一种保持以及再现，或者说记忆是人脑对经历过的事物的一种留存性反映，包括识记、保持、再认和回忆四个环节。

三、思维与想象

（一）思维

思维是对客观事物的一种概括，属于间接认识，是认识的高级形态。思维与感觉和知觉相比，三者的相同点都是人脑对外界客观事物的心理反映，都属于心理活动层面的认识过程。三者的不同点在于感觉和知觉是人脑对外界客观事物的直接反映，而且往往反映的是客观事物的外在属性，具有直观性和形象性；而思维是建立在感觉和知觉基础上的，通过获取一定量的感性素材才能展开推论、提出假设，并在检验这些假设的过程中揭露感觉和知觉所不能揭示的事物本质及其内部规律，具有间接性和概括性。此外，感觉和知觉都属于认识的初级阶段，即感性认识阶段；而思维属于认识的高级阶段，即理性认识阶段。

从总体上分析，思维具有概括性和间接性两大基本特征。思维的概括性指的是基于一定量的感性材料，把同一类事物共同的、本质的特征提炼出来，并加以概括，形成抽象的概念；思维的间接性则是指它不能反映直接作用于感觉器官的事物，而是需要借助一定的认知媒介和一定的知识经验，实现对客观事物的间接反映。

（二）想象

想象是指人脑基于感觉和知觉，对已有的旧表象进行加工、重组，以形成新的形象的心理过程。想象具有如下特征：①它在人脑中呈现的形象往往是直观、具化的事物，而不是词或者符号；②想象中出现的形象往往是新的，它不是原有旧表象的简单再现，而是有一个加工改造的过程。可以说，想象既来源于现实，又高于现实；既有现实的元素，也有创新的要素。

第二节　社会认知

一、社会认知的含义及特点

（一）社会认知的含义

社会认知是关于社会现象，尤其是对社会中人的认知。人是社会的人，总是处在一定的社会环境和关系之中，人总是同他人联系和交往的。社会认知是个人对他人的心理状态、行为动机、意向、个性及社会关系等作出推测与判断的过程。社会认知的过程一方面要基于认知者的过去经验及现有素材，另一方面要依托认知者的思维活动（如信息加工、推理、提炼、

归纳等)。社会认知是个体行为的基础，个体的社会行为是其在社会认知过程中做出各种裁决的结果。同样，在组织管理中，要加强组织成员的人际沟通，建立良好的人际关系，正确地选人、用人，激发员工的工作热情，都离不开正确的社会认知。

（二）社会认知的特点

社会认知存在和发生于人与人的相互影响和相互作用之中，因此，具有一些与物体知觉不同的特点。

（1）认知主体与客体之间的相互作用。在对物体的认知过程中，认知主体与客体之间的关系是单向的；而在社会认知过程中，认知主体与客体之间的关系是双向的，往往互为主客体。你认识他人，而他人也在认识你。例如，你认知对方过程中表达的善意，往往也会使对方在看待你的时候报以善意。

（2）主观推断。社会认知是包括感知、判断、推测和评价的社会心理活动，所依据的重要参照标准是认知者的内在经验。当认知者个人经验不足或推断所依据的线索不足时，就容易出现“以己度人”的情况，发生认知偏差。

（3）受认知对象社会意义的影响。以社会认知对象的一些社会特性，如角色、地位、影响力、权威性等，所引起的认知“期望”作为推断、评价的参照系，容易影响认知结果。

社会认知的上述特点，正是人们在人际交往中容易发生认知偏差，以及大多数人倾向于进行自我“印象整饰”的基本原因。由于社会认知的复杂性，管理者在与员工的交往中应时刻注意克服不容易避免的认知偏差。

二、社会认知的内容

社会认知是一种最基本的社会心理过程。一个人对人与事的态度及其人际交往方式和社会行为的发生，都是以社会认知为基础的。社会认知包括自我认知（对自己的认知）、他人认知（对他人的认知）、人际认知（对人际关系的认知）、角色认知（对社会角色的认知）四个方面。

（一）自我认知

自我认知又称为自我意识，是指个体对自己的心理和行为状态的知觉。换句话说就是自己对自己的评价，是个体的自我观。这种自我认知犹如一幅完整的自画像，是由很多要素构成的统一整体。

知识链接

自我认知

苏联学者麦尔林认为，自我意识（自我认知）可以划分为四个部分：①同一意识，即区别于对自己和对其他事物单方面认知的特殊意识；②对活动主体的自我意识，即作为对积极从事活动的物质主体——自身的自我意识；③对心理特性的自我意识，即人对自己的心理活动及其个性的认知；④社会与道德的自我评价，即对自己的社会地位、社会作用、社会价值以及道德上的责任与义务的自我认知。

美国心理学家威廉·詹姆斯认为，自我认知包括物质自我、社会自我和精神自我三个层面。物质自我是自我认知最粗浅的形态，是指人对自身存在的一种自觉意识。当个体能够将自己的躯体同他人区别开来时，就产生了物质自我的认识。社会自我是指个体对自身在社会上的地位或荣誉的意识。这种地位或荣誉与个体的社会职业、所处的社会制度及个体所归属群体的道德规范有关。精神自我是指个体对自身内在的智慧、能力、道德、思想的认知，属于比较深层次的自我认知。

企业管理人员要有意识地鼓励青年人，不要只注重物质自我的追求，而是要有社会自我和精神自我的追求。只有坚持追求社会自我和精神自我，人的思想境界才能不断提高。

（二）他人认知

他人认知是指对别人的动机、情感、意向、性格等方面的认知。我们在认识他人时，除了从言谈举止以及外表进行了解，最重要的就是观察其表情。当然，一个人的喜、怒、哀、乐等情绪不仅以面部的表情表达，还会以其说话的语气、手势动作等形式表露。一个人对自己的认知，主要通过别人对自己的态度、看法，以及自己的行为结果与自己的期望、别人的评价来实现。以他人为“镜”而形成的“镜像自我”，是一个人个性中的核心成分，是“自我概念”（对自己的基本看法）形成的重要依据。管理者作为员工的“重要他人”（对其成长起重要作用的人，包括父母、管理者和同伴），给员工以正面要求、积极评价是十分必要的。

（三）人际认知

人际认知是指对人与人相互关系的认知，包括对自己与他人，以及他人与他人之间关系的认知。在识别人际关系时，个体不仅需要了解对方的动机、性格以及人际反应特点，同时也需要了解对方与其他人之间的社会关系。这是因为在一个社会群体中，双方的人际互动关系不仅受双方人际交往特点的影响，往往还会受第三方乃至更多人的影响。正因如此，个体必须了解群体组织中每一个人与其他人的相互关系，才能更科学地进行人际认知，才能在人际关系的处理上得心应手，进而提高组织的工作效率。

（四）角色认知

1. 角色认知的含义

角色认知又称为角色知觉，是指人对于自身所处的特定的社会与组织中地位及实施的行为的知觉。角色就好比是演员在戏剧舞台上所扮演的人物。在社会这个大舞台上，人生就如同一场戏，每个人都在扮演着不同的人物。作为管理者同样扮演着一种社会角色。一个人担

任了领导职务，这个人在单位里就取得了领导者的社会地位和身份。为此，作为领导者要具备领导者地位的角色认知，并根据这种认知履行这一角色的责任与义务。

2. 角色认知的过程

一个完整的角色认知过程应该包括四个环节：①角色认识。角色认识是指个体对自己应该在社会与组织中所处地位及实施的行为的认识。这是一种个体的自画像，指引着后续的角色行为等各个环节。②角色行为。角色行为是指个体基于角色认识，实施特定的社会或组织所赋予角色的特定行为。例如，担任商店营业员角色的员工，其在商店内的角色行为是展现熟练的服务技能、丰富的业务知识以及周到热情的服务态度。而作为一个单位的领导者，其常见的角色行为包括组织群众、开展群体教育、代表和维护群体利益、使用和传播信息等。③角色期望。角色期望是指他人对个体所应承担角色的希望与寄托，它的原理与角色认识相同，差异在于角色期望是他人对个体的角色识别。在群体中生活的人们都会对与其交往的他人有一定的行为期望。这种行为期望是在他人对个体角色的认识的基础上，再融入一些对其个人的期盼所形成的。例如，企业一线员工对企业领导者的角色期望可能有懂得担当、认真履职等。④角色评价。角色评价是指他人对个体所扮演角色的评论。角色评价的标尺是角色期望，如果个体所实施的角色行为高于角色期望，那么将会得到正面的角色评价；如果个体所实施的角色行为低于角色期望，那么将会得到负面的角色评价。

案例链接

学会“照镜子”

在现实管理实践中，为避免角色混乱所带来的问题，可以要求相关人员，特别是上下级、生产运作中“上下游”关系的员工填写自己的角色认识，以及对相关人员的角色期待。之后相互交换，根据对方填写的角色认识及对自己的角色期待来对自己和对方进行角色评价，从而树立正确的角色行为。

角色认知中的角色认识与角色行为属于角色扮演者主观方面的因素；而角色期望与角色评价是他人对角色扮演者的反馈信息，属于客观方面的因素。角色认知作为复杂的社会认知的一个方面，只有在主客观因素相互作用的条件下，才能最终形成一个完整、正确的角色认知。这也说明，角色认知是一个人在社会实践中积极的、动态的实现过程，而不是消极的、静态的反映过程。

三、社会认知效应

社会认知效应是人们对社会刺激的一些特殊反应形式，是客观存在的具有规律性的认知偏差。人性其实有许多弱点，一个人不管有多么优秀，都不可避免地会存在一些错觉。常见的社会认知效应主要有以下几种。

（一）首因效应

首因效应是指个体在加工社会性信息的时候，初次获得的信息对印象形成产生决定性影响的现象，又称第一印象，主要是获得被知觉者的面部表情、身体姿态、眼神、仪表、服饰等方面的印象。这些印象对以后的交往态度可能会产生重要的影响。

在日常生活中，首因效应有时可以发挥积极的作用。例如，员工对新来的领导或同事第一印象很好，双方都留下了深刻的印象，他们之间的交往就会有一个很好的起点。另一方面，首因效应也可能导致偏见。例如，初次见面时紧张、不自然和口吃，可能造成胆小、表达能力差的印象而引起他人的轻视，进而使当事人感到自卑。此外，首因效应也容易给行骗者以方便，使人们单凭第一印象而轻信他人，结果上当吃亏。当然，第一印象形成后也不是无法改变的，一般来说随着时间的推移、交往的增多，所获得的信息越来越全面，第一次见面留下的印象也会发生改变。

案例链接

谁更聪明？

一位心理学家曾做过这样一个实验：他让两个学生都做对 30 道题中的一半，但是让学生 A 做对的题目尽量出现在前 15 道题，而让学生 B 做对的题目尽量出现在后 15 道题。然后让一些被试者对这两个学生进行评价：两相比较，谁更聪明一些？结果发现，多数被试者都认为学生 A 更聪明。这就是首因效应。

启示：切勿以貌取人；良好的开端是成功的一半；注重首次形象。

（二）近因效应

近因效应是指最近获得的信息会冲淡过去形成的印象，对新印象的形成产生决定性影响的现象。近因效应同首因效应是相对的。一般来讲，首因效应对初次或短期交往的影响较大，而面对长期交往或较熟悉的事物时，首因效应已经淡化，近因效应会成为新的心理定式，给人留下较深刻的印象。所谓“浪子回头金不换”，说的便是近因效应的道理。

在企业管理中，当第一次给人留下不好的印象时，并非不可改变的，只要不断努力，用真诚打动人，用实力说服人，用事实改变人，最终会赢得他人的信任。

案例链接

他怎么变积极了？

某公司准备下个月在企业内部公开选聘部门经理。消息一传出，公司中的员工，特别是那些有想法的员工就开始表现出很积极的工作状态。其中有一名员工小李，曾因为总是迟到而被批评。但近一个月以来，他每天都会早到，并且做好了办公室卫生清洁等工作，再加上

其本月业绩不错，最终被提拔为部门经理。

启示：“江山易改、本性难移”，考察他人时要尽量全面，切勿被眼前的现象所迷惑。

（三）晕轮效应

晕轮效应又称为光环效应，是指个体在识别、加工社会信息的过程中，会依据个人好恶来识别、评价他人的品质，并由此形成对他人各方面品质的倾向性总推论，形成要么一切都好，要么一无是处的印象。晕轮效应容易使认知者以点代面、以偏概全，对他人采取极端的态度。一个人受晕轮效应的影响，往往会忽视自己觉得印象好的人的缺点或自己印象不好的人的优点，造成人际交往失误。典型的表现是：若对某人无好感，则对他的一举一动都看不顺眼；若有好感，则对其一切言谈举止都觉得顺眼。所谓“一俊遮百丑”“情人眼里出西施”，便是晕轮效应的典型反映。

案例链接

谁偷了斧子？

古时候，有一个人丢了一把斧子，怀疑是邻居偷的。于是他留心观察，发现这个邻居的一举一动都像是偷斧子的人。后来他在山上砍柴时找到了丢失的斧子，再重新观察那个邻居，又觉得邻居根本不像偷斧子的人了。

启示：注意避免“一俊遮百丑”“情人眼里出西施”“只见树木、不见森林”“管中窥豹、略见一斑”等晕轮效应。

（四）定型效应

定型效应又称为刻板印象，是指在人们头脑中存在的、关于某一类个体的固定形象。定型效应是社会知觉恒常性特征的典型表现，即对人或物持有一成不变的看法与评价。

在现实中，定型效应的案例不胜枚举：人们对于不同民族、不同籍贯、不同年龄、不同职业、不同社会地位、不同性别的人，都会有一个固定形象。这种定型效应既有优点也有缺点：优点是能够反映共性，有利于人们迅速从总体上把握个体概貌；缺点是过于僵化、不够灵活，且抹杀了人的个性。例如，管理者对女性员工在能力方面较消极的刻板印象，往往导致管理与被管理双方放弃在挑战性任务上的努力，使女性员工的潜能无法发挥出来。

在管理过程中，要科学识别定型效应的优点和缺点，有效利用定型效应的积极方面，努力克服其消极方面。例如，对于工作程序等日常事务性工作，要形成相对固定的行为模式，促进工作的有序进行；对于认识上的偏见、交往中的误解等造成的僵化行为模式，则要认真面对，实事求是地纠正。

案例链接

我们看人总喜欢走捷径

在现实生活中，我们往往会以某种特性来归纳某一类人，从而形成比较刻板、固化的评价。例如，对不同年代的人的评价："70后"，工作狂基本上都是"70后"；"80后"，拒绝加班；"90后"，加班可以，但要有让我满意的加班费；"00后"，我要自由的工作。"70后"，如果有笔记本，我喜欢到公众场合使用；"80后"，我才不会背那么重的东西在身上；"90后"，只要苹果笔记本；"00后"，我有手机。"70后"，我有存款；"80后"，我有负债；"90后"，我有老爸；"00后"，我有梦想。"70后"，结交有背景有地位的人；"80后"，结交志趣相投的人；"90后"，只要有缘都结交；"00后"，有缘自是朋友。"70后"，"五一""国庆"去旅游，并且会在各个景点门口拍下很多"V字"手势的照片；"80后"，"五一""国庆"在家睡觉，或者约朋友去唱歌，去旅游；"90后"，天天是"五一""国庆"；"00后"，来一场说走就走的旅行。"70后"，吃饭时喜欢坐在老板旁边；"80后"，最好别坐在老板旁边，那样才无拘无束；"90后"，我是老板；"00后"，我想坐哪儿就会坐哪儿。

除此之外，刻板印象的例子：中国人勤劳勇敢，美国人喜欢冒险；山东人豪放，上海人精明；已婚员工比未婚员工更稳定；无商不奸；知识分子是戴着眼镜、面色苍白的"白面书生"形象，农民是粗手大脚、质朴安分的形象；女性缺乏事业心、进取心、决断力，比较柔弱，男性事业心强、有进取心、有决断力，比较刚强等。这些印象并不一定正确，只是我们在评价或判断一个人或一个群体时经常会走的捷径。正因如此，我们要科学合理地利用或纠正刻板印象，以免产生不正确的判断。

启示：人总是会变的，人都是有差异的；在理解群体共同特性的基础上，融入个体特性认识，切莫生搬硬套，给他人戴"高帽"、贴"标签"。

（五）知觉防御

知觉防御是指个体对不利于自己的信息会视而不见或加以歪曲，以达到自我防御的目的。当个体发现被知觉对象与自身已有的定型模式不相符合时，便会有意或无意地抹去那些与定型模式不相符的内容，从而歪曲了对被观察对象的认知。

知觉防御是一种逃避，是一种不敢直视问题的知觉倾向。它通过歪曲事实来实现有效的心理防护。其积极作用在于缓解个体所受到的刺激冲击，增加其心理承受能力；消极作用在于没有真正解决问题，而只是将问题暂时放下。

启示：知觉防御能缓冲内心的不平衡，但要真正解决问题则不能一味逃避，而是要积极面对。

（六）投射效应

投射效应是指通过以己度人的方式来实现心理防御的目的，即将自己的失败、罪过投射

到他人身上。例如，一个懒惰、吝啬、顽固的人，往往会认为他人也是懒惰、吝啬、顽固的，甚至会认为他人在这些方面比自己更为严重。

投射的作用是可以减少个体的内心焦虑。通过投射给他人，获得对不能接受的事物加以攻击的机会，并与之保持一定距离，从而获得安全感；用强调别人和自己一样或比自己更坏的方式来得到自我满足；通过批评或阻止别人去做那些令人不快的事来欺人或欺己。

案例链接

是金佛还是“牛屎”？

苏东坡与僧人佛印是好朋友。一天，苏东坡对佛印说：“以大师慧眼看来，吾乃何物？”佛印说：“贫僧眼中，施主乃我佛如来金身。”苏东坡听朋友说自己是佛，自然很高兴。可他见佛印长得胖胖的，却想打趣他一下，笑曰：“然以吾观之，大师乃牛屎一堆。”佛印听苏东坡说自己是“牛屎一堆”，并未感到不快。回家以后，苏东坡得意地向妹妹提起这件事，苏小妹说：“哥哥你错了。佛家说‘佛心自现’，你看别人是什么，就表示你看自己是什么。”

启示：“人心不同，各如其面”，要客观地看待自己的喜好及他人的特点，不能简单地以己度人。

第三节　归因与管理

一、归因及归因理论

案例链接

从失败者到挑战者

一位老师将全班学生分成了男女各两组进行50米赛跑。为了激发学生参与竞赛的积极性，这位老师提出没有战胜各自对手的学生要做五个俯卧撑。比赛一开始，学生还在为了比赛中的胜负及违规争论，例如谁抢跑了，谁跑的时候脚踩线了，等等。经过几轮比赛，学生内部出现了不和谐的因素：“老师，这也太不公平了，我强烈要求换人。”一名男生指着身旁的一位同学叫嚷着。他的叫嚷引起了更多比赛“失败者”的附和。原来与他一同赛跑的是校田径队的集训队员，所以尽管他很努力了，但都以失败告终，自信心受到打击。这时老师问道：“那你认为与谁比会比较公平？”“我要和他比。”这位学生指着身后的一名小胖子，迅速做出了回答。听完这位同学的要求，其他的“失败者”也纷纷提出换人的要求，一时间现场乱作一团。

此时老师却并不慌忙，等学生安静了以后，对他们讲了这么一席话：“在考试中或者在竞赛中，我们能因为对手的强大而要求更换对手或者拒绝比赛吗？”“不能！”“什么是虽败犹荣？我相信大家都懂。能与强者同场竞技是一种荣耀。什么是强者？强者就是在困难面前永不低头、永不言败。即使明知是失败的结果，也要冲上去与之争个高低，这才是真正的强者。”听完老师的话，那些之前要求更换对手的学生沉默了。而此时，那名原本提出更换对手的学生又一次在比赛中输了，可这次他并没有提出换人，而是一边做着俯卧撑一边说：“我就不信赢不了你……”

归因是指人们对自己或他人的所作所为进行分析并推断其原因的过程，也就是解释和推断他人行为或自己行为的原因的过程。据此，归因理论可以理解为是个人阐释他人或自己行为原因的社会认知理论，目的在于通过对行为因果关系的分析，剖析、控制人们所处的环境及在其影响下所产生的行为。

归因理论主要包含三个命题：①分析人们心理活动产生及发展的原因；②根据个体的行为及结果，对个体心理特征做出合理的推论；③根据个体曾经的典型行为及其结果推断在特定条件下的可能行为，实现对行为的预测。目前，主要存在以下五个归因理论。

（一）朴素归因理论

1958 年，海德（Heider）在他的著作《人际关系心理学》中，从通俗心理学的角度提出了归因理论，该理论主要解决的是日常生活中人们如何找出事件原因的问题。海德认为，人有两种强烈的动机：①形成对周围环境一贯性理解的需要；②控制环境的需要。为了满足这两种需要，普通人必须要对他人的行为进行归因，并且经过归因来预测他人的行为，唯有如此才有可能满足“理解环境”和“控制环境”的需要。因此，普通人和心理学家一样，都试图解释行为并且从中发现因果关系，只是普通人的归因并没有什么科学方法，他们更多地依靠理解和内省。普通人的这种归因活动被海德称为“朴素心理学”。与之相应，海德也被称为“朴素的心理学家”。

海德认为事件的原因不外乎有两种：①内因，如情绪、态度、人格、能力等；②外因，如外界压力、天气、情境等。一般人在解释别人的行为时倾向于性格归因，在解释自己的行为时倾向于情境归因。

海德还指出，人们在归因的时候经常会使用两个原则：①共变原则，指某个特定的原因在许多不同的情境下和某个特定结果相联系，该原因不存在时，结果也不出现，我们就可以把结果归于该原因。比如一个人总是在考试前闹别扭、抱怨一切，其他时候却很愉快，我们就会把闹别扭和考试联系在一起，即把闹别扭归于考试而非人格。②排除原则，指如果内外因某一方面的原因足以解释事件，我们就可以排除另一方面的因素。比如一个凶残的罪犯又杀了一个人，我们在对他的行为进行归因时就会排除外部因素，而归于他的本性等内在因素。

（二）自我效能感归因理论

自我效能理论首先由美国心理学家班杜拉（Bandura）提出，后经认知心理学家整合，发展成现在的自我效能感归因理论。自我效能感是指个体在执行某一行为之前对自己能够在什么水平上完成该行为活动所具有的信念、判断或感受，即对自身能力的主观判断。

班杜拉的自我效能理论的中心思想是：个体的自我效能感将决定其在成就情境中的行为动机。自我效能感高的人在有关的活动中的行动积极性也会高。在这个过程中，个体会愿意付出更多的努力，并采取更多的策略来解决所遇到的问题。而当问题得到解决时，最初的自我效能感就得到了证实，持续努力的动机就得到了维持，取得成功的信心就会产生。自我效能感低的人则不愿付出过多的努力或采取相应的对策来解决困难，活动结果也因此会不尽如人意，而这种糟糕的活动结果反过来又进一步降低了个体的自我效能感。

由此可见，归因与自我效能感之间存在互动关系。一方面，个体的归因会影响自我效能感：如果对成功做稳定的、内部的归因，则会提高未来的成就动机水平，自我效能感也会提升；如果对失败做稳定的、内部的、不可控制的归因，则未来的成就动机水平就会降低，自我效能感也会降低。另一方面，个体的自我效能感也会影响其归因：自我效能感强的个体倾向于将成功归因于内部的、稳定的因素，而将失败归因于一些不稳定的因素，且坚信通过努力会取得成功；自我效能感弱的个体则会倾向于将失败归因于内部的、不可控制的因素，而将成功归因于外部的、不可控制的因素，从而丧失未来取得成功的信心。

（三）习得无助归因理论

习得无助概念最早是由美国心理学家塞利格曼（Seligman）提出的。塞利格曼在对动物进行实验的基础上于1967年提出：将动物放在一个无法逃避的电击范围，开始时动物极力逃避电击，但随着时间的推移，动物的逃避反应明显减弱甚至消失，即表现为动机缺乏、联想及情绪的缺失。这种现象称为“习得无助”。产生该行为的原因并非消极事件本身，而是个体认识到自身对消极事件的无能为力。而且这种习得无助具有弥散性，能够扩散到新的情境中。塞利格曼认为，消极行为事件或结果本身并不一定产生习得无助感，只有当这种事件或结果被个体知觉为自己难以控制的时候，人才会产生无助感。习得无助概念提出以后，很快便引起人们的兴趣，并用以研究人类的类似行为。

在现实生活中，习得无助往往体现为一种无奈的抑郁状态，是个体对自己所要开展的重要事件无法产生积极影响的无助。而这种无助又可以被解释为个体将失败归结为自身能力低的习得无助感。习得无助归因者主要有以下三个方面的表现：①较低的成就动机，即对于未来的成功缺乏信心，进而缺乏动机；②较低的自我效能感，即个体会将失败过多归因于自身能力差，而将成功归因于外部原因；③较低的情绪张力，即个体往往会处于低迷的情绪状态，缺乏积极向上的动力。

（四）对应推论理论

对应推论理论由琼斯（Jones）和戴维斯（Davis）在1965年提出。此理论主张，当人们进行个体归因时，就要从行为及其结果推导出行为的意图和动机。一个人所拥有的信息越多，其对行为所做出的推论的对应性就越高。一个行为越是异乎寻常，观察者对其原因推论的对应性就越大。

归因者在归结原因时基于三个假设：①行为实施者预先知道此行为的结果；②行为实施者有能力做出此类包含意向的行动；③行为实施者想要的就是这种结果。而影响对应推论的因素主要有三个：①非共同性结果，即所选行动方案有不同于其他行动方案的特点；②社会期望，一个人表现出符合社会期望的行动时，我们就很难推断其真实态度；③选择自由，即如果我们知道某人从事某个行动是其自由选择的，而不是受到某种因素的强迫，我们便倾向于认为这个行为与这个人的态度是对应的，但如果不是其自由选择的，则难以做出对应推论。

案例链接

关窗

在一个房间里，一个人突然站了起来，走过去关上了窗户，并穿上毛衣。此时，我们可以推断他是因为感觉到冷了。但仅是关上窗户的行动不足以判断他是觉得冷，因为也可能是外面太嘈杂，需要关窗来让房间内变得安静，而如果加上“穿上毛衣”这个非共同性结果，我们就可以推断这个行动是由于他感觉到冷。

生日宴会

小王受邀参加了小明的生日宴会。在宴会上，小王一开始还是高高兴兴的，但他发现生日宴会上居然没有他喜欢吃的水果蛋糕，也没有他喜欢吃的冰激凌，甚至都没有吃饱，他心里有些不高兴，但出于礼貌，他没有表现出来。终于等到宴会结束，小明对小王说：“感谢你能来参加我的生日宴会，你今天吃得开心吗？”小王兴奋地说：“宴会准备得很好！我非常开心，谢谢你！”

（五）韦纳理论

美国心理学家韦纳认为，可以将人们对行为成败的原因分析归纳为以下六个方面：①能力原因，即从个体是否能胜任工作的角度来分析成败；②努力原因，即从个体是否在工作中尽力而为的角度来分析成败；③任务难度原因，即从完成任务的难易程度来分析成败；④运气原因，即从外部非个人原因的角度来分析成败；⑤身心状况原因，即从个体工作过程中的身心状况来分析成败；⑥外界环境等其他影响工作成效的因素。

按照这六种原因的要素差异，韦纳分别将其纳入三个向度：①控制点（因素源），指个体认为影响其成败因素的来源，包括能力、努力及身心等个人内控条件，以及运气等外在环境；②稳定性，指个体认为影响其成败的因素在性质上是否稳定，是否在相似情境下具有一致性，以此可以增强预判性；③可控性，指个体自认影响其成败的因素在性质上是否能由个人意愿所决定。

韦纳归因理论的主要论点是：①人的个性差异和成败经验等会影响其归因；②个人对前一次成就的归因会影响其对下一次成就行为的期望、情绪和努力程度等；③个人的期望、情绪和努力程度对其成就行为有很大的影响。

根据上述观点，韦纳从个体的归因过程出发，探求个体对成败结果的归因与成就行为的关系，对影响行为结果的可觉察原因特性、原因结构，以及原因归因和情感的关系、情感反应的激励作用等都提出了创造性的见解。他认为每个人都力求解释自己的行为，分析其行为结果的原因。而一个人在分析原因时，常常结合表 2-1 的三维度与六因素进行分析。

表 2-1　三维度与六因素的归因表

六因素	三维度					
	稳定性		控制点		可控性	
	稳定	不稳定	内在	外在	可控	不可控
能力高低						
努力程度						
任务难度						
运气好坏						
身心状况						
外界环境						

二、归因错误或偏差

归因理论提出了在对他人的行为进行判断和解释过程中所遵循的一些规律，在管理过程中，管理者和员工也不可避免地受到这些规律的影响，但是在管理员工，对他们的行为进行归因时，虽然有规律可循，却无法做到绝对的准确。此外，在社会生活中个体对社会或他人行为的归因也不会那么理性，有时是“感情用事”、想当然，甚至会表现出某种偏好。因此，我们要警惕归因过程中的错误或偏差。

（一）基本归因错误

我们在对他人的行为进行归因时，会出现一种很正常的现象，就是倾向于低估外部因素的影响而高估内部或个人因素的影响。具体来说，就是人们在解释他人消极的行为和后果时，往往会夸大行动者的个人因素，低估环境的因素。相应地，人们在解释他人积极的行为和后果时，往往又会低估行动者的个人因素，而高估环境的因素，认为是外部机会等原因而不是个体努力所产生的积极结果。这就是基本归因错误。

（二）自我服务偏差

人们在对自己的行为进行归因时，倾向于把自己的成功归因于内部因素，如个人能力或努力，而把失败归因于外部因素，如运气等。

案例链接

孩子摔倒了

在一个凉风习习的傍晚，一位妈妈带着孩子在公园玩耍。孩子正在公园高兴地玩耍，突然被一块石头绊倒，手和膝盖被划破了，孩子瞬间大哭起来。这位妈妈赶紧跑过去，扶起了孩子，然后说，“宝宝不哭，都是这块凸出的石头不好，现在妈妈拿根树枝打它，谁让它害得我宝宝摔倒！”于是，这位妈妈找了根树枝，对着地面打，发出了“啪”“啪”的声音。妈妈马上说：“宝宝不要哭了，你看我已经打了它，它都哭了，没事了。”孩子在妈妈的安慰下逐渐停止了哭泣，没过多久又开始快乐地玩耍了。

（三）信息不完善

人们在进行归因时需要完善的信息，但实际上往往得不到需要的所有信息。例如，很多时候我们不知道某人以前在同样场合中的行为，也难以知道其他人在同样场合中的行为。这就影响了我们的正确归因。事实上，在许多情况下人们对于所发生的事件并不是经过多方面观察、收集足够信息后才进行归因，而往往是利用生活经验，根据自己的需要和期望，凭借有限的信息，对行为做出简单、迅速的归因。这样做有时可能会直接出现归因错误，或是晕轮效应等直接片面的主观判断，从而不能完整地把握事情的本质。

（四）利己归因偏差

当个体或群体发生利益冲突时，双方的归因可能都会偏向于利己。例如，企业员工经常会责怪企业管理者的管理水平差，而管理者则会抱怨员工未能尽到职责。

三、归因管理

（一）保持乐观的期望

归因存在基本归因错误、自我服务偏差等错误，影响着人们的正确归因。在这个过程中，人们要保持乐观的期望，包括对自己及他人的期望。特别是当自己或他人的行为结果不佳时，需要给予自己和他人以乐观的期望，告诉自己或他人只要努力，未来一定会有进步，并把更多的原因适当地归为外因，从而让自己和他人始终保持信心，按照自己或他人的乐观期望去努力提升自己的业绩，实现良性循环。

（二）建立良好的心态

要有效地避免归因过程中的偏差或错误，一个行之有效的方式就是建立良好的心态。我们不能预知生活和工作的各种情况，也不能确保每一次归因都正确，但良好的心态可以使我们能够更好地适应各种结果，进行更为科学的归因。当行为表现优异的时候，我们要告诉自

己，这是自己努力的结果，也是外部各种条件综合作用的结果，所以不能盲目自信，需要科学分析成功的原因，避免自我服务偏差；当行为表现较差的时候，我们要告诉自己还需更加努力，相信自己未来一定可以做得更好；当我们发现是外部环境导致了失败的时候，我们要告诉自己，失败不能完全归责于自己，要对自己有自信。

（三）形成积极的归因方式

归因管理中最为重要的是形成积极的归因方式，形成科学的归因习惯，而不是简单地寻找事情的原因。具体来说，积极的归因方式有三种：①努力归因，即要突出努力在事情中的重要性，强调努力作为积极归因的主导要素，提高努力程度与业绩结果的相关度认知，避免沾沾自喜；②可控归因，即要在归因中注重可控因素的影响，而不是不可控因素的影响，如果成功了，就要告诉自己是因为自己准备得很充分，而不是运气好等不可控的因素，这样就会激发人们注重可控归因；③分化的归因模式，努力归因和可控归因是归因引导中的一般原则，还可以通过分化的归因模式形成积极的归因方式，具体来说，就是成功时引导人们进行内在、稳定的归因，失败时则引导人们进行外在、可变的归因。

复习思考题

1. 认知包括哪些心理活动环节？
2. 社会认知包括哪些内容？
3. 常见的社会认知效应有哪些？
4. 归因理论有哪些？
5. 结合工作或生活案例，谈谈如何进行科学的归因管理。

第三章 人力资源的跨文化管理

【学习目标】

- 了解文化的概念与特征，认识民族文化四维度的内容。
- 深刻理解人力资源管理理论的文化相对性。
- 了解中国人力资源今后的努力方向。
- 掌握整合同化理论的实质及其在跨文化管理中的应用。
- 认识不同国家和地区的人力资源招聘模式的跨文化比较。

第一节 管理与文化

一、管理与文化概述

从马克思主义的历史唯物论的观点看，经济是基础，而政治与文化是上层建筑。政治与文化是在一定的经济基础上产生的，一旦占统治地位的先进的政治与文化产生，必然会反过来促进经济的发展。

管理理论属于观念形态的一部分，任何一个时代，某一时期的管理理论的产生都有其深刻的、具有时代经济基础的原因，即受到一定生产方式的现实制约。显然，古典管理理论、人群关系理论与当代管理理论都与一定时期生产方式的发展相联系。

同样，为了建立具有中国特色的管理心理学的理论，首先要考虑我国的政治制度，即不同于资本主义社会的社会主义制度模式；其次要考虑我国有着光彩夺目的几千年的历史文化传统。

生根于中国文化传统中的中国人所特有的心理、行为、习惯等，深深地埋藏在中国人的精神深处，这些可以感觉到的因素应该在管理制度和措施的制定中被充分地考虑进去。经验表明，如果管理制度不符合人们固有的文化传统，就会在改革中遇到阻力。国外的情况也是如此，如“全面质量管理小组”的活动在美国行不通，而在日本就行得通。这是因为，在美国的企业中，其文化传统强调的是个人独立活动；而在日本的企业中，其文化传统强调的是集体统一行动。日本有着封建集权观念、等级观念、家庭观念、团队精神等文化传统，因而在管理上一般采取“长期雇佣制”“集体决策”“缓慢晋升”等一系列与之相应的措施。而美国的文化传统中强调个人的独特性与独立地位，团体观念相对淡薄，因而在管理上大多采取“短期雇佣制”“个人决策”“快速提升”等一系列与之相应的措施。

由此可见，管理思想的产生既受经济基础的制约，也受社会、政治、文化传统的制约。不顾本国的文化传统，生搬硬套其他国家的管理理论与思想，其效果一定是不理想的。只有一方面吸收国外的先进管理理论与思想，另一方面结合本国的文化传统加以合理的利用，才能做到以我为主、博采众长、融合提炼、自成一家。

二、文化的概念与特征

（一）文化的概念

“文化”这个词在英文与法文中均为“culture”，它是从拉丁文“cultura”演变而来的。拉丁文中的“cultura”有好几种意义：一为耕种；二为居住；三为练习；四为留心或注意；

五为敬神。

在日常生活中，人们对文化的最狭义的理解，就是要学文化、讲礼貌，言行不粗鄙，提倡文化素养。

人们对文化的另一种习惯性理解，是指艺术、文博、图书等文化行政部门。

人们对文化的广义理解是指除政治、经济、军事以外的一种观念形态，是精神活动的产物。文化是一个复杂的总体，它表现为一定时期人们的艺术、宗教、信仰、道德、习俗、心理等传统。

文化是各门学科如思想史、哲学史、科学史、文学史、宗教史、中外关系史、考古史、文物学、古文献学等，共同的研究对象。管理心理学对文化的理解，应该限定在特定的界限内，以便从特定的角度来考察管理与文化的相互关系。

文化是影响某一人群总体行为的态度、类型、价值观和准则，它是某种环境下人们集体精神的程序编制表现。

显然，在任何一个时代，一个民族、一个阶层的人们都有自己的观念、心理状态、思维方式、社会习惯、人情世态、行为准则等，这些就是人们集体精神的程序编制表现。在一定文化影响下所形成的人们的态度、类型、价值观、准则等，决定了该人群总体的行为方向。我国文化传统中的一个中心思想是“礼”，这种儒家思想几千年来统治着人们的心理状态、思维方式、社会习惯、人情世态、行为准则等。此外，“尊老爱幼”的理念也是我国文化中的优良传统。

（二）文化的特征

文化的特征可以分为以下四个方面：

（1）文化不是一种个体的特征，而是人类群体的特征。这个群体是由相同的教育、相同的生活经验所制约的大群体，如部落、宗教组织、协会、工作组织、家庭等。

（2）文化是一种观念形态，是精神活动的产物。文化存在于人们的精神中，同样也体现在人们的物质生活中。人们的衣、食、住、行等都体现了一定的文化，即一定历史时期、一定地区的精神生产的结果。

（3）文化具有相对的独立性与稳定性。文化形态是从社会经济结构中发展起来的，并受这个结构的制约。但是，文化形态一经产生，便具有相对的独立性和稳定性。

文化的稳定性表现为地域性、民族性与排他性。中华民族的文化具有极强的稳定性与相对独立性。从历史的经验看，外来文化传入中国后，将被中华文化所融合。

（4）文化是发展的。尽管文化的变化是缓慢的，但终究是要发展、变化的。政治、经济对文化的发展、变化具有决定性的影响，但是，这种影响是通过文化自身的矛盾运动来实现的。具体来说，文化是通过对自身的扬弃、克服、批判、继承、融合而发展、变化的。中华民族在数千年的历史中，以及在现在与将来，都将不断地通过自身的批判克服、摒弃文化传统中的糟粕，同时继承、发扬、融合中外文化中的精华。

三、民族文化的维度

美国管理协会的管理心理学家吉特·霍夫斯泰德于1980年发表了《动机、领导和组织——美国的理论可以在国外应用吗?》一文。这是一篇有关管理心理学的跨文化研究的重要论文，提出确定民族文化特征的四个维度，即权力距离、不确定性规避、个人主义与集体主义、男性度与女性度。

民族文化四个维度的提出，是大规模调查研究、大量统计分析和理论推断得出的结果。这项调查研究长达7年；资料总数包括116000张问卷；调查范围遍及40个国家和地区；调查对象是某一跨国公司的各分公司中的雇员，其中包括从非熟练工人到上层管理者的不同层次的人员。

以一个跨国公司内的资料为调查对象是能够说明民族文化的特征的。因为，来自不同国家的受试者组成了良好的匹配样本，他们受雇于同一公司，具有相同的职业，年龄范围和性格构成也是相似的，唯有国籍不同。因此，如果考察了在不同国家中的跨国公司雇员中的问卷结果的差异，那么，一定程度上能够解释这种差异的因素就是民族文化。

(一) 权力距离

权力距离是指社会承认的权力在组织机构中不平等分配的范围。权力距离也可以理解为职工与管理者之间的社会距离。权力距离具有大与小的显著差异，它代表两个极端的民族文化的程度差异，但大多数民族位于两个极端之间的某处。

大的权力距离表现的特征：等级顺序严格，每个人都处于或高或低的位置上；少数人是独立的，大多数人是依赖的；掌权者是有特权的；有权者和无权者之间存在着潜在的冲突等。

小的权力距离表现的特征：等级应减至最低程度；所有的人应该相互依赖；处于不同权力地位的人，相互间信任，很少感到有威胁；有权者与无权者之间存在着潜在的和谐。

权力距离的大小用权力距离指数（Power Distance Index，PDI）的量值来表示。

(二) 不确定性规避

不确定性规避是指一个社会感受到的不确定性和模糊情境的威胁，并试图以提供较高的职业安全性、建立更正式的规则、不容忍偏离观点和行为、相信绝对知识和专家评定等手段来避免这些情境。不确定性规避具有强与弱的显著差异。

强的确定性规避表现的特征：将生活中固有的不确定性感受为必须与之不断战斗的威胁；体验到高度的焦虑和应激；冲突和竞争可能增加攻击性，因此应该避免；偏离的人和思想是危险的，不容忍其占优势等。

弱的不确定性规避表现的特征：较容易接受生活中固有的不确定性，每天都能接受它的来临；体验到平静和较低的应激；冲突和竞争都维持在公平竞赛的水平上，并建设性地来使用；不认为偏离是威胁，有较大的容忍度等。

不确定性规避的强弱用不确定性规避指数（Uncertainly Avoidance Index，UAI）的量值

来表示的。

（三）个人主义与集体主义

个人主义是指一种组织松散的社会结构，其中的人仅仅关心他们自己和自己最亲密的家庭。集体主义的特征是社会结构严密，其中有内部群体与外部群体之分，他们期望内部群体（亲属、氏族、组织）来关心他们，他们也对内部群体绝对忠诚。

个人主义表现的特征：在社会中，人们应关心自己和自己最亲密的家庭；“我”的意识占统治地位；在制度中寻求自主、多样化、快乐和个人财产安全等。

集体主义表现的特征：在社会中，人们生来就在保护他们的家庭和要对这个集体忠诚；“我们”的意识占统治地位；专长、制度、责任和安全是由组织或氏族提供。

个人主义的强弱用个人主义指数（Individualism Index，II）的量值来表示，集体主义的强弱用集体主义指数（Collectivism Index，CI）的量值来表示。

（四）男性度与女性度

男性度（Masculinity Dimension）是民族文化的第四个维度，这一概念也包括其对立面——女性度（Feminine Dimension）。这一维度的内容是代表在社会中“男性”优势的价值程度。例如，自信、获得金钱和物质、不关心他人、强调生活质量或人，这些价值称为“男性的”。因为差不多在所有社会中，男性在这些价值的肯定面上比其否定面上（如自信，而不是自信的缺失）会得到更高的分数。

男性度表现的特征：社会中性别角色是明确地划分的；社会中男性应占统治地位；钱和物质是重要的；羡慕有成就者；等等。

女性度表现的特征：社会中的性别角色不是固定的；两性间应该平等；人和环境是重要的；同情不幸者；等等。

男性度用男性度指数（Masculinity Dimension Index，MDI）的量值来表示；女性度用女性度指数（Feminine Dimension Index，FDI）的量值来表示。

第二节　人力资源管理理论的文化相对性

一、世界文化分类图

按照民族文化四维度的得分高低，可将世界上大部分国家和地区的文化分成几类。因为在单个图表中表示这四个维度有困难，所以世界上许多国家和地区在维度中的位置，以一次显示两个维度的图来表示。

（一）不同国家和地区在权力距离和不确定性规避维度上的分类

不同国家和地区在权力距离和不确定性规避维度上的位置如图 3-1 所示。由图 3-1 可见，不同国家和地区在权力距离和不确定性规避维度上可以分成以下四种类型：

（1）大的权力距离，弱的不确定性规避。属于这种类型的有新加坡、印度、菲律宾等。

（2）大的权力距离，强的不确定性规避。属于这种类型的有巴基斯坦、伊朗、泰国、意大利、巴西、委内瑞拉、哥伦比亚、阿根廷、智利、土耳其、墨西哥、西班牙、法国、秘鲁、日本、比利时、葡萄牙、希腊等。

（3）小的权力距离，强的不确定性规避。属于这种类型有芬兰、瑞士、奥地利、德国、以色列等。

（4）小的权力距离，弱的不确定性规避。属于这种类型的有丹麦、瑞典、爱尔兰、英国、新西兰、美国、加拿大、南非、挪威、澳大利亚、荷兰等。

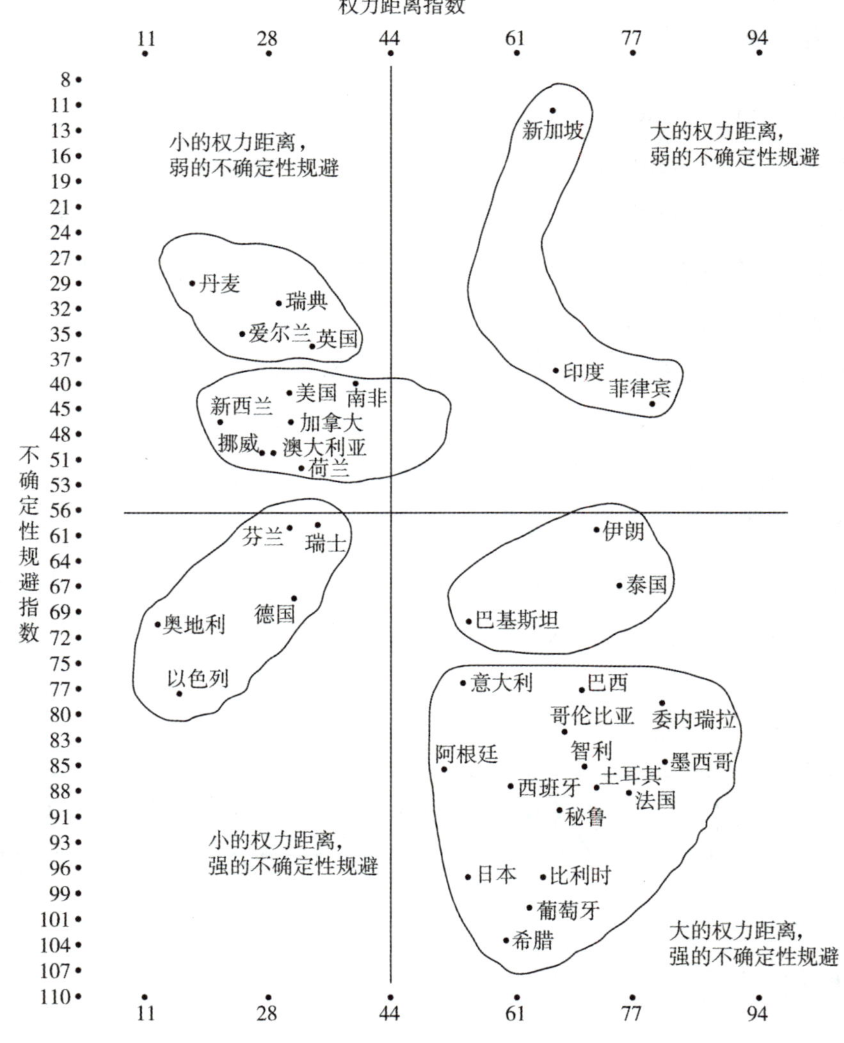

图 3-1　不同国家和地区在权力距离和不确定性规避维度上的位置

（二）不同国家和地区在不确定性规避和男性维度上的分类

不同国家和地区在不确定性规避和男性维度上的位置如图 3-2 所示。由图可见，不同国家和地区可以分成以下四种类型：

（1）弱的不确定性规避，男性度。属于这种类型的有新加坡、中国香港、英国、爱尔兰、印度、加拿大、新西兰、美国、菲律宾、南非、澳大利亚。新加坡处于最弱的男性度，正在向女性度靠拢的位置。

（2）强的不确定性规避，男性度。属于这种类型的有瑞士、德国、奥地利、意大利、委内瑞拉、哥伦比亚、阿根廷、墨西哥、比利时、日本。日本的男性度指数高。

（3）强的不确定性规避，女性度。属于这种类型的有伊朗、泰国、巴基斯坦、巴西、以色列、西班牙、法国、土耳其、秘鲁、智利、葡萄牙。

（4）弱的不确定性规避，女性度。属于这种类型有丹麦、瑞典、挪威、荷兰。芬兰处于向强的不确定性规避靠拢的位置。

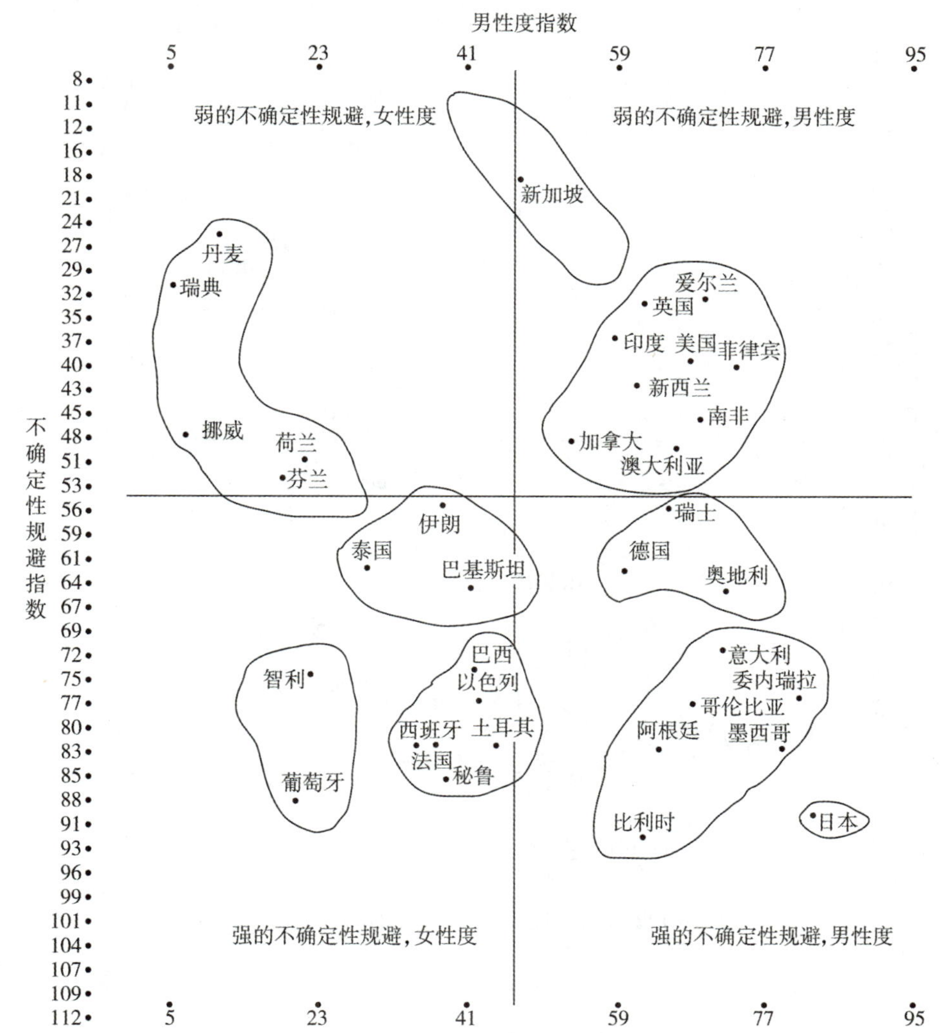

图 3-2　不同国家和地区在不确定性规避和男性维度上的位置

（三）不同国家和地区在权力距离和个人主义维度上的分类

不同国家和地区在权力距离和个人主义维度上的位置如图 3-3 所示。由图可见，不同国家和地区可以分为三种类型：

（1）大的权力距离，集体主义。属于这种类型的有巴基斯坦、哥伦比亚、秘鲁、委内瑞拉、泰国、智利、新加坡、葡萄牙、希腊、墨西哥、土耳其、菲律宾、巴西、伊朗、阿根廷、日本、印度。

（2）大的权力距离，个人主义。属于这种类型的有西班牙、南非、法国、意大利、比利时。

（3）小的权力距离，个人主义。属于这种类型的有奥地利、以色列、芬兰、挪威、德国、爱尔兰、瑞士、瑞典、丹麦、新西兰、加拿大、荷兰、英国、澳大利亚、美国。

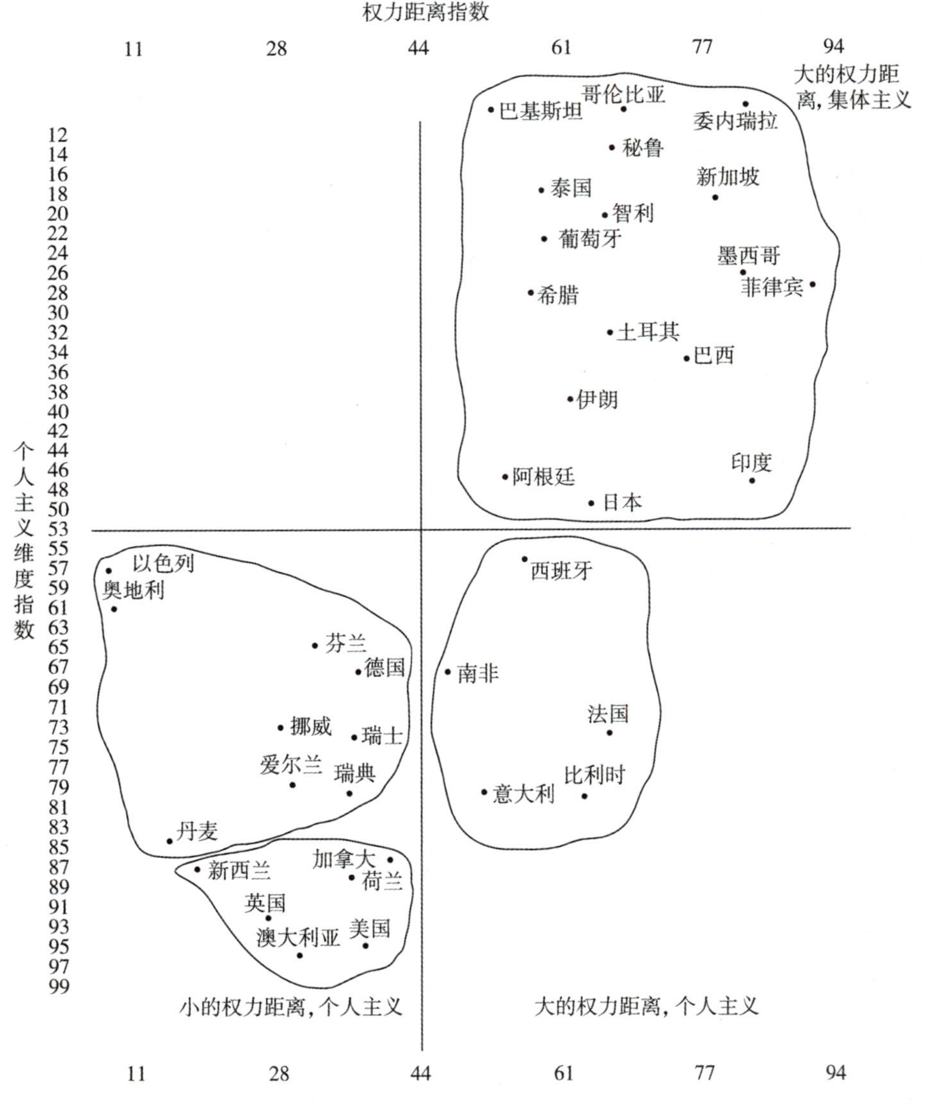

图 3-3　不同国家和地区在权力距离和个人主义维度上的位置

图 3-1～图 3-3 表示世界文化类型的一系列组合。应该指出，上述的研究仍然是不够全面

的，其中缺乏东欧和其他国家地区的材料，同样也没有我国的调查资料，因而其结果仍具有地区性。

二、人力资源管理理论的文化相对性

20 世纪 60 年代以来，美国产生和输出了世界上最多的管理理论，并涉及人力资源管理的一些关键领域，如激励理论、组织理论等。那么，在一个国家发展起来的理论，在哪些方面以及可以在什么程度上能够应用于别的国家呢？

任何理论的提出者都是生活在特定的文化环境中的，所以任何一种理论都必然反映一定的文化背景。因此，美国的理论必然反映美国一定时代的文化。同理，意大利、英国、德国和法国的理论也分别反映了意大利、英国、德国和法国的一定时代的文化。又由于当代大多数理论家是中产阶级知识分子，因而他们的理论就反映了一个国家的中产阶级的文化背景。下面从民族文化四维度及世界文化分类图的角度来考察各国在应用人力资源管理理论时的文化相对性。

（一）在应用激励理论中的文化相对性

美国激励理论的代表人物及其理论思想有马斯洛的需要层次论、麦克利兰（McClelland）的成就动机论、赫茨伯格（Herzberg）的双因素理论、弗鲁姆的期望理论等。这些理论的产生与美国的文化传统有密切的联系。例如，美国的个人主义维度占第 40 位，也就是说，美国是推崇个人主义的国家。极高的个人主义倾向导致了需要用自我利益来解释行为，即人的行为动机是为了获得某种需要的满足。此外，美国的弱的不确定性规避和相对高的男性度的组合，说明这个国家的成就动机是普遍的。因为，成就动机就包含着人们乐意承担风险，同时又关心自己的成就内容。

但是，另一些国家的情况就不同。例如，对于具有强的不确定性规避和男性度组合的国家（如德国、墨西哥、日本等）最需要的是成就加安全，而不像美国那样的成就加冒险。对于具有很强的不确定性规避和女性度组合的国家（如巴西、泰国等），最需要的是生活质量加安全。

对于具有弱的不确定性规避和女性度组合的国家（如丹麦、瑞典、荷兰等），最需要的是生活质量加冒险。

同理，在需要的问题上，德国、日本等国是安全需要第一，而巴西等国是安全与社会需要第一，瑞典等国是社会需要第一。

在对于诸如工作的人性化方面，美国是属于男性化社会，因而注重建设个人职业，实现工作丰富化。但是，在女性化占统治地位的北欧国家，如瑞典的“沃尔沃”汽车工厂，就强调建立半自主的班组，降低个人之间的竞争，增强健康的人际关系。

表 3-1 以美国、日本和中国为例，说明了由于各国文化背景的差异，在采取激励措施时会有明显的差别。

表 3-1　不同国家激励措施的差异

国家		美国	日本	中国
鼓励措施	动机	成就＋冒险	成就＋安全	生活质量＋安全
	需要	成就需要（个人）	安全需要＋个人成就需要	社会需要＋安全，个人需要
	工作	工作丰富化 重建个人职业	集体班组成就	健康的人际关系 降低个人间竞争关系

（二）在应用领导理论中的文化相对性

美国的领导理论，如李克特的管理的四种体制，布莱克、莫顿的管理坐标图，麦格雷戈的 Y 理论等，这些理论的共同点是它们都提倡下属参与管理者的决策，并且参与是由管理者发起的。然而，有较大权力距离的法国却不怎么关心美国式的参与管理，而是更关注有权力的人。此外，权力距离小于美国的国家（如瑞典、挪威、德国和以色列等）相当赞成由下属采取主动的管理模式（工业民主形式），但不怎么赞成美国式管理。

同样采取工业民主的方式，在低的不确定性规避的国家，如瑞典，工业民主首先从地方实践的形式开始，到后来才形成一个立法框架。而在高的不确定性规避的国家，如德国，工业民主首先是由立法产生，然后在组织中产生活力。

从表 3-2 可见，不同国家在采取工业民主与参与管理的程度是有差异的。

表 3-2　不同国家采取工业民主与参与管理程度的差异

国家	美国	法国	瑞典	德国	日本	中国
差异	一般关心	不关心	工业民主	工业民主	关心	制度性要求民主与参与管理

此外，领导者采取什么风格来进行领导，在很大程度上依赖于下属的文化条件，以及不同的权力距离水平。

目标管理是一种领导方式，也是美国最流行的管理方法。但是，对于目标管理的理解，在不同国家也有区别。美国从其特有的文化出发，认为实行目标管理法应该有以下的先决条件：

（1）与主管人进行有意义的谈判时，下属有充分的独立性（不太大的权力距离）。

（2）上级和下属都乐于承担风险（低的不确定性规避）。

（3）上级和下属都认为成绩是重要的（高的男性度）。

德国是一个权力距离较低的国家，而同时具有高的不确定性规避，因而在实行目标管理法时，不接受风险和模棱两可的倾向，主张用相互赞成的非个人权威来代替主管人的裁决性权威。在德国，目标管理应理解为目标协商管理。

法国将目标管理称为目标参与管理。总的来说，目标参与管理在法国只徒有口号，因为法国人从他们的童年起就习惯于大的权力距离，习惯于高度人格化的权威，而目标管理法的先决条件是以内化了的目标形式作为非人格化权威。

从表 3-3 可见，各国在目标参与管理方面也存在明显的差异。

表 3-3　不同国家在目标参与管理方面的差异

国家	美国	德国	法国	日本	中国
差异	领导决策为先决条件	目标协商管理	不赞成目标参与管理	赞成	先决条件为领导决策，同时加强民主，参与决策

（三）在应用组织理论中的文化相对性

小的权力距离文化中的人们喜欢决策的非集中化，而大的权力距离文化中的人们喜欢集中决策。在美国，增加薪金是由雇员的直接上司提出的；而在法国，是由上司的上司决定的，这种行政方式在法国人看来是非常自然的。

从表 3-4 可见，决策在哪一级进行，不同国家是有差异的。

表 3-4　不同国家决策级次上的差异

国家	美国	法国	日本	中国
差异	顶头上司	三级上司	顶头上司	集中化决策，地方开始有自主权

权力距离与中央集权化有关，而不确定性规避与形式化（对正式规则和规定的需要）、将任务委派给专家等有关。为此，大多数法国组织的“内含模式”是金字塔形，表现为中央集权和形式化；德国的组织像是一架润滑的机器，表现为形式化但不是中央集权；英国的组织则是一个乡村市场，既不是形式化，也不是中央集权。表 3-5 反映了不同国家在组织结构的权力形式方面存在差异。

表 3-5　不同国家在组织结构的权力形式方面的差异

国家	法国	德国	英国	中国
差异	金字塔形（中央集权和形式化）	润滑机器（形式化而非中央集权）	乡村市场（非形式化、非中央集权）	中央集权，形式化经济体制改革向民主化发展

相比之下，美国的组织形式是一种处于“金字塔”“润滑机器”“市场”模式之间的组织结构权力形式，这种形式有助于解释为什么在非常不同的文化中，美国的工商业活动能够取得成功。根据美国组织的概念，层次本身并不是目标（如在法国），规则本身也不是目标，这两者都只是获得结果的手段，如果需要，它们是可以改变的。在向着矩阵组织或更灵活的组织体系发展时，可以打破层次和官僚的传统。

第三节　中国的文化传统与管理思想的相关分析

一、中国文化的基本精神

什么是中国文化的基本精神，至今学术界并无统一的定论，但以下几点是易为大多数人所接受的。

（一）刚健有为，自强不息

在《周易大传》中提出了“刚健”的学说。《彖传》说：“需，须也，险在前也。刚健而不陷，其义不困穷矣。”《象传》说：“天行健，君子以自强不息。”强调“刚健”，主张“自强不息”，这是有着深刻意义的精粹思想。至于《周易大传》的作者，有人认为其源于孔子，但是由战国时期儒家学派中讲“易”的学者提出来的。

《周易大传》关于“刚健”和“自强不息”的思想实际上起了推动中国文化向前发展的积极作用。而道家的“柔静”学说则是“刚健”思想的一种补充，两者相互对峙、相互引发，构成了中国文化的独特面貌。

（二）中庸思想——和与中

孔子说：“中庸之为德也，其至矣乎！民鲜久矣。”（《论语·雍也篇》）但是，中庸的含义，各家的理解与解释不尽相同，有人认为“不偏之谓中，不易之谓庸”（朱熹《中庸章句》）。中庸思想的主要含义是：在事物的发展过程中，对于一定的目的来说，有一个特定的标准，达到这个标准就可以实现这个目的，否则就不可能实现这个目的。没有达到这个标准叫作“不及”，超过了这个标准叫作“过”。如果超过了这个标准，就不可能实现原来的目的，而有可能转变到原来目的的反面。所谓“中庸之为德”，就是要遵守一定的标准，既不过，亦不不及。

中庸思想在中国文化发展中起着两重性的作用：一方面保证了民族文化发展的稳定性，反对过度的破坏活动，使文化发展不致中断；另一方面对于根本性的变革又起了一定的阻碍作用。因为，在一定条件下，社会的变革只有打破原来的标准，才能取得更大的发展；如果固守原来的标准，就停滞不前。

（三）崇德利用

春秋时期有“三事”之说。《左传·文公·文公七年》中记载了晋国贵族郤缺的言论，说：“正德、利用、厚生，谓之三事。”“正德”是提高精神生活，“利用、厚生”是提高物质生活。“三事”之说兼重物质生活与精神生活，是一种比较全面的观点。

（四）天人协调

天人协调问题，即人与自然的关系问题。在这一问题上有三种观点：庄子主张因任自然，“不以人助天”（《庄子·大宗师》）；荀子主张改造自然，“大天而思子，孰与物畜而制之？从天而颂之，孰与制天命而用之？”（《荀子·天论》）；最后一种观点为“辅相天地”学说，在《周易大传》的《象传》中说“天地交泰，后以财（裁）成天地之道，辅相天地之宜，以左右民”。所谓“裁成”“辅相”，即加以调整辅助。

综合上述三种观点，天人相互协调，即为在自然变化未萌之先加以引导，在自然变化即成之后注意适应，做到天不违人、人亦不违天，即天人相互协调。用现代的观点看，改造自然是必要的，而破坏自然一定要自食苦果。中国传统的天人协调观具有重要的价值。

除上述观点外，也有人认为，诸多理论思想，如儒家思想——“礼”、尊老爱幼等，皆为中国文化传统，在此不一一列举。

二、中国文化的维度分析

中国文化的维度分析可以分为两个方向：一为纵向比较，即从历史的角度考察中国文化维度的变迁；二为横向比较，即将中国文化的维度与外国文化的维度对比分析。中国文化维度的历史比较见表 3-6。

表 3-6　中国文化维度的历史比较

文化维度	封建社会	社会主义新中国
权力距离	大（严格的等级制度）	有封建思想的残余 民主化进程已开始
不确定性规避	大（中庸之道）	风险性弱
个人主义与集体主义	个人主义（名利思想）	集体主义
男性度与女性度	男性度（男尊女卑）男女平等	

由表 3-6 可见。成立后，在文化传统四维度上，同封建社会相比，已在许多方面有了长足的进步，如民主化进程已经开始，创造精神得到提倡，集体主义成为精神支柱，男女基本平等等。但是，中国社会的封建思想残余仍是可以触及、感受得到的，如权力过于集中，民主化思想尚未真正树立，创造精神还处于萌芽状态，个人主义思想时隐时现，部分地区还有男尊女卑等现象。

中国与美国在文化传统维度上的差异见表 3-7。

表 3-7 中国与美国在文化传统维度上的差异

维度	美国	中国
权力距离	小	大
不确定性避免	小	大
个人主义与集体主义	强（个人主义）	强（集体主义）
男性度与女性度	中上（男性度）	男女平等

由表 3-7 可见，中国与美国在四个维度上都存在差异。这说明，中美两国不仅在社会制度上存在着本质的差异，而且在文化上的差异是相当大的。

中国与日本在文化传统维度上的差异见表 3-8。

表 3-8 中国与日本在文化传统维度上的差异

维度	日本	中国
权力距离	大	大
不确定性规避	大	大
个人主义与集体主义	集体主义	集体主义
男性度与女性度	大	小

由表 3-8 可见，中国和日本在社会制度上存在差异，但在文化维度上仍有相似之处。当然，日本的集体主义与中国倡导的集体主义在本质上仍有区别，这是不言而喻的。

如果把不同的文化维度结合起来考察，则可发现，在权力距离与不确定性规避的组合上，中国相当于日本、比利时、葡萄牙、希腊等国，即大的权力距离，大的不确定性规避。在权力距离与个人主义与集体主义维度的组合上，中国相当于日本、阿根廷等国，即大的权力距离和集体主义。在不确定性规避与男性度与女性度的组合上，中国相当于智利、葡萄牙等国，即强的不确定性规避与女性度。

第四节 整合同化理论与跨文化管理

一、整合同化理论产生的历史背景

跨国公司是全球化发展的产物，同时它也大大推进了全球化的进程。它使不同国家和不同地域的人们比以往任何时代都有了更多接触，这种接触不仅体现在资本、技术、商品、劳务方面，还涉及深层次的文化、管理等方面。

跨国公司有很多特点，其中较突出的一个特点就是多元化。同时，多元化也成为今天组

织的重要特征。对多元化人们有不同的理解。本书认为多元化的核心是多样性，它的外延包括管理方式多元化、经营多元化、产品多元化、投资主体多元化、培训方式多元化等。跨国公司的多元化特点主要体现在以下三个方面：

(1) 文化背景多元化，主要指员工在种族和文化背景上的差异，如跨国公司可能来自不同国家和地区，来自不同的种族。

(2) 员工个体多元化，包括员工性别多元化、年龄多元化、心理多元化、生理多元化等个体因素的差异。

(3) 其他多元化因素，包括员工学历、家庭与婚姻状况多元化，收入、社会地位、工作经验的差异等。

跨国公司人力资源多元化使得管理多元化成为必要。多元化管理的一个重要任务是增强企业的凝聚力，保证组织成员有一致的努力方向。

如何实现管理多元化？本书认为，整合同化理论是实现这一目标的有效方法和理论。整合同化理论（Integration－Assimilation Theory，IAT）是将企业多元的价值观转变为一个大多数员工认同的共同价值观念，即企业核心价值观，并使全体员工接受。整合是指跨文化企业主动组合内外部资源，在求同存异的基础上，将多元化价值观转化为企业新的共同价值观，它既来源于多元价值观，又高于多元的价值观。同化是组织对共同价值观进行确认，并使其成为绝大多数员工认同的观念。

二、整合同化理论的特点及模式

（一）整合同化理论的特点

整合同化理论是共同管理文化（Common Management Culture，CMC）模式的进一步推广与提高。整合同化理论具有以下四个特点：

(1) 该理论阐释具有中国特色的跨文化管理模式。在中国引入西方先进管理观念和方法时，多元文化被整合同化的过程中，必须立足于中国传统的管理文化，只有适合中国国情的整合同化理论才能取得最终成功。

(2) 整合同化理论进一步从系统论的观点，阐明了宏观、中观和微观三个层面的跨文化管理。从跨国公司东道国与母国之间文化差异的宏观层面来看，跨文化管理需要对文化差异进行了解、适应和调整，达成整合与同化，这是整合同化的第一层面；就跨国公司内部的中观层面来看，要对企业组织内部各部门的不同文化氛围或背景进行协调，达到组织之间、团队与团队之间的协同合作，构建和谐而具有弹性的组织网络，这是整合同化的第二层面；从个体的微观层面看，不同社会文化背景的员工进入跨国公司后，需要多元化员工之间有良好的沟通，对其实行多元化管理，调动和发挥其潜能，增进组织智商，这是整合同化的第三层面。这三个层面各自独立，同时又相互作用、相互影响。

(3) 整合同化理论是在共同管理文化模式的基础上发展、总结出来的理论，其主旨是体现不同管理文化的"最佳协和"状态。其理论基础主要有：莫朗（Moran）的跨文化管理理

论，他以“最佳协和作用”来评价跨文化管理模式的有效性；阿德勒（Alfred Adler）也在其“文化协调配合论”中，提出了跨文化管理中文化协调的方向、处理方法和有益建议等；斯特文斯（Pstevens）提出了“组织隐模型理论”，对各国组织中权力距离、不确定性规避等特征进行了描述和分类；基林（Peter Killing）提出了合资企业成功之道的标志及其遇到的障碍；毕密斯（Beamish）对发展中国家的合资企业的经营提出了一些准则。

（4）跨国公司面向的是瞬息万变的市场、多元化的员工、多元化的社会文化背景，因而客观上要求跨国公司的管理具有发展性、动态性。作为学习型的跨文化企业，必须根据现存的管理认知结构，主动同化和组织新的信息、顺应新的变化。所以，成功的跨文化管理必然是由跨文化企业作为一个行动者主动进行而实现的。

（二）整合同化的过程

跨国公司的文化整合同化过程可以分为探索期、碰撞期、整合期及创新期四个阶段。文化冲突的高潮可能发生在碰撞期，也可能发生在整合期。

1. 探索期

在文化整合的探索期，需要全面考察跨文化企业所面临的文化背景、文化差异，以及可能产生文化冲突的一些相关问题，并根据考察的结果初步制订出整合同化的方案。利用“公司简讯”“公司各类会议”沟通不同文化团体之间的思想与行为模式的差异。列出各方的文化要点、公司的期望，并列表进行“相同点”和“不同点”的比较。经理和职员常用图解的方法来表示文化差异对他们的影响，这可为随后的跨文化分析提供可视化的起点。

2. 碰撞期

碰撞期是跨文化企业进行文化整合的实施阶段，也就是文化整合开始执行的阶段，这一阶段往往伴随着一系列管理制度的出台。因此，在这一过程中十分重要的是对障碍焦点的监控。“障碍焦点”是指文化整合过程中可能成为重大障碍的关键因素，它可以是某一个人、某一个利益团体、某种文化背景之下的一种制度等。随着文化整合的进行，障碍焦点将是一个十分活跃的因素。碰撞期由于不同文化的直接接触，发生冲突的情况是在所难免的，只是不同的跨文化企业的冲突类型不同，程度有所差异。因此，在碰撞期中把握好文化整合的速度和可能发生的文化冲突的强度，是监控障碍焦点过程中必须注意的问题。

3. 整合期

整合期是指不同的文化逐步达到融合、协调、同化的时期，这是一个较长的阶段。这个阶段中的主要工作就是形成、维护与调整文化整合中的一系列行之有效的跨文化管理制度与系统。这是一个动态的发展过程，“整合—同化”在这一阶段体现得最为明显。跨文化管理中需要采取深度访谈等方式寻找适合于不同文化的共同愿景。

4. 创新期

创新期是指在文化趋向同化的基础上，跨文化企业整合、创造出新的文化的时期。这一时期的开始点相对于前面三个时期来说是比较模糊的，因为文化碰撞的过程很可能就是开拓和创新的过程，而且随着跨文化企业的成长与成熟，创新期的主题和过程会不断地进行，寻找出不同文化中的优点，摒弃不同文化中的缺点或不适应之处，促进一个创新的、充满生机的跨文化企业文化的整合形成，在文化碰撞的基础上创新出具有独特风格的跨文化的管理文化。

第五节　不同国家和地区人力资源招聘模式的跨文化比较

每一个国家和地区的历史、地理、文化、风俗、信仰、种族等方面都存在着较大的差异，这些差异决定了行为准则和方式有所不同，人力资源招聘也是如此。尽管所有国家和地区的企业都把招聘放在重要的位置上，以促进人力资源的提升和变更人力成本，但其方式方法存在许多不同之处，且侧重点也不一样。

一、美国模式

美国模式具有以下特点：

（1）能力是招聘的基础。美国企业实行的是能力主义人才竞争机制，即企业甄选和录用应聘者，员工在企业中的合理使用，薪酬增加和职务晋升等都以员工在具体岗位中所发挥的实际能力为依据。这种能力主义竞争机制对员工构成某种制约，富有创造才能、高素质的人在企业中积极寻找机会表现自己，努力发挥自己的才干，就能争得一席之地，晋升到更高的职位上。反之，员工业绩平平，无所作为，为此不能加薪，还可能被解雇或自动辞职。经营管理人员所负责的工作未达到预期目标就会被降职、调离或被解雇。美国崇尚个人价值的实现，只要有更好的职位，他们就会另谋高位，为此，员工对企业的忠诚度不高。因此，美国企业员工流动率高，“跳槽”现象十分普遍。

（2）工作分析是招聘的重要准备。美国企业之间存在激烈竞争，为此，选用人才对企业发展至关重要。美国企业采用“砌砖墙”模式招聘人才，即重视和规范工作分析并把它作为人力资源管理的基石，用以确定每一个岗位的职责、任职者应具备的能力和身心素质标准，明确任职者应有的知识和所需接受的培训，然后根据这些尺度去衡量应聘者。只有合格者才能得到录用，并接受工作。同样，企业也会依此尺度对工作绩效进行考评。

（3）双向选择是招聘的重要特征。应聘者根据招聘信息，对岗位条件、标准进行自我分析、衡量，并了解企业的整体情况，从而选择合适的企业和合适的岗位作为应聘目标，企业根据工作分析，择优录用。企业采取“高不求，低不就”的原则，尽量使被录用人员的能力与岗位相匹配，不提倡“人才高消费”。

二、日本模式

日本模式具有以下特点：

（1）招聘的主要渠道是校园招聘和内部招聘。日本的大多数企业采用“砌石墙”模式招聘员工。由于石头存在不同的形状，所以“砌石墙”是根据每块石头的形状来安排其最合适的位置。中、高等学校的应届毕业生是日本企业招聘的主要来源。

（2）终生雇佣制是招聘双方的行为准则。在日本，应聘者一旦被企业录用，就终身服务于该企业。因此，应聘者大多以慎重的态度对待，为此要大量搜集企业信息，反复衡量比较，分析企业的发展前景。员工不愿意中途跳槽，企业也不会轻易解雇员工。日本法律规定了雇佣和就业自由，但传统的终身雇佣制在很大程度上影响了招聘方与应聘方的行为。

（3）文化因素在内部招聘中起决定作用。在日本，员工的社会地位的高低取决于所属企业在社会上享有的声誉及本人在企业中所处的地位。在企业中谋取高级职位是日本员工的一大追求。由于日本不少企业引入了美国的职能资格制度，并将其与原有的“年功自动升格制”相结合加以推进，因此，员工都避免在考核评价中被划入差等，力争取得高等级的胜任评价，获得认可的竞争资格和谋取好的职位。为此，员工之间展开了旷日持久的竞争，其中包括效忠企业、服从领导、实现业绩等。员工也以个人的不同手段效忠企业，如自动延长工作时间等，由此产生了一批优秀的技术人员和管理人员，他们成为企业的中坚力量。但“过劳死”也是日本企业中常有的一大现象。

三、德国模式

德国模式具有以下特点：

（1）双向选择，重视技能培训。德国的职业教育十分发达，招聘时注重员工所受职业训练和掌握的专项技能，关注受聘者的资格证书。德国文化相对严谨、墨守成规和自律独立，因此技能培训能确保员工在工作岗位和环节上达到岗位要求。德国有完善的用人市场，双向选择、自由雇佣、遵守合同和法规是招聘中要严格遵守的规则。

（2）招聘时间不固定。德国的组织招聘通常不与高等院校的毕业时间衔接，在一年中的任何时间都可以根据工作需要面向全社会公开招聘。招聘原则是轻学历、重技能、重潜质，有能力的员工受聘机会多。

（3）提倡流动招聘，更加关注有其他公司工作经验的员工。在德国，高级的管理岗位也可以采用“空降兵”手段，即可直接由其他公司跳槽来应聘的员工获得。这说明德国更看重真才实学、个人的具体表现，以及个人拥有的知识与技能。

（4）对新员工培训注重流水作业培训，对特别优秀的员工进行特殊的岗前训练。德国对新录用的员工的培训相当严格，每个新录用的员工都有见习计划、初级员工计划、流水线式的作业流程培训计划等。对特别优秀的员工，公司会提供一系列有针对性的特殊培训，使他们快速地获取工作技能并提升工作能力。如德国奔驰公司的招聘标准包括智力、团队合作能

力、沟通技巧、积极主动的工作精神、勇于承担责任、处理压力的能力、多学科的学习潜能、独当一面的工作能力八个指标，如果在上述指标中有五个以上获得特别优秀的成绩，公司将安排特殊的培训计划。

四、新加坡模式

新加坡模式具有以下特点：

（1）用优惠政策和高薪待遇直接从发达国家引进人才。新加坡是一个自然资源相对匮乏的国家，为了以人力资源弥补自然资源的不足，新加坡使用“三最”，最好的工作条件、最具挑战性的工作、最高的薪酬来吸引国外的优秀人才。如果企业成功招聘到国外优秀人才，即可享受减税和提供免费培训等优惠政策。

（2）企业直接从国内外名牌大学招聘所需人员。新加坡崇尚出身，名牌大学毕业的学生在新加坡企业会受到各种礼遇。如美国一流大学的毕业生可直接从校园进入企业，且会立即受到重用。与其他国家不同，新加坡的校园招聘是所有招聘渠道中地位最高的。

（3）企业的管理者与政府公务员之间难以形成流动。新加坡的公务员享受很高的待遇，但职业领域进难退也难，流动更难，于是形成了一支稳定在 6 万人左右、零增长的公务员队伍。世界上任何一个国家都会有公务员从自己的岗位向企业中高层管理者的岗位流动的现象，但在新加坡不存在，这是一个很有特色的人才不流动现象，也是一个典型的“玻璃墙”现象。

1. 试分析管理与文化的相互关系。

2. 解释人力资源管理的各种理论（激励、领导、组织等）都具有哪些文化的相对性。

3. 试述整合同化理论的内涵及其在跨文化管理中的应用。

4. 从跨文化比较角度，试分析美国、日本、德国、新加坡在人力资源模式上的不同特点。

第四章 个体心理与管理

【学习目标】

- 了解社会知觉的内涵及形成正确社会知觉的条件。
- 掌握造成社会知觉偏差的原因。
- 认识气质的体液说与高级神经活动类型说。
- 掌握性格的心理学类型论及性格的特质理论。
- 掌握能力与管理的关系。
- 认识胜任力及其在管理中的应用。
- 了解五大人格因素的结构维度及意义。

第一节　社会知觉与管理

一、社会知觉的一般概念

（一）知觉与社会知觉

知觉是人们选择、组织和理解他们周围信息的过程，而社会知觉是理解他人的过程。社会知觉是指联结、整合有关别人的信息并去了解、理解他们的过程。社会知觉的研究范围包括对他人的知觉、对自己的知觉、对人际关系的知觉、对社会角色的知觉等。

社会知觉中的知觉者与被知觉者既可以是个体也可以是群体。因为任何群体（公司、部门、班组）都可以被看作给定的个人，可以成为社会知觉过程中的主要参与者。为此，知觉者与被知觉者的知觉方式包括四种：一是个体对个体的知觉，简称 I vs I；二是个体对群体的知觉，简称 I vs G；三是群体对个体的知觉，简称 G vs I；四是群体对群体的知觉，简称 G vs G。其中，I 为个体（Individual），G 为群体（Group），vs 是 versus 的简写，表示与其相对。

（二）社会知觉中的知觉者与被知觉者

社会知觉的最终目的是通过对别人所形成的正确印象洞察被知觉者。形成正确的社会知觉有赖于：知觉者、被知觉者、情境的特征及相互之间的正面影响。

1. 知觉者的特征

知觉者是指洞察和注释别人的个体。知觉者的个人特征直接影响到对被知觉者的正确认识。人们在观察他人时，总习惯于以自己为准则，从而对他人得出某种判断。一个人自身具备的一些特征会影响他对别人所能观察到的特征和知觉。例如，与忧虑重重的人相比，一个无忧无虑的人容易将别人都看作是热情奔放的，而不是冷淡无情的。这说明，每个知觉者在对别人进行判断时，均存在着各自固定的倾向性。

自我感觉良好的人会更倾向于观察别人的积极方面，而不是以非常消极的或批判的态度去对待别人。反之，一个满腹忧郁、疑虑过多的人，总会从别人身上观察到许多消极的问题。一个自我认知较为深刻的人，在观察他人时评价也会更加准确。

作为一个管理者（知觉者）必须要认识到，对于下属（被知觉者）的正确知觉并不是一件简单的事，而是会受到自身某些特征的影响。

2. 被知觉者的特征

被知觉者的某些特征是知觉者对其判断的影响因素，如被知觉者的地位是别人对他的行

为加以判断的影响因素之一。对具有不同地位的人，尽管其有相同的行为，但人们对他们行为动机的判定往往是不一样的。对于工作中的合作性伙伴来说，人们往往认为，地位高的人是自动合作的，而地位低的人是被迫合作的。地位高的人比地位低的人更容易获得人们的好感。例如，领导者说一声“早上好”，就比普通员工说一声“早上好”更加使人感到荣幸。被知觉者的范畴类别也会影响到人们对他们的判断，同样内容的话由不同角色的人来讲，会有不同的理解。

被知觉者的外显行为是否得到知觉者的喜爱，也会影响人际知觉的正确性。知觉者对被知觉者如果是喜欢的态度，知觉判断就准确些；知觉者对被知觉者有厌恶的情绪，知觉判断就会有偏差。

3. 情境因素的影响

人们所处的客观环境会影响知觉者与被知觉者之间的知觉正确性。

（1）人际关系的环境会影响人们相互之间的知觉的正确性。当人们处于一个相互友好且不断相互交往的环境中时，他们更容易把别人看成是处在与自己相似的境况中。这说明，在友好合作且无竞争的环境中，人们相互之间会变得更加融洽，而且差距甚小。

（2）处于组织环境中不同层次的人，他们不同的自我认识与角色知觉也会影响人际知觉的正确性。处于领导地位的领导者会以领导型特性（创造性）来描述自己，而职工则以服从型特性（合作性）来描述自己。这说明，处于不同层次的人，其知觉行为有其自己的特征。这些都会给正确的人际知觉带来影响。

二、社会知觉偏差

社会知觉过程通常都是凭知觉者过去的经验及通过对有关线索的分析进行的。这种以己度人，根据自身经验与体会去认识他人潜在心理状态的方式，在推测与判断中肯定会发生社会知觉的偏差。

造成社会知觉偏差的根源多种多样，主要有第一印象错误（最初印象指导后来知觉）、刻板印象（根据他人所属类别做出判断）、选择性知觉（注意力集中在环境的某些方面）、类似吸引效应（以喜爱的眼光知觉相像的人）、基本归因错误（将他人行为归结为内部原因）等。现选择最主要的原因分述如下。

（一）第一印象

第一印象是指两个不相识的人第一次见面时所形成的印象。第一印象往往是通过对别人外部特征的知觉，进而取得对他们的动机、感情、意图等方面的认识，最终形成关于这个人的印象。这些外部特征包括人的面部表情、身体姿态、眼神、仪态等。

经验表明，在招聘工作中，第一个五分钟的印象往往对录取与否有较大的影响。管理者在初见新来的工人时，从这些人的外表、表情动作、语言谈吐、文化水平等方面，可以迅速形成第一印象。

第一印象在实际工作中有重要的积极意义。一位新上任的管理人员若获得其下属较为满意的第一印象，就能为日后彼此间接触交往和进行有效管理打下良好的基础。良好的第一印象也有助于建立管理人员的威信。一般来说，新的领导要特别重视第一印象，要想方设法给下属留下一个好的第一印象，为今后工作的顺利开展创造有利条件。

第一印象具有一定的局限性，因而在实际生活中也会有消极意义，具体体现在以下几个方面：

（1）第一印象的形成会不同程度地受到周围环境或事物的影响。例如，在一个豪华餐厅中遇到一个人与在一个普通饭馆里遇到一个人形成的第一印象会有很大的差别。

（2）第一印象是根据被观察对象的一个有限的行为样组形成的，因而是不全面的，带有一定的局限性。

（3）第一印象是高度个体化的反映，从而有可能歪曲被观察对象的本来面貌。

（4）第一印象如果只根据偶然的交谈而不是全面考察被观察对象的个性、智力等，其结果仍然是片面的。

（5）第一印象会造成认知上的惰性，形成对被知觉对象的固定看法。如果第一印象非常好，就会一直认为此人很好；反之，如果第一印象很坏，就会一直认为此人不好。

（6）第一印象在实际生活中会造成“先入效应”，给管理人员带来认识上的片面性。这种先入为主的第一印象，好的时候，就会看不到缺点；反之，第一印象坏的时候，就会看不到优点。

作为一个管理者，既不能忽视第一印象的积极作用，也要克服第一印象的消极影响，要从全面、客观、变化发展中考察被知觉对象，最终获得正确的人际知觉。

（二）基本归因错误

1. 归因的概念

归因是指人们对他人或自己的所作所为进行分析，指出其性质或推论其原因的过程，也就是把他人或自己的行为原因加以解释和推测。简而言之，归因过程就是判断他人行为的原因。

一个人的行为必有原因，其原因可能来自外界环境，或者取决于主观条件。如果来自外部，则称为情境归因（社会条件、社会舆论）；如果是来自本身特点，则称为个人倾向原因（兴趣、信仰、态度、性格）。

2. 归因的参照系

根据归因理论，归因的参照系分为三类信息，即一致性（别人是否也有同样的行为）、连贯性（在同样情况下采取同样的行为）、特异性（在不同情境下有相同的行为）。对他人做出不正确的归因必然会造成社会知觉的偏差。

（三）知觉防御

知觉防御是指人们对不利于自己的信息会视而不见或加以歪曲，以达到防御的目的。

当知觉者发现被知觉对象与自己已有的定型模式不相符时，便会通过抹去被知觉对象那些与模式不相符的部分，从而对被知觉对象加以歪曲。当知觉者发现自身对被知觉者的观察并不准确时，一般会通过改变自己的定型模式来形成对自己的防御。这说明，人们对阻挠自己的发展和与形成自己个性定型的知觉不一致的信息，会故意视而不见或将输入的信息加以歪曲。

（四）投射

投射是一种通过“以己度人”的方法来达到心理防御目的的方法。通过投射方法可以将自己的失败、过错推演到他人身上。

投射的结果是人们通过把自己的品质投射到他人身上，从而形成关于他人的印象，一般有以下几种情形：

（1）自觉恐惧的观察者，通过投射，较易断定他人也处于恐惧状态。

（2）具有消极个性特征的人，如吝啬、顽固、自我失调的人，通过投射，将看到他人身上也具有这种个性特征，并对其做出较高的评价。

（3）具有消极情绪的人，通过投射，会觉得他人也有同样情绪，如害怕机构调整的管理者，会断定其他人比自己更担忧。

通过投射过程，人们能无意识地、系统地保护自己，使自己免受真正或想象中的威胁，因而投射是一种心理防御反应。

（五）定型

定型是指人们头脑中存在的关于某一类人的固定形象。社会定型是社会知觉的恒常性表现，即对人或物抱有一种固定不变的看法与评价。

人们对种族类、社会团体类、年龄类等都有一种定型模式的不变评价。例如，“中国人是勤劳勇敢的”“德国人是勤奋的”“美国人是敢于冒险的”，这些都是种族类的定型模式评价。此外，对于银行家、干部、商人、教师等都会有社会团体的定型模式的评价。如认为妇女缺乏事业心、进取心、决断力，认为年轻人激进、老年人保守等，这些都隶属于性别与年龄的定型模式评价。有过这样一个实验：对同一个人的管理者的身份和某一协会主管的身份，他人会形成两种不同的印象。

任何社会角色的定型都是在一定的社会历史条件下形成的，如在对我国领导角色的形象描述中都带有一般化、公式化、概念化的特征，这实质上是一种抹杀领导者个性特征的歪曲。

显然，如果下属依据一种定型模式去观察、评价他们的上级，那么很少会得到满意的结果；同样，上级以同一种定型模式去观察、评价他们所有的下属，那么他们也无法得到较准确的判断。

三、自我认识与角色知觉

（一）自我认识

人一生下来就是社会的一个成员，每个社会群体都是由个体所组成的，每个人都有“自我”存在的意识，在人际交往中这种感觉更为突出。由于“自我”是客观存在，取消不了的，所以问题的关键并不是取消“自我”的意识，而在于保持什么样的自我认识的内容和自我追求的目的，而不是一味地去抑制这种认识和追求。

自我认识的内容包括以下三个方面：

（1）物质自我：指人对自己身体的存在有自觉的意识。既然有物质自我的存在，那么也就有这个物质自我的追求问题，如有的青年人追求外表、乐于打扮等。

（2）社会自我：指人对自己在社会上的地位和名誉的认识。一般说来，人所处的社会地位是由他的职业所决定的。这种人对自己所处的社会地位的知觉又称为人的角色知觉。

（3）精神自我：指人对自己的智慧、能力、道德水平的认识。这方面的追求包括上进心和道德感。

社会要有意识地鼓励和引导青年人不要只注意物质自我的追求（如只讲吃、穿、戴），而是要有社会自我和精神自我的追求。单纯地追求物质自我的人，其思想境界相对较低，而追求社会和精神自我的人的思想境界相对较高。

（二）角色知觉

1. 角色知觉的一般概念

角色知觉是指人对于自己所处的特定的社会与组织中的地位知觉。

家庭中的父亲这一角色，在家里具有一家之主的地位，要对家庭尽到自己的职责。而一个人担任了领导职务，这个人在单位里就取得了领导者的社会地位和身份。为此，作为领导者要具备领导地位的角色知觉，时刻想到自己已经是一位领导者，应该履行这一角色的职责与义务。

角色本来是演员在戏剧舞台上所扮演的人物。在社会这个大舞台上，每个人同样都在扮演着不同的角色。如果一个提琴手可以自己指挥自己，而一个乐队需要一个指挥，那么在社会化的工业生产和社会活动中，管理者就扮演着乐队指挥的角色。

一个完整的角色知觉过程应该包括以下四个部分：

（1）角色认知：指一个人对自己在社会与组织中所处地位的认识。每个人都在心目中勾画着自己的形象，思考着自己应该在社会中承担何种角色，这些都是角色认知的表现。

（2）角色行为：指一个人按照特定的社会与组织所赋予角色的特定行为模式而进行的行为。一个担任商店营业员角色的职工，在商店内的行为模式是要有熟练的服务技能，丰富的业务知识，周到、热情的服务态度。而作为一个单位的领导与管理者，其行为模式应该是要

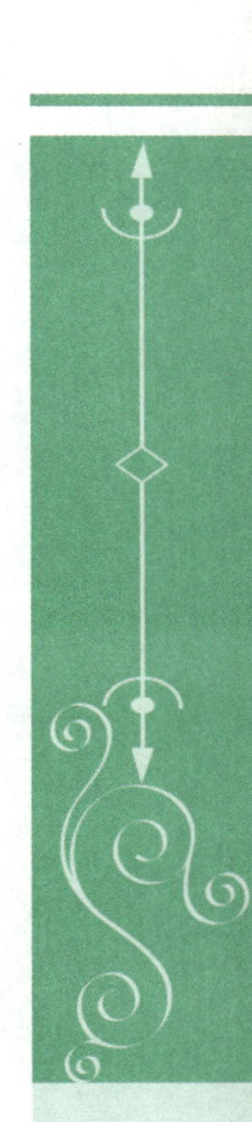

完成多项领导行为与职能，包括成为群众组织者、群体教育者、群体利益代表者与维护者、信息使用者和传播者等。

（3）角色期望：指他人对一个人所应承担某角色的希望与寄托。在一定的客观环境中，人们总是依照自己认定的角色标准，期望那些扮演一定角色的人有特定的角色行为。如群众对于承担领导角色的人寄予了很大的期望，希望领导者带领他们向着既定的目标迈进。

（4）角色评价：指他人对一个人的角色扮演的评论与估价。人们自然而然地由角色期望开始，最后对角色扮演者的角色行为进行评判。

角色知觉中的角色认知与角色行为是角色扮演者主观方面的因素；而角色期望与角色评价是指他人对角色扮演者的反馈信息，属于客观方面的因素。角色知觉作为复杂的社会认知与社会知觉中的一个方面，只有在主客观因素相互作用的条件下，才能最后完整、正确地形成。这也说明，角色知觉是一个人在社会实践中的动态的实现过程，而不是消极静态的反应过程。

2. 影响角色知觉的因素

（1）角色认知的影响因素。一个人对自己所应承担的角色的认知受两种因素的影响：一是客观的自我评价，二是个人的文化背景和家庭社会环境。人们常说“人贵有自知之明”，这说明，人对自己的估计要客观、清醒，要正确分析自己的长处与短处，然后明确自己所应追求的角色的方向。

一定的家庭环境、社会环境、个人所受的文化教育等都制约着人的角色认知与抱负。音乐世家、梨园世家的家庭环境有可能造就音乐家、艺术家的角色认知。社会环境是“时势造英雄”的客观条件，在日新月异的现代社会，争当“开拓者”的角色认知越来越成为人们追求的目标。

顺应历史潮流，以天下为己任，具有远大抱负的人，往往可以有超常的角色认知，从而就可能成就惊天动地的伟业。

（2）角色行为的影响因素。一个人能否按照角色所规定的行为模式行动，受个人对角色认知的程度与自己的个性特征制约。单位的领导者对自己所扮演的领导角色的认知与意识越深刻，就越会时刻提醒自己是一个领导者。那么，该领导者就会承担领导者的责任，使用领导者的权力，履行领导者的义务，勤勤恳恳地做好本职工作。反之，对领导者角色的认知与意识甚差的人，就不能履行领导者的行为模式，无法承担应该承担的领导责任，起不到领导者应有的作用。

一般来说，不同个性的人，如外向型与内向型的人，在履行角色行为时会有不同的表现，甚至会影响角色行为的效果。但是也有另一种看法，即通过角色塑造，按照角色所规定的规范，可以改变人的个性特征。因为在角色认知的基础上，人对自己的个性是否适合该角色会有所认识，从而设立角色形象，按照形象来调整自身的个性特征，进入角色行为。许多人在自己的岗位上形成了该角色特有的个性特征。

（3）角色期望的影响因素。他人对个体的角色期望受其职务（或岗位、地位等）及双方熟悉程度的影响。一旦组织任命某人担任某一职务，那么人们就会按照职务的职能标准来期

望该角色，因为不同职务的人的职、权、能是不同的，人们不会期望班、组长与车间主任、厂长一样进行角色行为。人们总是期望，是什么样的角色就应该有什么样的角色行为。长期在一起工作、学习、生活的群体，彼此有一定的相互认知，因而可以期望什么人在什么时候会有什么样的行为。

（4）角色评价的影响因素。他人对某一人的角色评价的高低，首先受制于对该角色的期望与该角色实际上的角色行为的差距。图 4-1 表示了角色评价与角色期望和角色行为的差距之间的相关性。

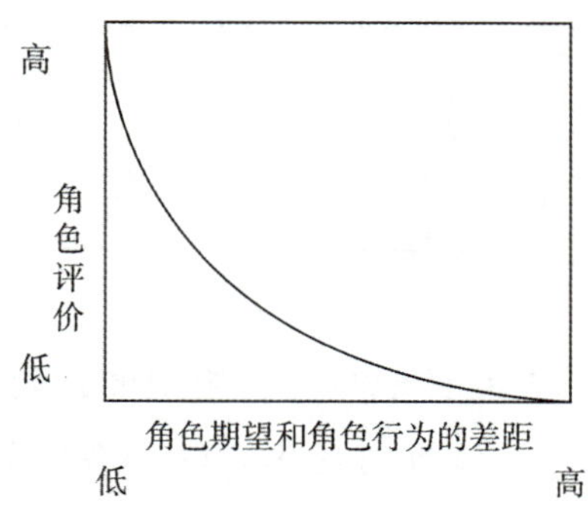

图 4-1　角色评价与角色期望和角色行为的差距之间的相关性

3. 角色知觉的实践过程

角色知觉的实践过程如图 4-2 所示。

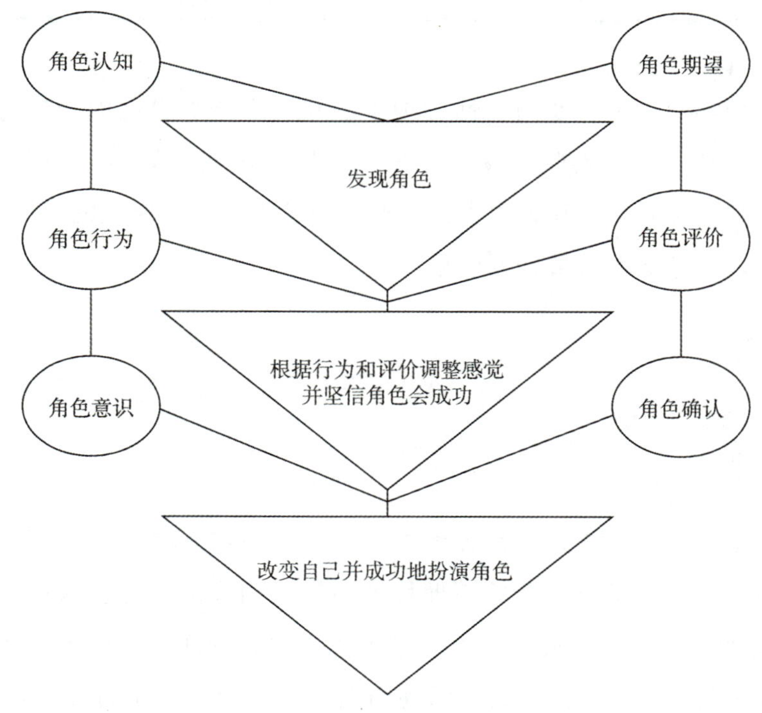

图 4-2　角色知觉的实践过程

（1）角色知觉的实践过程综合了角色认知和角色期望，并结合了主观因素与客观需要，其目的是寻找明确的自我角色形象。

（2）体察客观的角色评价，吸收各方面的反馈和意见，并结合角色认知调整自己的角色

行为。这时，要坚信自己能按角色的要求行动，进一步树立自己的角色形象。

（3）充分检查自己的角色，并根据角色评价确立自己固定的角色行为模式，最终达到角色确认的目的。

分析角色知觉的全过程具有重要的激励作用，表4-1显示了角色效益与个体自我评价、社会组织的认可程度之间的相关性。

表4-1 角色效益与个体自我评价、社会组织的认可程度之间的相关性

项目	程度			
个体自我评价	高	高	低	低
社会组织的认可程度	高	低	高	低
角色效益	高	低	高	低

由表4-1可见，只有在个体的自我评价与社会组织的认可程度都高时，角色效益才最高，才最能发挥对角色的激励作用。分析角色知觉将有助于合理使用人才，搞好人事管理，调动各类人员的积极性，做好各项工作。

第二节 个性与管理

企事业单位的领导与管理者要用个性心理学的知识去指导自己的管理行为，做到合理使用人才。只有充分了解人的个性特点，才能知人善用，根据人的不同特点安排不同的工作，才能扬长避短，做到人尽其才。在人力资源的开发与管理中，按照人的不同个性，“一把钥匙开一把锁”地工作，一定能取得最佳的效果。

一、个性的概念

（一）个性的定义

个性也称为人格，是指一个人的精神面貌，即具有一定倾向性的心理特征的总和。个性结构是多层次、多侧面的，是由复杂的心理特征的结合构成的整体。这些层次有：①完成某些活动的潜在可能性的特征，即能力；②心理活动的动力特征，即气质；③完成活动任务的态度和行为方式方面的特征，即性格；④活动倾向方面的特征，即动机、兴趣、理想、信念、世界观等。上述特征相互联系，有机结合成一个整体，对人的行为进行调节和控制。

（二）个性的基本特征

个性有以下基本特征：

（1）个性的独特性。每个人的个性都是由独特的个性倾向性和个性心理特征所组成。每个人的个性都反映了自身独特的、与他人有所区别的心理状态。

（2）个性的整体性。个性是一个统一的整体结构，是人的整个心理面貌。每个人的个性倾向性和个性心理特征是相互联系、制约的，从而形成了一个统一的整体结构。

（3）个性的稳定性。个性是一个人比较稳定的心理倾向和心理特征的总和。“江山易改，本性难移”，人的个性一旦形成是比较稳定的。当然，个性的稳定性也是相对的，个性也有可塑性的一面。确切地说，个性是稳定性和可塑性的统一。

（4）个性的社会性。个性具有由社会活动与社会关系所决定的社会特性，同时，个性也取决于一定的生物特性。确切地说，个性是人的生物性与社会性的统一。

（三）个性的心理结构

个性的心理结构是复杂的、多层次的、不同水平的，它是一个系统，包括个性倾向性与个性心理特征。

个性倾向性主要包括需要、动机、兴趣、理想、信念和世界观等，这些是人活动的基本动力，是个性结构中最活跃的因素。

个性心理特征表明了一个人的特定类型特征，主要包括能力、气质、性格。

一般情况下，当不要求全面而系统地评定或描述一个人的个性时，通常涉及的只是个性心理特征中最突出的气质或性格的某些方面，这就是通常所说的人的脾气、性格等。

（四）个性形成的原因

形成个性的原因基本上可以归结为遗传因素与环境因素两个方面。图 4-3 显示了个性差异形成的原因。人们普遍地接受了个性遗传的观点，个性也的确有其遗传基础。一些研究表明，50%～55%的个性特征来自遗传，所以常会听到有人这样说：“他就像他爸爸”“他的脾气来自他的家族”等。

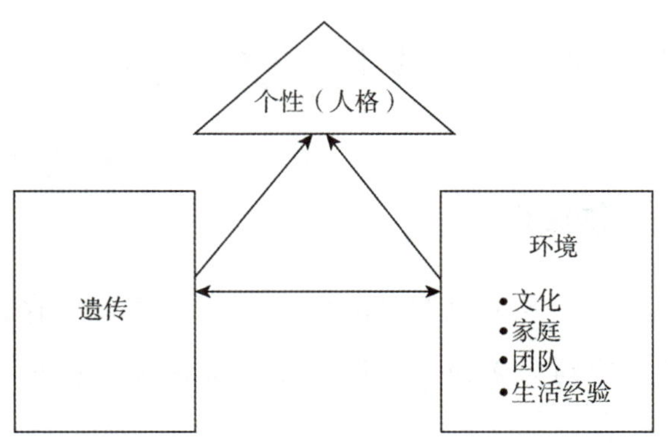

图 4-3 个性差异形成的原因

环境因素包括文化、家庭、团队与生活经验。人们也同样相信环境在个性形成中所起的作用，甚至认为这个作用可能比遗传的作用更大。出生于某一特殊文化环境中的人，会接受来自家庭和社会的价值观念以及普遍认可的行为规范。家庭境况也是个性差异的一个重要原

因，如家庭规模、经济水平、种族、宗教、地理位置、本人在家庭中的长幼顺序、父母的教育水平等。个体作为不同团队成员所担负的各种角色及不同经历是个性差异的又一重要影响因素。虽然早期生活的玩伴和同窗对个性形成有强烈影响，但在以后的生活中社会和团队体验将会继续影响人格的形成。此外，从特殊事件和经验的角度而言，每个人的人生都是独一无二的，这也是个性的重要决定因素。

强调个性是由遗传决定的称为天性论，强调个性是由后天环境决定的称为教养论，两种观点存在尖锐的矛盾。目前，这两者已逐渐趋向平衡，即人们开始认为遗传和环境经验都是重要的，某些个性特质更多的是由遗传成分决定，而另一些个性特质则是通过学习而获得的。至于具体到个体，则可认为个性形象是遗传与环境因素共同作用的结果。个性是具有一定遗传素质的人在环境的影响下，通过社会实践活动而逐步形成的。为此，对待个性，既要重视遗传因素的作用，不能抱宿命论，也要看到环境因素的作用，即强调社会实践与发展的观点。

二、气质与管理

（一）气质的概念

气质是个人心理活动的稳定的动力特征，包括心理过程的速度和稳定性（如知觉速度、思维灵活程度、注意力的集中时间）、心理过程的强度（如情绪的强弱、努力程度）和心理活动的指向性（如倾向外部事物、倾向内心世界）。

（二）气质的特征

气质强调个体的情绪方面，即个体习惯性的情绪反应。气质偏重个体的动作反应，即个体反应的独特模式。

（三）气质的生理基础

气质取决于神经过程的基本特性，主要指标有神经过程的强度、神经过程的平衡性、神经过程的灵活性。

（四）气质的理论——体液说

气质的体液说源于古希腊，当时的著名医生希波克拉底认为存在着四种不同的体液，从而决定了四种不同的气质，分别为多血质、胆汁质、黏液质、抑郁（忧郁）质。这四种气质具有不同的心理与行为特征。

1. 多血质

多血质表现为开朗，对刺激感受迅速而强烈，但并不深入，也不太持久；无忧无虑，有良好的希望，对事情重视但易忘记，许诺但不信守诺言。总之，尽管多血质反应灵敏，易适应环境，但注意力不稳定，缺乏沉思。

2. 胆汁质

胆汁质表现为热血、暴烈，易发怒但不记仇。行动迅猛，缺乏持久性，爱面子、讲排场，想当领导，但又不做具体事。总之，胆汁质的人热情、开朗、刚强、精力旺盛，缺乏自制力，生硬急躁，爱发脾气。

3. 黏液质

黏液质表现为“冷血”，不易冲动，有正常理性，有持久性，不易愤怒。总之，这种人冷静沉着、自制、踏实，但对生活往往漠然处之。

4. 抑郁（忧郁）质

抑郁质表现为沉稳，对刺激感受不太明显，注意事物的困难面，深思熟虑，不轻易许诺。总之，这种人情感敏感，深刻、稳定。但这种人过分腼腆，容易沉浸在个人的体验中。

（五）气质的高级神经活动类型说

根据巴甫洛夫的高级神经活动学说，上述四种类型的气质与高级神经活动的不同类型有着密切的相关性，如表 4-2 所示。

表 4-2 高级神经活动类型与气质类型的相关性

高级神经活动类型			气质类型
强型	不平衡型	—	胆汁质
强型	平衡型	灵活性高	多血质
强型	平衡型	灵活性低	黏液质
弱型（抑制型）	—	—	抑郁质

由表 4-2 可知，胆汁质与高级神经活动中的强型不平衡型对应；多血质与强型、平衡型、灵活性高对应；黏液质与强型、平衡型、灵活性低对应，抑郁质则与高级神经活动中的弱型（抑制型）对应。

气质类型没有好坏之分，不受道德标准的评价，任何一种气质类型仅表现为积极或消极的心理特征。气质也不能决定一个人的智力水平，不影响人的智力发展及事业的成功。但是，了解人的气质有利于选拔与培养人才，在教育过程中可以找到适合于受教育者气质特点的最佳培训方式与道路，实现“一把钥匙开一把锁”的个性化教育。

（六）气质与管理

气质在人的实践活动中不起决定作用，但对人的活动有一定的影响，主要表现在它可能影响活动的效率。例如，要求做出迅速灵活反应的工作，多血质和胆汁质的人较为合适，而黏液质和抑郁质的人则较难胜任这类工作。黏液质、抑郁质的人较为合适的工作，多血质、胆汁质的人却较难适应。

显然，为了提高工作效率，必须对管理者的气质特性提出特定的要求，否则不能适应不

同要求的工作。

西方管理心理学家将管理者的气质分为三种类型：

（1）躁郁质型。躁郁质型的管理者的行为表现：适应环境能力较强；有与别人共同生活和共事的倾向；行动善于应变，事前没有一定的设想与计划，不经思考就行动；待人和蔼，容易亲近，有同情心，很会交际，有竞争力；有干劲，但没有持久力；很容易发怒，但也容易忘记。人们对这种类型的管理者的评价是：有进取心、能通融、很活泼、人很好，但没有心计、蛮干、不检点。

（2）分裂质型。分裂质型的管理者的行为表现：先思考后行动；思考多，行动少；能经常提出新规则、新设想，肯向别人学习，办法多，不做傻事；按自己的标准做事；会利用微妙的感情；认为生产只是浪费精力。人们对这种气质类型的管理者的评价是：像一个理论家，有独特性，但不实际，爱空想。

（3）黏着质型。黏着质型的管理者的行为表现：现实而稳定；正确、诚实、无懈可击；生活中能尽义务，有道德观念，有礼貌；坚守一定的规则，脑筋很死；行动缓慢，但有耐心。人们对这种气质类型的管理者的评价是：像一个朴素的研究者，稳重有余，但变革思想较差。

现实生活中单纯属于一种类型的管理者较少，混合型的管理者较多。比较来看，这三种气质类型的管理者的优劣是相对的，具体表现如下：

（1）躁郁质型的管理者，适应环境的能力较强，上级领导可以无所顾忌地、坦率地从正面给予指示。其缺点是计划性差、脾气急躁。

（2）分裂质型的管理者是多元性的人，无法在规定范围内行动，上级领导对这些人要表示热情或关心，不能对其施加太大的压力。这些人的缺点是讲得多、做得少。

（3）黏着质型的管理者，其优点是比较稳重，缺点是变革精神较差，上级领导者对这些人要多讲道理，少正面批评。

现代社会需要的是躁郁质型的管理者，他们能够打开局面，能适应环境的变化，热情、勇于变革，当然，这些人急躁、好发脾气，但这只是支流问题。所以，如果一个工作群体要选择能开创新局面的管理者，具有这种气质的人比较合适。

分裂质型的人不太适合现代社会的需要，他们崇尚高谈阔论，不注重实践，一般不宜做管理者。

黏着质型的人虽然不适合做开拓型的管理者，但是作为管理者群体中的成员还是适宜的。因为企业也需要能耐心、细致、稳重地处理事务的管理者。

（七）气质与职业

一些特殊的工种，如飞机驾驶员、宇航员、电站集中控制室的调度员、高空带电作业人员等，工作时身心处在高度紧张状态，因而要求他们具有灵敏、快速反应、冷静、理智、胆大心细、临危不惧的心理品质。

特殊工种对人的气质特性提出了特殊的要求。在这种情况下，气质特性就影响着一个人是否适合从事该种职业。为此，是否具有特殊工种所要求的特殊气质特性，应成为职业选择、培训、淘汰的重要依据之一。

至于一般的职业，如车工、钳工、纺织工、售货员、医生、教师、工程师等，原则上都要求人们具备相应的某些气质特点。但是，如果这些特点在某人身上表现较弱，此人就会依靠他的其他气质特点，或者以受这些气质特点制约的工作方法加以弥补。例如，有些属于黏液质类型的纺织工人，他们具有注意力的稳定性，缺乏注意力迅速转移的灵活性，在工作中，他们往往用注意力的稳定性补偿了注意力不易转移的缺陷，从而很好地适应工作。

（八）气质与管理教育

气质本身并无好坏之分，在评定人的气质时不能认为一种气质类型是好的，另一种气质类型是坏的。因为，任何一种类型都有其积极的一面，又都有其消极的一面。

管理教育的目的之一，就是要注意培养人的气质，使人认清自己气质的积极一面和消极一面，发扬积极的方面，克服消极的方面。在不断自我提高和培养锻炼的基础上，气质就会得到改善。

此外，在进行管理教育时，要注意根据人们不同的气质特点采取不同的方法。例如，对职工进行批评帮助时，要考虑到不同气质类型的人对挫折的承受力。由于胆汁质、多血质的人承受挫折的能力较强，为此，对这些人可以严厉批评，这种批评有利于他们认识错误，改正缺点。但是，抑郁质的人承受挫折的能力较弱，又不善于表露自己的思想，所以对他们进行批评教育时要特别注意方式和方法。

此外，在采用新的操作规程与重新编排班组时，因为多血质的员工很容易适应新环境、新制度，因此管理者无须对他们过度关心；但是，黏液质、抑郁质的员工则需要管理者给予更多的关怀和照顾，才能使他们尽快地适应新环境。

三、性格与管理

（一）性格的一般概念

性格是个体现实的稳定态度和习惯化了的行为表现。如一位管理者在各种场合都表现得热情忠厚、与人友善、虚心谦逊、严于律己，遇事坚毅果断、深谋远虑，这种对人、对己、对事的稳定态度和习惯化了的行为表现所体现出来的心理特征，就是这位管理人员的性格特性。

但是，一个人在某种特殊情况下偶尔表现出来的行为方式，并不能说明此人的性格特征。同样，如果管理者一向处事很果断，但偶尔表现得优柔寡断，也不能凭此说他的性格是优柔寡断的。这说明，只有那些经常性的、习惯性的表现才能被认为是一个人的性格特征。性格在某种程度上是以道德观点来评断的，所以有好坏之分。人们通常对“懒惰”“骄傲”持否定的态度，而对“勤奋”“慷慨”加以赞赏。

世界上性格完全相同的人是没有的，只能说相似程度的高低。性格的特征是多种多样的，其组合后的特征就更多了。显然，性格是个体差异的一个重要方面。

（二）性格的特征

性格是一个十分复杂的心理现象，从人的心理与行为的不同方面表现出来，具体表现为性格的态度特征、性格的意志特征、性格的情绪特征、性格的理智特征等方面。

1. 性格的态度特征

性格的态度特征一方面是指个人对社会、集体、他人的态度特征，是公而忘私还是假公济私，是忠心耿耿抑或三心二意，是热爱集体还是自私自利；另一方面表现为对工作、学习的态度特征，是勤劳或懒惰，是认真或马虎，是创新或墨守成规等。

2. 性格的意志特征

性格的意志特征主要表现在以下几个方面：

（1）对行为目的性的明确程度，是有目的性还是盲目性，是有独立性还是易受暗示。

（2）对行为的自觉控制水平，在对行为的控制水平方面表现为主动性还是被动性，是有自制力抑或只有冲动性。同时，在长期工作中的行为表现是有恒心还是见异思迁；在紧急情况下的行为表现是勇敢还是怯懦，是镇定还是惊慌失措等。

3. 性格的情绪特征

性格的情绪特征表现为受情绪影响的程度，如稳定性、持久性、主导心境特征等。每个人受情绪影响的程度都是不同的，而人的情绪是受意志控制的，这也间接反映了人的意志力水平。

情绪的稳定性表现为情绪起伏波动的程度，有人有时表现为冲昏头脑，有时则表现为垂头丧气。主导心境特征表现为在相当长的一段时间里是愉快还是忧伤，其稳定性较大。

4. 性格的理智特征

性格的理智特征表现在心理过程的各个方面：感知方面表现的是主动观察或被动观察；记忆方面表现的是保持时间的长或短，记忆速度的快或慢，记忆方法是直觉还是逻辑推断；想象方面表现的是主动想象还是被动想象，是现实感强还是脱离实际；思维方面表现的是独立型还是依赖型等。

（三）性格的形成与发展

在性格的形成过程中遗传与环境相互作用。遗传因素是性格形成的自然基础和潜在因素，为性格发展提供可能性和潜势。性格一经形成，相当稳定，但是也会在环境的影响下发生一定的变化，环境因素的影响包括自然环境、地理环境和社会环境。

（四）性格的理论

性格的理论分为性格类型理论和性格特质理论，类型型论是一种性格分类的理论，而特质理论是一种性格分析的理论。

1. 性格类型理论

性格类型理论是根据某种原则把所有的人划分成几大类型，以此来解说人的个性或性格的一种理论。常见的几种类型理论如下：

（1）生物学类型论——体格类型说。克雷奇默根据人体的胖瘦来区分性格的类型，他认为矮胖型的人健壮、外向，易动感情，有时高兴，有时垂头丧气，善交际、好活动；瘦长型的人不善交际，孤僻、沉默、羞怯、固执；运动型的人乐观与进取。

（2）心理学类型论——内倾型和外倾型性格论。心理学家荣格认为，来自本能的力量均可称为力比多，可是非性的，也可是性方面的。外倾型的人（外向型）力比多外向转移，这种人重视外在世界，爱社交，活跃、开朗、自信，勇于进取，对周围一切事物都感兴趣，容易适应环境变化。内倾型的人（内向型）重视主观世界，好沉思、善内省，沉浸在自我欣赏中，孤僻、冷漠，缺乏自信，难以适应环境变化。

（3）场依存性和场独立性类型说。心理学家威特金根据场的理论将人划分为场依存性和场独立性两种类型。场依存性的人，比较容易受当时环境中的其他事物的影响，很难离析出知觉单元；场独立性的人比较少受当时知觉的情境影响，比较易于离析出知觉单元。这两种人是按照对立的信息加工方式工作的，场依存性的人倾向于以外在参照（客观事物）作为信息加工的依据，场独立性的人则主要利用内在参照（主体感觉）。场依存性的人独立性差，易受暗示；场独立性的人独立性强，不受暗示。

（4）文化—社会价值类型论。心理学家斯普兰格与莫利斯用价值观作为划分人的性格类型的根据。由此，将人划分为理论型、经济型、审美型、社会型、权力型和宗教型六种类型。

理论型者以追求真理为目的，认识为主要活动，情感为次要的，冷静、客观，对功利、实用缺乏兴趣，这些人多为理论与哲学家；经济型者以实际功利来评价事物，期望获取财产与利益，这些人多为实业家；审美型者以美为最高人生意义，注重自我完善与自我欣赏，这类人多为艺术家；社会型者重视爱，重视他人，具有献身精神，能增进社会福利，这些人多为教育工作者与医务工作者；权力型者有强烈的控制欲望，有组织协调能力，这些人可担当领导者与管理者；宗教型者富有同情心，可任牧师。

2. 性格特质理论

性格特质理论认为，性格是由个体特质组成，特质是构成性格的基本单位，特质决定人的行为。特质在时间上具有稳定性，空间上具有普遍性，特质可预测人的行为。特质在量上因人而异，从而形成有差异的性格，如情绪稳定性就是人的性格特质，而且是因人而异的。特质被认为是个人所特有的、现实焦点的神经心理结构，可细分为共同特质与个人特质。共同特质普遍存在于每一个人身上，是一种概括化了的性格倾向。而个人特质只为个人所特有，代表着个人倾向，世界上没有两个人具有相同的个人特质。

特质理论种类繁多，此处只介绍艾森克的特质理论。艾森克在其特质理论中提出了个性的五个维度，即内外向、神经质、精神质、智力和守旧性，其中着重强调内外向、神经质与精神质三个维度。

（1）内外向。艾森克的内外向型与荣格的内外倾型内涵是有差异的。在此，外向的人是指不易受周围环境影响，个性具有冲动且难以控制，好交际，渴望刺激、冒险，粗心大意，爱发脾气等特点，外表给人印象是不大可靠的人。内向的人是指易受周围环境影响，情绪稳定，好静，不爱社交，冷淡，不喜欢刺激，深思熟虑，喜欢有秩序的生活和工作，极少发脾气，外表给人的印象常常极具悲观色彩但可靠的人。外向的人兴奋过程产生慢，持续时间短，易形成条件反射。内向的人兴奋过程产生快，持续时间长，不易形成条件反射。

（2）神经质。神经质又称为情绪性。情绪不稳定的人表现出高焦虑、喜怒无常、易激动。情绪稳定的人，情绪反应缓慢、轻微，容易恢复平静，稳重、温和，能自我克制，不易焦虑。外向的人加上情绪不稳定就会出现强烈的焦虑。

（3）精神质。精神质又称为倔强性，常导致行为异常。精神质高者固执、粗暴、强横、铁石心肠。精神质低者表现温柔。精神质强烈的人，性情孤僻，对他人漠不关心，缺乏人性，缺乏情感和同情心。

（五）管理者的性格类型

西方管理心理学根据性格的结构和管理者的行为将管理人员的性格分成积极刚勇型、消极怯懦型和折中型，三种类型。

1. 积极刚勇型

积极刚勇型管理者的行为特点表现：活泼，有坚强的信念，有时候甚至过分地信任自己，积极地做正当的事，遇事不顺心也不灰心，有斗争性。由于自己的行为伴随愉快的事，行为被强化了。

2. 消极怯懦型

消极怯懦型管理者的行为特点表现：缩手缩脚，对社会活动不感兴趣，生活单调；话题少，依赖性强，一切听从别人指挥，使自己的思维和行为停留在狭小的范围内；消极，敏感，自卑；由于遇到的都是不愉快的事，对于采取行动持消极态度。

3. 折中型

折中型管理者的行为特点表现：做事没有条理，有点慌张情绪；令人感到不诚实；有时有冒险行动，有时则有逃避行动；其行动伴随有愉快的与不愉快的极端变化；做事不利落。

现实中需要的管理人员，应以积极刚勇型为主，但是，这种性格类型的管理者也有弱点，如过于自负，喜欢别人顺从自己。消极怯懦型管理者虽然不理想，但可以通过实践活动使之转化，增加其刚勇性的一面，使其在工作中更有干劲。对于折中型领导者，则要通过多接触来增加与他的亲密程度，最终使其性格向积极刚勇型转化。

四、能力

（一）能力的概念

能力是人们成功地完成某种活动所必须具备的个性心理特征。能力是与活动联系在一起

的，掌握活动的速度与成果的质量被认为是能力高低的两种标志，完成活动的速度快、完成活动的质量高者会被认为是能力高者。

（二）能力的种类

能力可分为一般能力与特殊能力。一般能力是指大多数活动所共同需要的能力，如观察力、记忆力、思维力等。特殊能力是指某项专门活动所必需的能力，如数学、音乐能力。能力还可分为潜在能力与实际能力两种。潜在能力是实际能力形成的基础与条件，实际能力是潜在能力的展现。

从事某种职业、完成一项活动，需要多种能力的完备结合，这种具有多种能力的人被称为有才能者。不同职业需要有不同才能的人去完成，从领导与管理者到教师、公务员、营业员、厨师等，都需要不同才能的人去执业。才能高度的发展能成就天才或是特殊人才，如音乐家、艺术家、发明家等。

（三）能力和知识

能力和知识这两个概念是有区别的，不能等同，因为能力与知识属于不同的范畴。能力属于个性心理特征，知识属于人类社会历史经验的总结和概括。知识的掌握与能力的发展不是同步的，但是能力与知识是有联系的。掌握知识有利于发展智力。但是，掌握知识是以一定的能力为前提的，而能力是掌握知识的内在条件和可能性。能力与知识相互促进，通过传授知识培养能力。

（四）智力结构理论

智力结构理论存在多种说法，如智力结构单因素理论、智力结构二因素理论、智力结构三因素理论、智力结构群因素理论等。

智力结构的单因素理论者认为，智力具有单一特质、单一能力。

主张智力结构的二因素理论的心理学家斯皮尔曼认为，智力不具有单一特质、单一能力，而是综合的整体结构，进而他认为，智力可分为普遍因素和特殊因素。

智力结构的三因素理论者认为，智力结构三因素包括：抽象智力，指处理语言与数学的能力，也称为心智能力；具体智力，指处理事务的能力；社会智力，指人际交往的能力。

主张智力结构的群因素理论的心理学家瑟斯顿认为，智力包括七种平等的基本能力，即计算、语词流畅、语词理解、记忆、推理、空间知觉和知觉速度。

美国心理学家吉尔福特提出了一种新的智力结构设想，称为智慧结构学说。他认为，智慧因素是由操作、材料内容和产品三个维度构成，每一维度由一些有关的要素所组成。吉尔福特认为，智力的第一个维度是操作，它包括认知、记忆、发散思维、聚合思维和评价五种智力类型。智力的第二个维度是材料内容，它包括图形、符号、语义和行为四种类型。智力的第三个维度是产品，即智力活动的结果，它包括单元、门类、关系、系统、转换和蕴含六个方面。

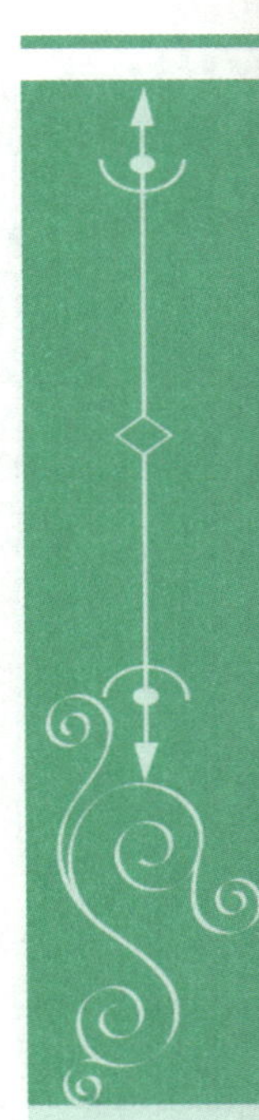

（五）能力与管理

管理职能的各个方面都与人的因素有关，特别是与人的能力有关。如何将能力应用在管理工作中呢？

1. 人员选拔、工作安排中要做到人尽其才

有什么样能力的人就做什么样的工作，这样才能做到人与工作的最佳匹配，使人的能力得到最大限度的发挥，使工作取得最佳的绩效。

实际上，如果一个人所具有的能力低于实际工作所要求的水平，这个人就无法胜任该项工作，其后果是给企业和自己带来极大的损失。反之，如果一个人所具有的能力高于实际工作所要求的水平，他可能会不满足现状，致使工作效果不佳，客观上是大材小用，一定程度上造成人力资源的浪费。

例如，如果让受过高等教育的人去做单位里的门卫，显然他们会感到工作单调、乏味，无法容忍，因而对工作漠不关心、不负责任，离职率高。如果这项工作让受过初等教育的人来担任，他们可能会感到很满意，因而责任心强、工作负责任，缺勤率、离职率也很低。

2. 要按照不同工作、不同能力要求的标准考核干部

不同工作岗位对人的能力要求有很大的差别。企业中的不同工种、生产岗位都应制订出相对独立的能力要求及考核标准。例如，对厂长的能力要求与对普通工人的能力要求是完全不同的。对不同类型人员的考核、提职升级等，实际上就是对一个人是否符合某一职位所要求的能力的衡量。

3. 落实职业培训

职业培训的内容既包括一般能力的发展，也包括特殊能力的提高。每个人的一般能力的发展与特殊能力的提高，存在着相互依存、相互联系、相互促进的辩证关系。职工所形成的特殊能力是建立在他的一般能力的基础上的，同时，职工的特殊能力的发展，也提高了其一般能力水平。

职业培训既要有提高职工特殊能力的科目，也要有提高观察能力、分析能力、计算能力、想象力、创造力等一般能力的内容。前者要抓与他们当前所从事的工作或将来可能从事的工作直接有关的专业知识或专业技能的教育，如组织电工学电工知识，财务人员学会计知识，医务人员进修医药专门知识等；后者要根据职工原有的文化水平、兴趣爱好，组织他们参加一般文化学习，以增进他们的科学文化知识，为职工队伍的智力开发奠定雄厚基础。

4. 录用员工既要考虑到他的知识、技能，也要考虑到其潜在能力

目前，单位往往把文化考核与技术操作考核的成绩作为招聘是否录用的标准，这显然是不全面的。文化或技术操作的考核，只代表了一个人已经掌握的部分知识或技能的水平，但这并不等于一个人所具有的能力，更不等于一个人所蕴藏的潜力，所以这种招聘录用办法需要变革。克服这种片面性的办法就是要对人的能力进行全面的了解，在录用员工时既要看文凭也要看解决实际问题的能力。

第三节 胜任力及其在管理中的应用

一、胜任力的概念

美国管理心理学家麦克利兰在《美国心理学家》杂志发表了一篇具有颠覆性价值的论文《测量胜任力而不是智力》。文中论述了传统的智力、知识技能、人格测评对个体工作绩效和职业生涯成功没有预测作用，真正具有鉴别性的是高绩效的行为特征，这些特征称为胜任力。胜任力是一个统合的概念，是一种“能将在某一工作（或组织文化）中表现优异者与表现平平者区分开来的个体潜在的深层次特征”，它可以是动机、个性特质、自我形象、态度或价值观，亦可是某领域的知识和行为技能，它们都能够被可靠地观察和测量出来。

麦克利兰对胜任力的定义是个体在工作中取得高绩效所需要的知识、技能、能力及其他特征的组合。显然，根据与工作、工作绩效和生活中其他重要成果相联系的知识、技能、能力、特质或动机，可区分出卓越绩效者和一般绩效者。胜任力是人们为适应工作或管理环境而产生的具体绩效和成就感的个性特征，是与任务情景相联系的综合才能。

管理者的胜任力是指管理者将诸要素有机结合所形成的能力，管理者凭借自己的道德品质、个性心理素质及其他素质的有机结合并运用于经营管理过程的能力。胜任力具有动态性，随管理与工作环境的变化而变化。胜任力的核心特征有应变力、责任感、影响力、概念化、多视角、预见性、尊重与敏锐、沟通性、自知之明等。构建管理胜任力的四个维度：对工作成就的承诺；诊断和问题解决的技能；人际管理；领导和管理。

二、胜任力的类型

胜任力可分为行为胜任力、知觉胜任力、情感胜任力、思维胜任力四种类型。行为胜任力是指在不确定性和有风险条件下的主动性和承担责任的能力；知觉胜任力是指收集、组织信息，把握不同组织及系统前景的能力；情感胜任力是指理解他人，解决人际冲突影响，领导他人等的能力；思维胜任力是指系统管理能力，其中包括计划、思考和行动，表现为有新方法、途径与构建概念模型等。

管理胜任力的八维结构模型如表 4-3 所示。

表 4-3 管理胜任力的八维结构模型

维度	胜任力
行政技能	计划，人事，程序，实施，文秘
沟通技能	表达，开放，倾听，报告，书面
人际技能	关系，协商，网络，多向，求同

续表

维度	胜任力
领导技能	导向，坚持，影响，团队，指导
激励技能	目标，成就，绩效，推动，进取
组织技能	预算，量化，战略，职务，商务
自管技能	约束，适应，自立，学习，发展
思维技能	分析，判断，批判，信息，创新

三、胜任力的理论

胜任力的内涵包括两部分：一个是外显的内涵，如知识、技能、社会角色等；另一个是内隐的、潜在的内涵，如自我概念、特质、动机等。

胜任力的行为观与特质观也是解释胜任力概念的重要方面。胜任力的行为观认为胜任力是一种高绩效的行为表现或行为模式。胜任力的特质观认为胜任力是一种支持个体在工作中表现出高绩效的内在特质的组合。胜任力的行为观便于操作，为此可通过面试、评价等环节对胜任力进行客观评估。总之，以行为训练为核心的培训技能，可以帮助员工提高自身的胜任力水平。

由上可见，对胜任力可做以下六个方面的理解：

（1）绩效导向：胜任力与绩效的高度相关。

（2）行为表现：高绩效行为表现与模式。

（3）情境相关：情境不同，胜任力不同。

（4）预测作用：胜任力对绩效的预测作用。

（5）可观察性：胜任力可观察与测量。

（6）可培养性：胜任力可经培训而提高。

四、胜任力在管理中的应用

胜任力在人力资源管理实践中的应用可分为以下几个方面。

（一）胜任力在招聘与选拔中的应用

根据岗位所需能力、个性、价值等层面的胜任标准与胜任力模型，确定招聘、选拔人才的标准。具体的步骤如下：

第一步，分解指标。指标的类型包括核心职能类、个性潜能类与态度类。

第二步，确定指标的等级。

第三步，设置相匹配的方法。

第四步，设置各项指标的权重。

各项胜任力指标的测评方法包括心理测验、面谈、无领导小组讨论、公文信、角色扮演、管理游戏、案例分析等。

由于岗位的不同，招聘、选拔中所使用的胜任力模型也有差别，其中分为全员通用模型、专业岗位模型、领导力模型等。

通过胜任力测评，主要评定招聘对象是否具有基准性胜任力，即是否达到门槛性要求。胜任力测评内容主要是知识、技能，主要测试招聘对象的动机、特质、自我概念、社会角色，此为鉴别性胜任力，这是区别一般绩效者与绩效优异者的重要指标。总之，招聘与选拔中胜任力测评的要素为知识、技能、经验、能力、个性、动机的整合体。

（二）胜任力在薪酬管理中的应用

传统薪酬管理是以职位为基础的。这里强调，支付薪酬的依据是员工拥有的胜任力，即知识、技能、社会角色、自我概念、人格特质和动机等。薪酬增长与否取决于胜任力和每一种胜任力的获得情况。

这种做法有利于员工个人胜任力的提高与扩展；有利于企业核心竞争力的增强，实现企业战略目标；有利于吸引和留住高水平的人才。

（三）胜任力在绩效考核中的应用

绩效考核可分为以下四个发展阶段：

第一阶段为表象型考核阶段，重点考核员工的日常表现、工作纪律、工作态度。

第二阶段为目标考核阶段，主要考核部门与员工的工作计划和工作职责。

第三阶段为关键绩效指标考核阶段，关键绩效指标（Key Performance Indicator，KPI）。

第四阶段为关键绩效指标与关键能力指标结合阶段，即人力资源关键胜任力指标（Key Competency Index，KCI），这一指标能区分绩效高低的员工，能对考核对象的高绩效达成的关键胜任力指标加以评定，即通过工作行为评定把能力、个性、动机、态度等进行量化和定性。

KPI 和 KCI 在绩效考核中各有侧重。KPI 以结果为重，忽视过程；KCI 注重过程的考察。KPI 重实效、实绩，重全面发展、团队协作，强调事；KCI 强调做事，重视人的存在。由此可见，KCI 是更为人性化的管理工具。而 KPI 与 KCI 的结合，则是将结果导向与能力、态度相结合，既强调结果，也强调能力与态度。因此，实践中人们应将两者结合起来使用，即将业绩考核与素质考核结合起来，不可偏废。

（四）胜任力在人才与培训中的应用

员工的成长与发展是影响组织绩效的重要因素。培训是人力资源管理的六大模块之一。培训包括新员工培训与基层员工技能培训、中高层管理者领导力的培训。培训效果的四层次评估包括培训反应、知识与技能获取、行为改变、绩效提升。根据胜任力的要求，首先要确定一定的标准，即知识、技能、岗位能力要达到何等水平才能胜任工作岗位。然后才是用这一标准作为尺子找差距，编制“人才发展地图”和“学习地图”。企业需要重点提升员工的关键能力素质，根据胜任力的标准，在对员工培训的过程中要对重点加以落实。

第四节 大五人格理论

大五人格理论是当前应用较广的一种有关个性的特质理论。大五人格因素是指外向性、情绪稳定性、宜人性（随和性）、尽责性（责任心）、经验开放性五项维度，如图 4-4 所示。

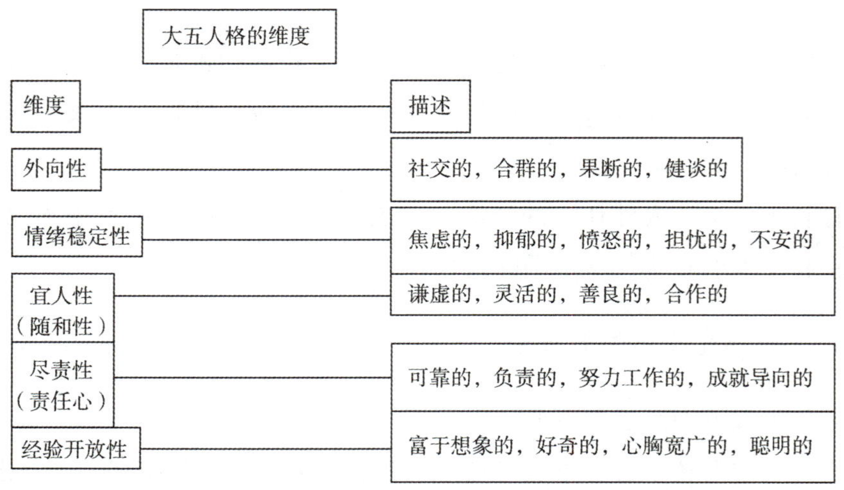

图 4-4 大五人格的维度

外向性是指个体合群、果断、善交际，对应保守、胆怯和安静。

情绪稳定性是指个体具有安全感、冷静和愉快，对应不安、焦躁和压抑。

宜人性（随和性）是指个体有合作精神、热心和令人愉快，对应好斗、冷漠和令人不快。

尽责性（责任心）是指个体勤奋、有组织性、可信任和坚定，对应懒惰、懒散和不可信任。

经验开放性是指个体具有创造性、好奇心和有修养，对应实用主义和兴趣狭隘。

具有以上五种人格因素的人会有以下的行为表现：

具有外向性人格因素的人会认为“我通常总是很快乐”“我喜欢生活中充满令人振奋的事”。

具有情绪稳定性人格因素的人会认为“我经常感到悲伤或沮丧”“我经常为我无力控制的局面而伤脑筋”。

具有宜人性（随和性）人格因素的人通常认为“我总是待人彬彬有礼”“人们从不认为我是冷漠或狡诈的人”。

具有尽责性（责任心）人格因素的人会认为“人们总是认为我非常可靠”。

具有经验开放性人格因素的人一般认为“我有很大的好奇心”“我喜欢各种富有挑战性的变化”。

研究结果表明，人们在责任心和情绪稳定性方面得分越高，他们的工作绩效会越好。实践证明，大五人格因素是对工作成功起着决定性影响的因素，是成功的先决条件。

复习思考题

1. 论述社会知觉的内涵及其重要性。
2. 讨论造成社会知觉偏差的各种原因及其对工作绩效的影响。
3. 解释气质的体液说与气质的高级神经活动类型说。
4. 试述性格的心理学类型说与特质理论对性格的分类。
5. 试述能力在管理工作中的意义。
6. 论述胜任力的实质内涵及其在管理诸领域中的实际应用。
7. 说明大五人格因素的维度结构及其对管理的意义。

第五章 激励与管理

- 理解需要、动机与激励的关系。
- 掌握内容型激励理论的主要观点。
- 掌握过程型激励理论的主要观点。
- 理解各种激励方式的应用。
- 能够运用激励理论分析问题。
- 能够运用激励理论提高管理激励的水平。

随着社会经济的发展和企业人才竞争的加剧，如何正确认识激励的重要性，如何合理利用激励制度吸引人才和调动员工的积极性，成为管理活动成败的关键和管理者必须掌握的核心技能，也是现代企业需要研究的重大课题。

第一节　需要、动机与激励概述

一、需要

（一）需要的含义

需要是人的行为的动力和源泉，是人脑对生理和社会需求的反映。心理学家也把促成人们各种行为动机的欲望称为需要。

人类在社会生活中，最初的需要是维持生存和延续后代。人类为了生存就要满足生理的需要。例如：饿了就需要食物；冷了就需要衣服；累了就需要休息；为了传宗接代，就需要恋爱、婚姻。随着社会的发展，人类又逐渐产生了社会需要。例如：通过劳动创造财富，改善生存条件；通过人际交往，沟通信息，交流感情，相互协作。随着社会生活的日益进步，人类为了提高物质文化水平，又逐步形成了高级的物质需要和精神需要。人类有需要，就必然去追求、去争取、去努力。因此，心理学家说："需要是积极性的源泉。"

（二）需要的特点

需要的特点如下：

(1) 任何需要都有明确的对象。这种需要表现为追求某种事物的意念，或者表现为避开某种事物、停止某项活动的意念。

(2) 一般的需要有周期性。比较复杂的需要虽然没有周期性，但在条件适合时也可能重复出现。

(3) 需要随着社会历史的进步而不断发展。需要的发展一般由低级到高级、简单到复杂、物质到精神、单一到多样。

（三）人的需要特征

人的需要特征如下：

(1) 对象性。人的需要是有目的、有对象的，而且随着满足需要的对象的扩大而发展。人的需要的对象既包括物质的东西（如衣、食、住、行），也包括精神的东西（如信仰、文化、艺术、体育）；既包括个人生活和活动（如个人日常的物质和精神方面的活动），也包括参与社会生活和活动以及这些活动的结果（如通过相互协作带来物质成果，通过人际交往、

沟通感情带来愉悦和充实）；既包括想要追求某一事物或开始某一活动的意念，也包括想要避开某一事物或停止某一活动的意念，这些意念的产生都是根据个人需要及其变化决定的。各种需要之间的区别就在于需要对象的不同。但无论是物质需要还是精神需要，都必须有一定的外部物质条件才能满足。例如，居住需要房子，出门要有交通工具，娱乐要有场所等。

（2）阶段性。人的需要是随着年龄、时期的不同而发展变化的，也就是说，个体在发展的不同时期，需要的特点也不同。例如，婴幼儿时期主要是生理需要，即需要吃、喝、睡；少年时期开始发展到对知识、安全的需要；青年时期则会产生对恋爱、婚姻的需要；成年时期对名誉、地位、尊重的需要逐渐增强等。

（3）社会制约性。人不仅有先天的自然性需要，而且在社会实践中，在接受人类文化教育的过程中，还会发展出许多社会性需要。这些社会性需要既受时代、历史的影响，也受阶级性的影响。在经济落后、生活水平低下的时期，人们需要的是温饱；在经济发展、生活水平提高的时期，人们需要的不仅是丰裕的物质生活，同时也开始需要高雅的精神生活。

（4）独特性。人与人之间的需要既有共同性又有独特性。由于生理因素、遗传因素、环境因素、条件因素的不同，每个人的需要都有自己的独特性。年龄不同的人、身体条件不同的人、社会地位不同的人、经济条件不同的人，都会在物质和精神方面有不同的需要。

（四）需要的种类

需要的种类是多种多样的，从不同的角度划分会有不同的分类。

1. 自然性需要和社会性需要

从需要发展的过程来看，可以分为自然性需要和社会性需要。自然性需要也称生物学需要，包括饮食、运动、休息、睡眠、排泄、配偶等需要。这些需要主要由机体内部某些生理不平衡状态引起，对有机体维持生命、延续后代有重要意义。人和动物都有自然性需要，但需要的具体内容不同，满足需要的对象和手段也不一样。人的自然性需要不仅可以通过自然物体满足，而且可以通过社会产品得到满足。例如，人需要新鲜空气，则不仅可以从大自然中获取，也可以通过使用空气净化器等现代化的技术手段来满足。同时，人的自然性需要还要受社会文化需要的调节。例如，人们的进食，不仅受机体的饥饿状态所支配，还要受各种社会风俗习惯、礼仪、不同社会场合的调节，在大庭广众、宾朋满座的情况下，人们即使饥肠辘辘也不会狼吞虎咽地进食。

社会性需要是人类特有的需要，是个体在成长过程中通过各种经验积累所获得的一种需要，是后天习得的、与人的社会生活相联系的需要。社会性需要受个体所处的文化背景、社会风俗以及经验的影响，表现出不同的社会特征、阶级特征、民族特征和个性特征。例如，中国的男性与女性之间的交往需要受中国儒家思想的影响，且带有一定的民族色彩，不像西方人那样开放。社会性需要在人类生活中具有重要意义，如劳动需要、交往需要、归属需要、美的需要等都是人类生活中所必需的，如果这些需要得不到满足，虽然不像自然性需要那样得不到满足就会导致死亡，但是也会令人产生痛苦、沮丧和焦虑等情绪，甚至引发疾病。同时，这种需要比较内在，往往隐藏于人的内心世界，不易被别人觉察。

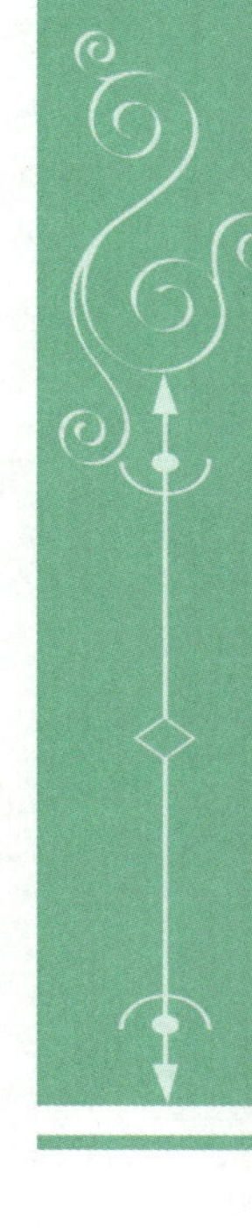

2. 物质需要和精神需要

物质需要是人们生存的基础，主要指个体对衣、食、住、行的需要。个体的这种需要指向社会的物质产品，并且以占有这些物品的方式来获得满足。例如，对工作和劳动条件的需要，对日常生活必需品的需要，对住房和交通条件的需要等。

精神需要主要指个体对一定的文化、艺术、科学知识、道德观念、政治信仰、宗教信仰、社会交往等活动的需要。例如，人们对事业、理想、知识、艺术、爱情的追求等。这种需要也要通过一定的文化、艺术产品以及一定的社会文化活动，如看话剧、看电视、听音乐会、参加某种宗教仪式或社交活动、报名运动会等来获得精神上的愉悦和满足。

物质需要与精神需要之间有着密切的关系，不可孤立地划分。人们在追求物质需要的同时也表现出某种精神需要，如向往整洁、雅静的住房，时尚的衣着，音质优美的音响系统等。精神需要的满足也离不开一定的物质产品，例如：满足阅读的需要不能没有报纸、杂志、书籍以及图书馆等物质条件；满足艺术欣赏的需要，不能没有乐器、表演者的服饰及表演场地等。

二、动机

（一）动机的含义

动机是为实现一定的目的激励人们行动的内在原因。人从事任何活动都有一定的原因，这个原因就是人的行为动机。动机可以是有意识的，也可能是无意识的。它能产生一股动力，引起人们的行动，维持这种行动朝向一定目标，并且能强化人的行动，因此也被称为驱动力。例如，工作动机是指人们从事工作的原因或力量，具体可能是挣钱、学技术、发挥才干、造福人类等。

动机是在需要的刺激下直接推动人进行活动的内部动力。动机是个体的内在过程，行为是这种内在过程的结果。引起动机的两个条件是内在条件和外在条件。内在条件就是需要，动机是在需要的基础上产生的，离开需要的动机是不存在的。并且只有对满足需要的愿望很强烈、满足需要的对象存在时，才能引起动机。例如，求职需要学历，而且学历越高，求职的难度就越小，所以为了能找到合适的工作，人们就需要有一定层次的学历，这种需要就会引起人们不断学习、深造的动机。外在条件就是能够引起个体动机并满足个体需要的外在刺激，也称为诱因。例如，对于饥饿的人来说，食物是诱因；对于大学毕业生来说，好的工作单位和岗位是诱因。诱因可能是物质的，也可能是精神的。在个体内在强烈的需要以及外在诱因的共同作用下，就能引起个体强烈的动机，并且决定其行为。动机和需要是有区别的。需要是人们对某种目标的渴求或欲望，主要和人们的主观愿望相联系。动机在需要的基础上产生，主要和人的行动相联系。也就是说，需要并不能直接产生行动，而必须先产生动机才能引起人的行动，动机是需要与行动之间必经的一个中间环节。

动机虽然是在需要的基础上产生的，但并非所有的需要都能成为动机。因为，需要必须

达到一定强度并有相应的诱因条件才能成为动机。

（二）动机的种类

1. 生理性动机和社会性动机

生理性动机主要指人作为生物性个体，由于生理的需要而产生的动机。例如，人为了维持生命就需要食物填饱肚子，这种生理需要会使人产生寻找食物的动机。社会性动机是指人在一定的社会、文化背景中成长和生活，通过各种各样的经验，懂得各种各样的需要，于是就产生了各种各样的动机，如交往性动机、威信性动机、地位性动机等。例如，随着商品经济的发展，人们在经商过程中需要各种各样的商品信息和市场信息，于是产生了与人交往的动机，通过与他人交往可以及时了解行情，避免判断失误带来经济损失。

这些生理性和社会性的动机对个体的活动又有以下功能：

（1）引发和始动性功能。没有动机，就不可能有行动，动机是人的行动动力。

（2）方向和目标性功能。个体所产生的动机都是有一定的方向和目的的，其行动总是按照这样的方向和目标去实现的。

（3）强化和激励性功能。个性的动机对其行动还起着维持、强化和激励的作用，以使其最终达到目标。动机产生目标，目标总是促使、激励人们不断地进取，获得成功。一般来说，动机越明显、越强烈，这种强化和激励性功能也就越强大。

2. 优势动机和辅助动机

人的行动往往是各种不同的动机共同引起的，其中起最大作用的动机称为优势动机，其余的称为辅助动机。优势动机与辅助动机之间可以相互转化，在外界环境刺激、自身条件和认识、行动的结果反馈等因素的影响下，辅助动机可以上升为优势动机，而原优势动机因为作用的不断弱化会逐渐成为辅助动机。

3. 高尚动机和低级动机

从社会意义来讲，人的动机有高尚和低级之分。一般来说，能为他人着想，为更多人谋福利，并以此实现自我的动机是高尚动机。把受益范围缩小到个人或少数人，并以牺牲其他人的利益来达到目标的动机则是低级动机。

（三）动机的作用

动机是激励人们行动的内在需要和动力，它对人的行为作用机能主要表现在三个方面：

（1）引发行为

。动机能引发人们行动的行为。一个人一旦产生某种动机，就会努力去实现由动机指引的目标。然而在实现目标的活动中，常常因主客观条件限制而受到阻碍，主观条件即内在原因，如自己的生理条件、能力不适应等；客观条件即外在原因，如环境因素、经济因素、人际关系不利因素等，使个体心中产生挫败感和冲突。在这种情况下，则要考虑自己的动机和目标是否切合实际、切实可行。

（2）选择目标。动机能使人的行动朝着特定的方向进行，有选择地决定目标，使行为指向一定方向。

（3）强化行为。一定动机指引下的行为结果，反过来会对动机产生巨大影响。如果行为结果好，这个动机会使行为重复出现，个体会进一步保持、巩固并加强这种行为，即产生正强化作用。而如果动机引导的行为效果不好，则会削弱行为，使行为减少以至不再出现，即产生负强化作用。

个体在日常生活中经常会同时产生两个或两个以上的动机。假如这些并存的动机无法同时获得满足，而且互相对立或排斥，其中某一个动机获得满足，其他动机将受到阻碍，这种情况称为动机冲突。动机冲突会形成进退两难、犹豫不决的心理状态，产生挫败感，使人痛苦。

三、激励

（一）激励的含义

激励是指影响人们内在需求或动机，从而加强、引导和维持行为的活动或过程。《韦氏新世界大学词典》中的激励是指“向别人提供积极性或以积极性影响别人”，其中“积极性”的意思是“促使一个人做事或以某种方式行事的内心的动力、冲劲或意欲”。所以激励涉及如何激发一个人行动的内心深处的东西，即潜能。因此，激励即激发人的内在动机或潜能。

从管理活动的角度讲，激励的目的是使人形成工作动力，也就是人们常说的调动积极性，它也是一种组织满足员工的需要、引导和强化其行为的过程。

（二）激励的过程

心理学家指出，人类的行为基本上都是动机性的行为，即人的行为都是有一定的目标的。人为了实现目标，就会产生需要和欲望，有了需要和欲望就会产生动机，有了动机就会有行为。当需要未被满足时，就会产生紧张感，使人的身体或心理失去平衡而感到不舒服，进而激发个体的动机，这种动机将导致个体寻求特定目标的行为。例如：饥饿时，人的大脑会支配人去寻找食物；口渴时，人的大脑会支配人去寻找水源。这种大脑指挥人去行动的心理过程就是动机。当需要与欲望得到满足、目标达到之后，原有的需求和动机也就消失了。

激励不仅是一种行为，也是需要获得满足的过程。因此，激励的过程就是从未能得到满足的需要开始，到需要得到满足（或未得到满足而产生新的需要）为止（见图 5-1）。

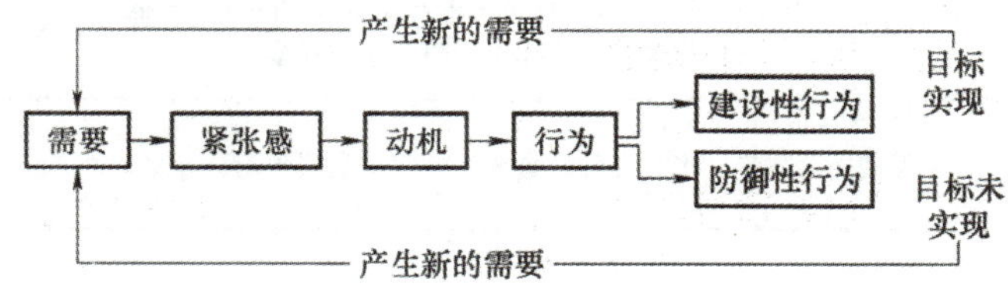

图 5-1　激励的过程

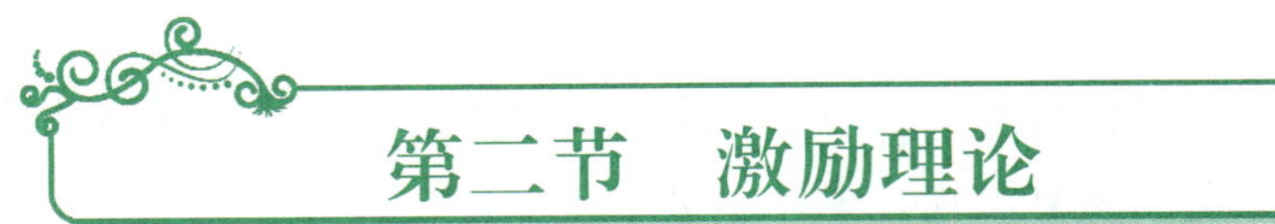

第二节 激励理论

激励理论是现代管理学的重要内容，从激励的起点和过程的不同角度可以分为内容型激励理论和过程型激励理论。内容型激励理论重点研究激发动机的诱因，主要包括马斯洛的需要层次理论、奥尔德弗的 ERG 需要理论、麦克利兰的成就激励理论和赫茨伯格的双因素激励理论等；过程型激励理论则是着重研究人从动机产生到采取行动的心理过程，它的主要任务是找出对行为起决定作用的某些关键因素，弄清它们之间的相互关系，以预测和控制人的行为，主要包括亚当斯（Adams）的公平理论、弗鲁姆的期望理论和斯金纳的强化理论等。

一、内容型激励理论

（一）马斯洛的需要层次理论

马斯洛需要层次理论是人本主义科学的理论之一，由美国心理学家马斯洛于 1943 年在其著作《人的动机理论》中所提出。书中将人类需要从低到高按层次分为五种，分别是生理需要、安全需要、情感与归属需要、尊重需要和自我实现需要，在自我实现需要之后，还有自我超越需要，但通常不作为该理论的必要层次，而是与自我实现需要合并。1954 年，马斯洛在《动机与人格》一书中又探讨了他早期著作中提及的另外两种需要，即求知需要和审美需要，认为这二者应居于尊重需要与自我实现需要之间。马斯洛需要层次理论中的五个需要层次的具体内容如图 5-2 所示。

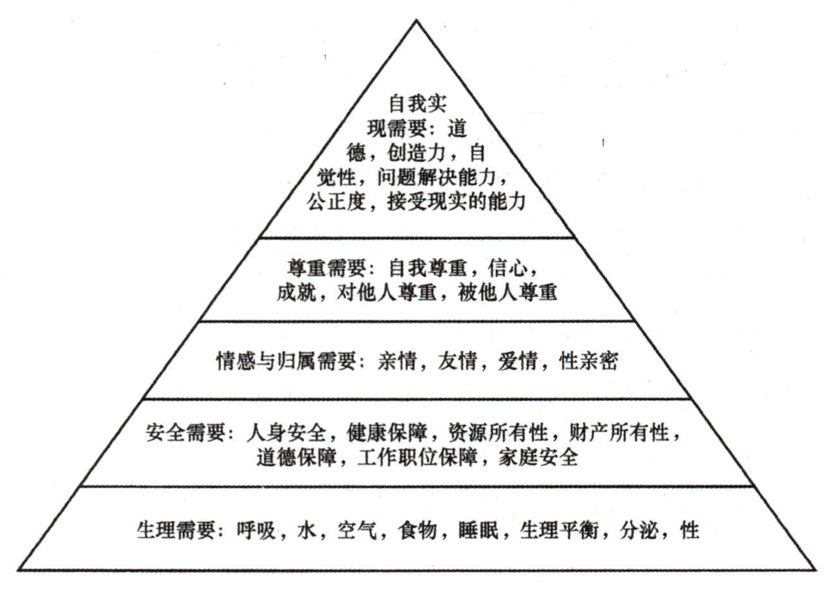

图 5-2 马斯洛需要层次理论

马斯洛需要层次理论解析：

马斯洛需要层次是一种刚性的阶梯式上升结构，即认为较低层次的需要必须在较高层次的需要满足之前得到充分的满足，二者具有不可逆性；并认为一个人在其某一层次需要尚未得到满足时，可能会停留在这一需要层次上，直到获得满足为止。

需要层次理论有两个基本出发点：一是人人都有需要，当某一层次的需要获得满足后，另一层次的需要才出现。二是在多种需要未获满足前，首先满足迫切需要；该需要获得满足后，后面的需要才能显示出其激励作用。

一般来说，某一层次的需要相对满足了，就会向高一层次发展，追求更高一层次的需求就成为驱使行为的动力。相应地，获得基本满足的需要就不再是一股激励力量。

五种需要可以分为两级，其中生理需要，安全需要以及情感与归属需要都属于低级需要，这些需要通过外部条件就可以满足；而尊重需要和自我实现需要属于高级需要，须通过内部因素才能满足，而且一个人对尊重和自我实现的需要是无止境的。同一时期，一个人可能有几种需要，但每一时期总有一种需要占支配地位，对行为起决定作用。任何一种需要都不会因为更高层次需要的发展而消失。各层次的需要相互依赖和重叠，高层次的需要发展后，低层次的需要仍然存在，只是对行为影响的程度大大减小。

（二）奥尔德弗的 ERG 需要理论

美国耶鲁大学的奥尔德弗在马斯洛需要层次理论的基础上进行了更接近实际经验的研究，提出了一种新的人本主义需要理论。奥尔德弗认为，人们共存在三种核心的需要，即生存（Existence）需要、关系（Relation）需要和成长（Growth）需要，因而这一理论被称为“ERG”理论。马斯洛需要层次理论与奥尔德弗 ERG 需要理论的对比如图 5-3 所示。

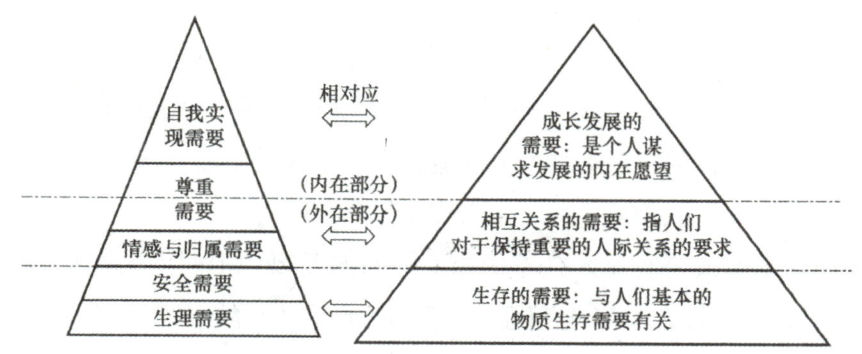

图 5-3　马斯洛需要层次理论与奥尔德弗 ERG 需要理论对比

ERG 需要理论的解析：

ERG 理论并不强调需要层次的顺序。奥尔德弗认为，同一时间可能有不止一种需要对人的行为起作用；某种需要在一定时间内对行为起作用，而当这种需要得到满足后，人可能去追求更高层次的需要，也可能没有这种上升趋势。如果较高层次需要的满足受到抑制，那么人们对较低层次的需要的渴望会变得更加强烈。

ERG 理论并不认为各类需要层次是刚性结构。比如，即使一个人的生存和相互关系需要

尚未得到完全满足，他仍然可以为成长发展的需要工作，而且这三种需要可以同时起作用。

ERG 理论还提出了“受挫—回归”的思想（见图 5-4）。ERG 理论认为，当一个人在某一更高等级的需要层次受挫时，那么作为替代，其某一较低层次的需要可能会有所增加。例如，如果一个人的社会交往需要得不到满足，可能会增强其对得到更多金钱或更好的工作条件的愿望。

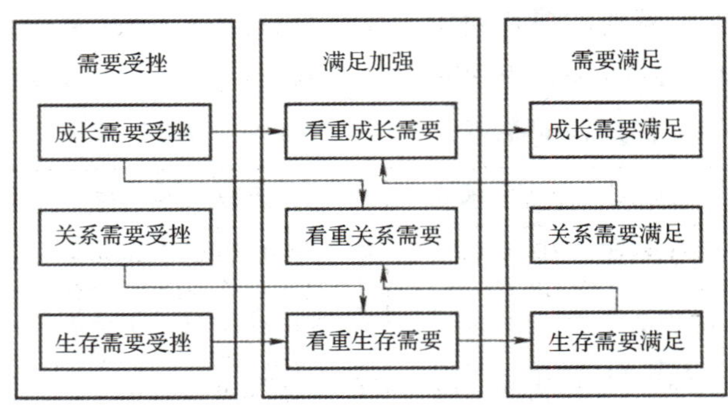

图 5-4　ERG 理论的“受挫—回归”思想

ERG 理论认为较低层次的需要满足之后，会引发对更高层次需要的愿望。ERG 理论认为多种需要可以同时作为激励因素而起作用，并且当满足较高层次需要的企图受挫时，会导致人们向较低层次的需要回归。

（三）麦克利兰的成就激励理论

成就激励理论是由美国哈佛大学教授麦克利兰通过对人的需要和动机进行研究，于 20 世纪 50 年代在一系列文章中提出的。麦克利兰把人的高层次需要归纳为以下三种：

（1）成就需要：争取成功，希望做得最好的需要。麦克利兰认为，具有强烈成就需要的人渴望将事情做得更加完美，提高工作效率，获得更大的成功。他们追求的是在争取成功的过程中克服困难、解决难题、努力奋斗的乐趣，以及成功之后的个人成就感，而并不看重成功所带来的物质奖励。个体的成就需要与其所处的经济、文化、社会、政府的发展程度有关，社会风气也制约着人们的成就需要。

（2）权力需要：影响或控制他人且不受他人控制的需要。不同的人对权力的渴望程度也有所不同。权力需要较高的人对影响和控制他人表现出很大的兴趣，喜欢对别人“发号施令”，注重争取地位和影响力；喜欢争辩，健谈，直率且头脑冷静；善于提出问题和要求；喜欢教训别人，并乐于演讲；喜欢具有竞争性和能体现较高地位的场合或情境，并会为了获得地位和权力或与自己已具有的权力和地位相称而追求出色的成绩。权力需要是管理成功的基本要素之一。

（3）亲和需要：建立友好亲密的人际关系的需要。亲和需要就是寻求被他人喜爱和接纳的一种愿望。亲和需要较高的人更倾向于与他人进行交往，至少是为他人着想，这种交往会令其产生愉快感。高亲和需要者渴望亲和的人际关系，喜欢合作而不是竞争的工作环境，希望增进彼此之间的沟通与理解，对环境中的人际关系更为敏感。有时，亲和需要也表现为对失去某些亲密关系的恐惧和对人际冲突的回避。亲和需要是保持社会交往和人际关系和谐的重要条件。

（四）赫茨伯格的双因素激励理论

20 世纪 50 年代末期，美国的行为科学家赫茨伯格和他的助手在美国匹兹堡地区对 200 名工程师、会计师进行了调查访问。访问主要围绕两个问题：①在工作中，哪些事项是让他们感到满意的，并估计这种积极情绪会持续多长时间；②有哪些事项是让他们感到不满意的，并估计这种消极情绪会持续多长时间。赫茨伯格对这些问题的回答进行了研究，归纳出哪些事情使人们在工作中感到快乐和满足，哪些事情造成不愉快和不满足。结果他发现，使员工感到满意的都是属于工作本身或工作内容方面的，使员工感到不满的都是属于工作环境或工作关系方面的。赫茨伯格把前者称为激励因素，后者称为保健因素，即构成双因素激励理论，又称激励因素—保健因素理论，具体如图 5-5 所示。

激励因素(内在因素)

涉及对工作的积极情绪，也与工作本身的内容有关，包括：工作富有成就感，工作本身带有挑战性，工作成绩得到社会认可，职务上的责任感，职业上能得到发展和成长

若能满足，可以极大地激发员工的热情，调动员工的积极性，提高工作效率；若解决不好，虽无关大局，但也会引起员工的不满，严重影响工作效率

保健因素(外在因素)

涉及对工作的消极情绪，也与工作的氛围和环境有关，包括：公司的政策，管理制度，监督，工作条件，薪金，地位，安全，人事关系

若能改善，虽不能使员工变得非常满意或调动工作积极性，却能消除员工的不满；若不能得到满足，往往会使员工产生不满情绪，消极怠工，甚至引起罢工等对抗行为

图 5-5　双因素激励理论

一个人过去的成就、被人认可以及担负过的责任都与双因素中对工作的积极情绪有关。激励因素与个人对他们的工作积极情绪有关，但有时也涉及消极情绪；而保健因素却几乎与积极情绪无关，只会令人精神沮丧，甚至产生脱离组织、缺勤等消极行为。

赫茨伯格的理论认为，满意和不满意并非共存于单一的连续体中，而是截然分开的，这种双重的连续体意味着一个人可以同时感到满意和不满意，还暗示着工作条件和薪金等保健因素并不能影响人们对工作的满意程度，而只能影响对工作的不满意程度。

赫茨伯格双因素理论的核心在于“只有激励因素才能够给人们带来满意感，而保健因素只能消除人们的不满，但不会带来满意感”这一论断，因此如何认定与分析激励因素和保健因素并“因材施政”才是关键。

二、过程型激励理论

（一）亚当斯的公平理论

公平理论又称为社会比较理论，由美国心理学家亚当斯于 1965 年提出，侧重于研究工资报酬分配的合理性、公平性及其对员工生产积极性的影响。该理论研究人的动机和知觉关系，认为员工的激励程度来源于对自己和参照对象的报酬和投入的比例的主观比较感觉。公平理论认为，人们的工作投入或付出包括自己的受教育程度，工作经验，用于工作的时间、精力和其他消耗等；人们所获得的工作报酬包括物质上的金钱、福利和精神上的受重视程度、表彰奖励等。而人的积极性取决于其所感受的分配上的公正程度（公平感），而这种公平感取决于一种历史比较或社会比较，见图 5-6。

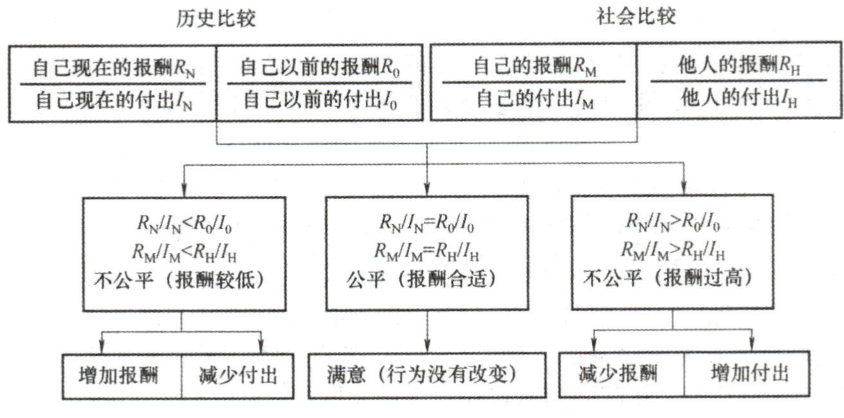

图 5-6　公平理论的历史比较与社会比较

在社会生活中，每个人都会自觉或不自觉地进行自己的投入与所得报酬的历史比较和社会比较。当人对自己的报酬做历史比较或社会比较，认为自己的收支比率过低时，会产生报酬不足的不公平感，比率差距越大，这种感觉越强烈。这时员工就会产生挫败感、义愤感、仇恨心理，甚至产生破坏心理。少数时候，员工也会认为自己的收支比率过高而产生不安的感觉或感激心理。当人感到不公平时，可能会千方百计地进行自我安慰，如通过自我解释，从主观上造成一种公平的假象，以减少心理失衡或选择另一种比较基准重新进行比较，以便获得主观上的公平感；还可能采取行动，改变对方或自己的收支比率，如要求把别人的报酬降下来、增加别人的劳动投入，或要求给自己增加报酬、减少劳动投入等；还可能采取发牢骚、讲怪话、消极怠工、制造矛盾或弃职他就等行为。

公平感直接影响人的工作动机和行为。因此，从某种意义上讲，动机的激发过程实际上是人与人进行比较，作出公平与否的判断，并据以指导行为的过程。

（二）弗鲁姆的期望理论

期望理论又称“效价—手段—期望理论”，是由北美著名心理学家和行为科学家弗鲁姆

（Vroom）于1964年在其著作《工作与激励》中提出来的。

1. 期望理论的基本内容

弗鲁姆的期望理论阐明了激励员工的方法。他认为，某一活动对于调动某人的积极性，激发出人的内部潜力的激励力量取决于效价（达成目标后对于满足个人需要的价值大小）和期望值（根据以往经验进行判断能导致该结果的概率），用公式表示为

激励力量＝效价×期望值

2. 期望模式

怎样使激励力量达到最高值，弗鲁姆提出了人的期望模式：

个人努力→个人绩效（成绩）→组织奖励（报酬）→个人需要

在这个期望模式中的四个因素，需要兼顾以下三个方面的关系，这也是调动人们工作积极性的三个条件：

（1）个人努力与个人绩效的关系。人总是希望通过一定的努力能够达到预期的目标。如果个人主观认为通过自己的努力达到预期目标的概率较高，就会有信心，就可能激发出较强的工作热情；如果个人认为再怎么努力都不可能达到目标，就会失去内在动力，导致工作消极。但能否达到预期目标，不仅仅取决于个人的努力，还与其个人能力和上级提供的支持程度有关。

（2）个人绩效与组织奖励的关系。人总是希望取得成绩后能够得到相应的奖励，这种奖励既包括提高工资、多发奖金等物质奖励，也包括表扬、自我成就感、同事信赖、提高个人威望等精神奖励，还包括得到晋升等物质与精神兼具的奖励。如果员工认为取得绩效后能够得到合理的奖励，就可能产生工作热情，否则就可能没有积极性。

（3）组织奖励与个人需要的关系。人总是希望获得的奖励能够满足自己某方面的需要，然而由于人们各方面的差异，其需要的内容和程度都不同。因此，针对不同的人，采用同一种奖励能满足其需要的程度不同，所能激发出来的工作动力也就不同。

（三）斯金纳的强化理论

强化理论是由美国的心理学家和行为科学家斯金纳（Skinner）、赫西和布兰查德等提出的，也称为行为修正理论或行为矫正理论。

斯金纳认为，人做出某种行为或不做出某种行为只取决于一个影响因素，那就是行为的后果。他提出了“操作条件反射”理论，认为人或动物为了达到某种目的，会采取一定的行为作用于环境。当行为的后果对其有利时，这种行为就会在以后重复出现；当行为的后果对其不利时，这种行为在之后就减弱或消失。

斯金纳认为，人们可以用多种强化方式来影响行为的后果，从而修正其行为。强化的具体方式有以下几种：

（1）正强化：又称为积极强化，即当在环境中增加某种刺激，有机体反应概率增加，这种刺激就是正强化，也就是奖励那些符合组织目标的行为，以使这些行为得以进一步的加强、

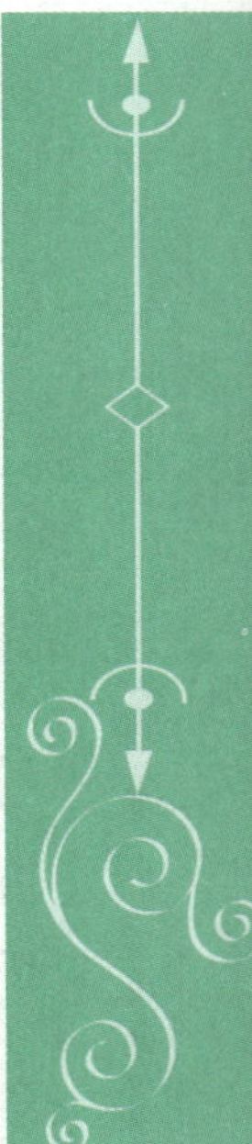

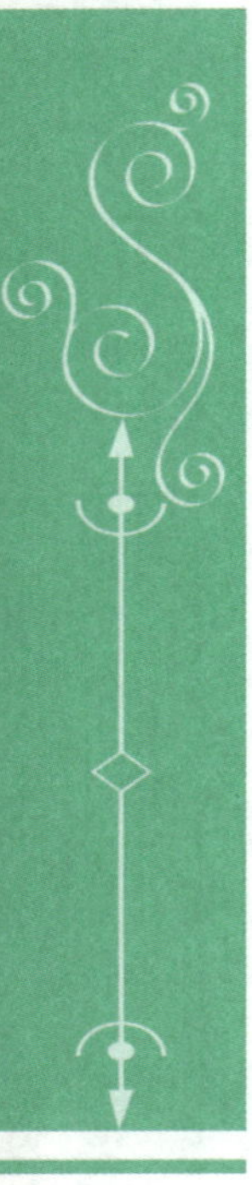

重复出现。正强化的方法包括奖金、对成绩的认可、表扬、改善工作条件和人际关系、岗位提升、安排担任挑战性的工作、给予学习和成长的机会等。

（2）惩罚：当员工出现一些不符合组织目标的行为时，采取惩罚的办法可以约束这些行为少发生或不再发生。惩罚的目的是力图使所不希望的行为逐渐削弱，甚至完全消失。

（3）负强化：又称为消极强化，即当某种刺激在环境中消失时，有机体反应概率增加。这种刺激就是负强化，是有机体力图避开的那种刺激。负强化强调的是一种事前的规避。俗语“杀鸡儆猴”可以形象地说明惩罚与负强化的联系与区别：对出现了违规行为的“鸡”加以惩罚，意欲违规的“猴”会从中深刻地意识到组织规定的存在，从而加强对自己行为的约束，这种约束即为负强化。有时不给予奖励或少给奖励也是一种负强化。

（4）消退：又称为忽视，就是对已出现的不符合要求的行为进行“冷处理”，以达到“无为而治”的效果。

案例链接

海尔的员工激励

海尔文化特色之一就是从研究和满足员工的需要来调动其工作的积极性。海尔考虑得很细，认为研究人们的需要，目的就是在完成组织目标的前提下，尽可能满足个人需要，只有这样把员工的利益与组织联系在一起，才能调动员工积极性。海尔首席执行官（CEO）张瑞敏常提到的“人之四大特性”分别是具有个体差异、生理与情趣完整、需要即时激励、追求个人价值的实现。员工为企业努力工作，企业就要主动考虑员工的需要，甚至个人的特殊需要。

海尔允许员工竞争领导岗位，甚至在员工层面海尔也制定了“三工并存，动态转换”等奖罚措施，既通过设置切实可行的目标给人以期望，又通过制度办法刺激动机，如成为“优秀员工”就升级，成为“不合格员工”就降级。通过这样反复不断的刺激过程，促使每个人认同新的、更高的目标。张瑞敏说：“我们靠的是建立一个让每个人在实现集体大目标的过程中充分实现个人价值的机制，这种机制使每位员工都能够找到一个发挥自己才能的位置。我们创造的是这样一种文化氛围，你干好了，就会得到正激励与尊重；干得不好，会受到负激励。”他解释说，为什么不叫惩罚而叫负激励，其目的在于教育你不再犯同样的错误，而不仅仅是简单地让你付出点代价。

好的公司内部都存在表扬文化，海尔也不例外。《海尔企业文化手册》中明确规定了海尔的奖励制度：海尔奖，用于奖励集团内各个岗位上的员工对企业所做的突出贡献；海尔希望奖，用于奖励企业员工的小发明、小改革及合理化建议；命名工具，凡海尔集团内员工发明、改革的工具，如果明显地提高了劳动生产率，可由所在工厂逐级上报厂职代会研究通过，以发明者或改革者的名字命名，公开表彰宣传。

这些奖项无疑是一种激励的源泉。当获奖者的新闻通过分发到每位员工手中的《海尔人》、领导讲话和闲聊传开之后，这样的竞争就成为成千上万员工的强大力量。

第三节　激励理论的应用

一、马斯洛需要层次理论的应用

马斯洛认为，人的需要包括生理需要、安全需要、情感与归属需要、尊重需要和自我实现需要等若干层次。当一种需要得到满足之后，员工就会转向其他需要。由于每个员工的需要各不相同，对某个人有效的奖励措施可能对其他人就没有效果，因此管理者应当针对员工的差异对他们进行个别化的奖励。例如，有的员工可能更希望得到更高的工资，而另一些人也许并不在乎工资，而希望有自由的休假时间。又如，对一些工资高的员工，增加工资的吸引力可能不如授予其“A级业务员”的头衔吸引力大，因为荣誉的获得可以使其觉得自己享有了地位和受到了尊重。每个人都有自己的性格特质，员工的个性各不相同，他们适合从事的工作也不同，而与员工个性相匹配的工作才能让员工感到满意和舒适。

马斯洛的需要层次理论认为，人的需要结构是动态的、发展变化的，只有低层次需要得到部分满足以后，高层次需要才有可能成为行为的重要决定因素，高层次需要比低层次需要更有价值。因此，在企业管理过程中，管理者应该做到以下三点：

（1）正确认识被管理者需要的多样性和层次性。

（2）努力将组织的管理手段、管理条件同被管理者多样化的各层次需要联系起来。

（3）在科学分析的基础上，找出受时代、环境及个人条件差异影响的优势需要，然后有针对性地进行激励。

二、赫茨伯格双因素激励理论的应用

赫茨伯格认为，令员工非常不满意的因素大都属于工作环境或工作关系方面的，如公司的政策、行政管理、员工与上级之间的关系、工资、工作安全、工作环境等。他发现上述条件如果达不到员工可接受的最低水平时，就会引发员工的不满情绪。但是，具备了这些条件并不能使员工受到激励。赫茨伯格把这些没有激励作用的外界因素称为“保健因素”。他还认为，能够使员工感到非常满意的因素大都属于工作内容和工作本身方面的，如工作的成就感、工作成绩得到上司的认可、工作本身具有挑战性等。这些因素的改善能够激发员工的热情和积极性。赫茨伯格把这种因素称为“激励因素”。在企业管理过程中，管理者首先应该注意满足员工的“保健因素”，防止员工产生不满情绪，消极怠工；同时还要注意利用“激励因素”，尽量使员工感到满意。因此，在实际的企业管理工作中，管理者应该注意以下三个方面：

（1）区分管理实践中存在的保健因素和激励因素，对于保健因素要给予基本的满足，以消除职工的不满。

（2）抓住激励因素，进行有针对性的激励。

（3）正确识别与挑选激励因素。

三、弗鲁姆期望理论的应用

弗鲁姆认为，激励因素作用的大小取决于两个方面：一是人对激励因素能够实现的可能性大小的期望；二是激励因素对其本人效价的大小。

在管理工作中应用期望理论要注意三点：第一，科学地设置目标，使目标给人以希望，从而产生心理动力；第二，提高期望水平，提高员工对目标重要意义的认识，这样就会提高效价；第三，正确处理好期望与结果之间的关系，防止员工期望过高，导致失望太大。

因此，在实际的企业管理工作中，管理者应该注意以下三个方面：

（1）选择激励手段时，一定要选择员工感兴趣、评价高，即效价大的项目或手段。

（2）确定目标的标准不宜过高。

（3）如果不从实际出发，只从管理者的意志或兴趣出发，推行对员工来说付出很大努力也不可能实现期望的激励措施是无法起到激励作用的。

四、亚当斯公平理论的应用

亚当斯的公平理论认为，一个人对其所得到的报酬是否满意不是只看绝对值，而是要进行社会比较和历史比较，即看其相对值。当个人觉得自己的收支比率与历史或与他人相等时，就会感到公平，就能激励人的行为；反之，就会使人感到不公平，从而产生紧张、不安和不满等情绪，影响工作积极性的发挥。例如，由于地区、行业、单位、个人等条件的不同，加上制度和政策上的某些弊端，造成了人们在报酬上的较大差异，由此还会引发一些矛盾，就是因为让人感觉到不公平而产生的。公平激励，就应努力地减少和消除不公平现象，正确的做法不是搞绝对平均主义，而是领导者要做到公平处事、公平待人，不论亲疏，不以个人好恶论人。例如，对激励对象的分配、晋级、奖励、使用等方面，要力争做到公正合理，员工才能感到心情舒畅，提高工作的主动性和积极性。

在管理工作中应用亚当斯公平理论时，要加强对员工的思想教育，防止在工作评定中出现贬低别人、抬高自己，或是拨弄是非、左右舆论、制造矛盾等不良倾向。同时，应用公平理论时还要注意以下三个方面：

（1）在管理中要高度重视相对报酬问题，尽量做到公平公正。

（2）尽可能实现相对报酬的公平性。

（3）当出现不公平现象时，要积极做好引导工作，防止产生负面作用。

五、斯金纳强化理论的应用

斯金纳的强化理论把激励行为分为正激励与负激励。正激励就是对个体符合组织目标的期望行为进行奖励，以使这种行为更多地出现，提高个体的积极性。负激励就是对个体违背

组织目标的非期望行为进行惩罚，以使这种行为不再发生，使个体积极性朝正确的目标方向转移。在组织工作中，正激励与负激励都是必要而有效的，因为这两种方式的激励效果不仅会直接作用于个人，而且会间接地影响周围的个体与群体。通过树立正面的榜样和反面的典型，扶正祛邪，形成一种良好的风气，就会产生无形的正面行为规范，比枯燥的教条和规定更直观、更具体、更明确，能够使整个群体的行为导向更积极，更富有生气。

斯金纳的强化理论认为，人的行为结果对动机有反作用。如果行为产生了好的结果，就能对动机起正强化作用，使人的行为得到加强和重复；如果行为产生了不好的结果，就会对动机起负强化作用，使人的行为削弱或消失。

对强化理论的应用要考虑强化的模式，并采用一整套的强化体制。强化模式主要由“前因”“行为”和“后果”三个部分组成。“前因”是指在行为产生之前确定一个具有刺激作用的客观目标，并指明哪些行为将得到强化，如企业规定车间安全生产中每月的安全操作无事故定额。“行为”是指为了达到目标的工作行为。“后果”是指当行为达到目标时，对其给予肯定和奖励；当行为未达到目标时，则不给予肯定和奖励，甚至给予否定或惩罚，以求控制员工的安全行为。

运用强化理论来影响、加强或改变员工的行为时，要注意以下两个方面：

（1）按照员工的不同需要采用不同的强化物。

（2）奖惩结合，以正强化为主。

案例链接

硅谷高科技员工的激励

凯西就职于硅谷的某高科技公司，担任公司娱乐产品部的项目经理，主管电脑游戏软件的制作。她一贯的作息安排是：白天工作12小时，晚上9点锻炼身体，然后接着工作，每周6天，一般每周工作100小时左右，可以一直坚持好几个月。和她在硅谷的那些同事一样，她并不需要遵守严格的工作时间规定，只是在自己想工作的时候才工作，只不过她大多数时候都想工作而已。

是什么激励凯西和她的同事过这样的一种生活呢？是硅谷内部强大的激励机制。

在硅谷，一种普遍的激励因素是金钱。硅谷有1/3以上的高科技公司会给员工分配股权，而非高科技公司中这一比例不到1/12，因此，在高科技公司工作的人想要在短时间内暴富是完全可能的，即使有人赚不到钱，也能得到非常诱人的基本补偿金。例如，硅谷的软件、半导体工人平均每年可以得到7万美元的补偿金，而美国普通工人平均每年只能得到2.7万美元的补偿金。

对于在硅谷工作的人来说，对所从事工作的热爱是另一个重要的激励因素。虽说金钱很重要，但很多人认为，如果只是为钱，他们是不会像现在这么努力的。事实上，很多人都认为自己的工作可以与音乐家的工作相媲美，因为工作能够给他们带来发自内心的快乐，工作本身就是最吸引他们的地方。

在硅谷的工作容易被人认可是第三个激励因素。相对于其他行业的人来说，在硅谷工作

有更多的机会在客户中闻名。比如，娱乐产品部发行了凯西监制的游戏软件，成千上万的客户会来买这种软件，并在电脑上使用，这样她的名字就会出现在制作人员的名单中，就像电影制片人的名字出现在影片结尾一样。

来自同行的压力和认同也是非常重要的激励因素。这个行业中的人工作时间都很长，这也成了整个行业通行的“标准”。人们去上班时就知道自己必定要工作很长时间，这是既定的事实。他们这么做是因为这里的每个人都这样，不这么做的人就会遭到同行的讥讽。

还有一个激励因素是在硅谷工作所享有的自主性。事实上，现在流行的很多管理方式，如授权，就诞生于硅谷。诸如惠普和苹果一类的公司已经摒弃了传统组织机构中指令控制式的管理。高科技公司从不对员工的工作时间安排、工作进度以及服装规范等方面加以规定。员工可以来去自由，可以带宠物上班，也可以在家工作。他们可以自主选择在何时、何地以及以什么方式开展工作。对于今天的很多员工来说，这种弹性是非常有吸引力的。

六、激励方式的应用

（一）目标激励

人的动机多起源于人的需要和欲望，一种没有得到满足的需要是激发动机的起点，也是引起行为的关键。因为未得到满足的需要会造成个人内心的紧张，从而导致个体会采取某种行为来满足需要以解除或减轻其紧张程度。目标激励就是把企业的需要转化为员工的需要。为了解除这一需要带来的紧张，员工会更加努力地工作，当员工取得阶段性进展的时候，管理者把成果反馈给员工，让员工知道自己的努力水平是否足够，是否需要更加努力，从而有助于他们在完成阶段性目标之后进一步追求更高的目标。

运用目标激励必须注意以下三个方面：

（1）目标设置必须符合激励对象的需要。即要把激励对象的工作成就同其正当的获得期望挂钩，使激励对象表现出积极的目的性行为。

（2）提出的目标一定要明确。比如，“本月销售收入要比上月增长10%”这样的目标就比“本月销售收入要比上月有所增长”这样的目标更有激励作用。

（3）设置的目标既要切实可行，又要具有挑战性。目标难度太大，会让人可望而不可即；目标过低，则影响人们的期望值，难以催人奋进。无论目标客观上是否可以达到，只要员工主观认为目标不可达到，他们努力的程度就会降低。目标设定应当像树上的苹果那样，站在地面上摘不到，但只要跳起来就能摘到。另外，管理者应将长远目标分解为阶段目标。

（二）物质激励

物质激励就是从满足人的物质需要出发，对物质利益关系进行调节，从而激发人的向上动机并控制其行为的趋向。物质激励多以加薪、减薪、奖金、罚款等形式出现，在当前的社会经济条件下，物质激励是激励不可或缺的重要手段，它对强化按劳取酬的分配原则和调动员工的劳动热情有很大的作用。

（三）情感激励

人具有丰富且复杂的情感世界，感情因素对人的工作积极性和创造性有很大的影响。古代有许多典故都表达出通过感情沟通，以心交心，增强归属心理，激励下属的思想。“士为知己者死”就是最典型的例证。还有刘备三顾茅庐，也是用真诚感动了诸葛亮，使其用了一生的精力和智慧来报答刘备。

情感激励既不是以物质利益为诱导，也不是以精神理想为刺激，而是领导者与被领导者之间以感情联系为手段的激励方式。每个人都需要关怀与体贴，一句亲切的问候，一番安慰的话语，都可成为激励人们行为的动力。运用情感激励要注意情感的两重性：积极情感可以增强人的活力，消极情感则会削弱人的亲和力。情感激励主要是培养激励对象的积极情感，其方式有很多，如沟通思想、排忧解难、慰问家访、交往娱乐、批评帮助、共同劳动、民主协商等。只要领导者真正关心体贴、尊重爱护激励对象，通过感情交流充分体现出“人情味”，下属就会将领导者所表现的真挚情感化作自愿接受其领导的自觉行动。

（四）表率激励

榜样的力量是无穷的，在我国古代就十分推崇领导者的榜样作用。孔子曾指出，管理者“其身正，不令而行；其身不正，虽令不从”。即指管理者个人的举止行动就是下属模仿的对象，是无声的命令。“大禹治水三过家门而不入”的故事以及成语“身先士卒”的典故都反映了表率激励所起的作用。

（五）荣誉激励

荣誉可满足人的自尊需要，从而激发人们的斗志和工作积极性。墨子早就提出过荣誉激励：“诸守祚格者，三出却适，守以令召赐食前，予大旗，署百户邑，若他人财物，建旗其署，令皆明白知之，曰某子旗。”即对于有功的士兵，要给予物质奖励，还要以他的名字命名一面大旗，立于各营之中，使其在全军享有很高的名声和荣誉。这种荣誉激励不仅使有功的士兵得到了激励，也对其他士兵起到了榜样激励的作用。

（六）信任激励

信任激励就是领导者要充分相信下属，放手让其在职权范围内独立地处理问题，使其有职有权，能够创造性地做好工作。古人说：“疑则勿任，任则勿疑。”现代领导活动中的用人不疑，更是重要的用人原则。应用信任激励要注意以下三点：

（1）用人不疑的对象必须是德才兼备、在工作上能放心放手的人才。对那种投机钻营的“奸臣”和平庸无能的“草包”，决不可轻信重用，否则贻误大业。

（2）切忌轻信闲言碎语。在现实社会中，有爱才荐才之士，也有妒才诬才之徒。领导者

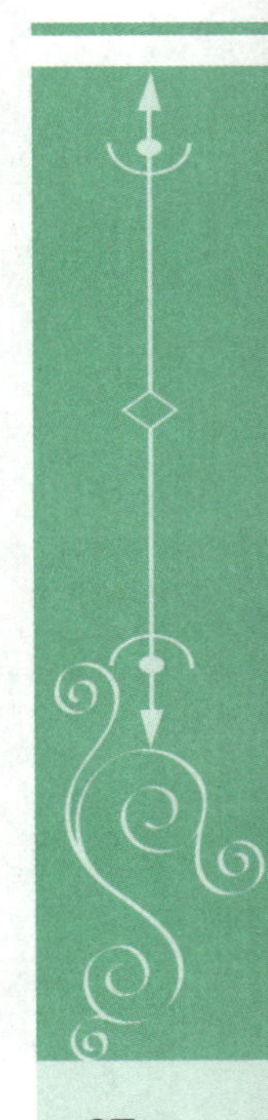

一定要头脑清醒，是非分明，以免影响人才智慧和创造性的发挥。

（3）授予职权之后，必须放手让其自主工作，不要横加干涉。只有给予被任用者真正的信赖和授权，才能使其产生最佳心理，从而激励他们充分发挥主观能动性。

案例链接

华为的年终奖

每到发年终奖时，华为都是“别人家的公司”，奖励之丰厚常常令人惊叹。任正非曾在一次讲话中说：“所有细胞都被激活，这个人就不会衰落。”而激活细胞的办法很简单，“跑到最前面的人，就要给他奖励”。

华为人力资源部下的荣誉部，设立于1997年，首任荣誉部部长由公司党委书记兼任；遵照奖励的基本原则“小改进，大奖励；大建议，只鼓励”“在合适的时间，利用合适的方式，奖励该奖励的事，奖励该奖励的人”。

华为的奖品很“奇葩”，有法国造币公司做的奖牌，有“成吉思汗的马掌”，有废料做的奖品，有的获奖者还会获得一项殊荣——与任正非在总部天鹅湖边合影，可以带家属。

华为还有公司级大奖，如“市场部集体大辞职”奖、“蓝血十杰”奖、家属奖。

任正非曾说过：“世界上最伟大的激励，就是自我激励，自己相信自己，自己鼓励自己。”

复习思考题

1. 结合实际工作，谈谈哪些因素属于双因素理论中的“激励因素”，哪些因素属于双因素理论中的“保健因素”？并分析两种因素的区别。

2. 结合实际工作，谈谈对公平理论的理解。

3. 如何在实际工作中恰当地使用强化理论中的具体方式？

4. 根据所掌握的激励理论，试述在管理实践中如何有效地激励员工。

第六章 员工心理健康

【学习目标】

- 理解压力的概念，并将其与紧张相区分。
- 理解引起压力的组织原因和个人原因。
- 理解倦怠及其与员工健康和幸福感的关系。
- 理解个体与组织的压力管理技巧。

第一节 心理健康的一般概念

一、员工心理健康与职业健康心理学

由于世界各国对员工心理健康的日益关注，因而在心理学领域诞生了一门新的学科——职业健康心理学（Occupational Health Psychology，OHP），这门学科的重点是关注员工在工作中的健康、安全和幸福感。研究的领域包括影响健康的物理条件、职业压力、职业事故，以及工作和家庭的矛盾与压力的负面影响与表现。

在西方国家，企业积极推广员工职业心理健康管理，提出了员工援助计划（Employee-Assistance Program，EAP）以消除心理困扰。员工援助计划是一项免费的专业心理援助服务，在绝对保障员工隐私的情况下，聘请心理咨询师提供心理辅导，为员工减压，帮助他们处理好个人和工作中的问题，挖掘员工潜力，确定职业规划。

二、心理健康的内涵与标准

1948 年，世界卫生组织在其成立的宪章中对人的健康作了描述：健康不仅是没有身体上的缺失和疾病，还要有完整的生理、心理状态和社会适应能力。这就是现代有关健康的“生理—心理—社会”模式。1989 年，世界卫生组织又在对健康的描述中增加了道德健康的内容。由此可见，健康不仅指没有躯体疾病或不正常症状，而且指个体在生物层面、心理层面及社会层面上能保持最佳、最高的状态。

心理健康的综合标准包括以下五个方面：

（1）认知正常：指对外界与自我认识正常。如果有认知变态、幻觉、妄想等心理就不健康。

（2）情感协调：指情绪稳定，只有轻度焦虑、有幸福感的人会体验到自身的心理健康。

（3）意志健全：指要有耐压力与耐挫折的能力与毅力。意志健全的人还表现在有较强的目的性、果断性、坚韧性与主动性。

（4）个性完整：心理健康的重要内容，主要表现为要有责任感、活动性、外向性与独立性。

（5）适应良好：指对社会、人际环境都有很强的适应能力，这是心理健康的重要标志。

具体到一个人，心理健康的标准表现为以下几个方面：

（1）要有正确的自我意识和自知之明。对自己的需要、动机、情感、优缺点有客观的评价。

（2）要自尊、自制。自己要有行为上的独立性和自主能力，能控制自己的心理与行为，

有自己的行为标准，能抗拒干扰与诱惑。

（3）善于与人相处。人际交往、人际关系良好，较少人际冲突。

（4）情绪正常。心情愉快乐观，心怀坦荡，心胸开阔。个体活动与社会要求处于良好、和谐状态，能保持心理活动的平衡与稳定。

（5）行为适度。行为具有自觉性、目的性，受意识的支配。行为具有一致性、连贯性，心理与行为和谐统一。

（6）乐于工作。对于工作意义和价值有正确的认识，愿意参加工作，并从工作中取得满足感、成就感。

第二节　心理健康的理论基础

1908年，美国人比尔斯（Beers）编著了《一颗自我发现的心》一书。同年，他成立了世界上第一个心理卫生机构——康涅狄格州心理卫生协会，从事心理健康运动。

心理健康的理论基础包括以下四大理论。

（1）心理动力理论。心理动力理论认为，人有本能的需求、欲望、冲动，当这种原始驱动力与现行社会规范、社会现实相矛盾时，就会产生心理冲突，影响心理健康，从而产生焦虑与抑郁。根据心理动力理论，人的人格动力中包含有自我、本我、超我三种力量，人们要以坚强的自我来调解本我（原始冲动）与超我（现实社会）之间的矛盾，尽量使心理达到平衡。

（2）认知理论。认知理论认为，存在心理困扰的人是因为他们心中有非理性的想法，如认为人应该是十全十美的、无缺点的，逃避比面对人生更为容易。在评估自己和未来时，往往使用自我责备和自我反对的模式，因此容易产生自卑感，即心理困扰与自我挫败的不健康心理。

（3）人本理论。人本理论认为，心理健康的人应该是一个自我实现的人，只有通过自我实现才能成为一个心理健康的人。

（4）社会学习理论。凡是心理健康的个体都应该具有与环境交互作用的技巧和能力，有学习潜能和认知能力。心理健康的人是通过社会学习、观察学习，学会与环境相融，与人和谐相处。

第三节　工作压力与心理健康

工作压力已经成为全球性的人力资源管理的热点问题。据调查，美国约有25％的员工遇到过各种各样压力引起的问题。芝加哥国际调查研究组织对40万名员工的调查显示，大约有40％的员工诉说工作负荷过大，他们在工作中有太多压力。压力过大不仅会削弱员工的工作能力，而且会危害员工的身心健康，如导致或诱发冠心病、高血压、消化性溃疡、神经衰弱等疾病，导致缺勤率增加和劳动效率降低，甚至意外事故的发生。

我国员工同样面临来自外界环境和个体需求的压力。工业化社会带来的快节奏、高消耗，要求人们在有限的时间内完成许多事情，很少把时间分配到家庭与娱乐上。压力作为一种外部因素，是影响员工心理健康的重要原因之一。

一、压力的概念

压力是指能造成生理、心理功能紊乱的紧张性刺激物。人在长期持续性压力或强度较高的压力下会出现许多不良反应。

工作压力又称职业紧张、职业压力或工作紧张，是指工作或与工作有关的因素所引起的压力。紧张是指压力的积累效应。长期处于压力事件中的个体会偏离正常状态，导致个体行为异常，甚至导致生理症状、行为变化、绩效降低。

二、员工对工作压力源的三种消极反应

工作压力源是指一种要求员工进行适应性反应的工作条件或工作情境，如员工被领导训斥或告知被解雇等。在这种情境下，员工会产生消极的生理、心理与行为反应，见表6-1。

表6-1　工作压力源产生的消极生理、心理与行为表现

反应类型	消极表现
生理反应	头疼、心跳加速、胃不适、易引发心脏病等疾病
心理反应	愤怒、焦虑、沮丧等情感反应，工作的不满意感
行为反应	反生产工作行为，滥用药物，离职

由此可见，压力可定义为人们对外部需求的复杂反应，包括情绪、生理和相关的行为、思维反应。这种外部需求称为压力源。

例如，车辆行驶时产生的力量即压力，它会使桥面变形，这一过程称为压力反应。压力积累使桥面受损出现紧张反应（出现裂缝），但这些因素是否会形成压力源仍需由主体对压力源的认知评价来决定。例如，发生火灾时主体看到（感知）火并将此种情境评价为威胁，并

认为人们无法自己处理与控制此种情境，在这种评价结果下可确定压力源。

由此可见，压力源既有生理的也有心理的，当人们明显感到威胁且不能控制时，压力反应才会出现。压力会导致人失去常态，出现生理紧张、情绪异常、工作异常等表现。

三、工作压力与生活事件压力

一般员工面临的压力源大致有两种：一种是来自组织与工作的压力；另一种是来自个人的应激性生活事件的压力。

（一）工作压力

与工作相关的压力主要表现在以下四个方面：

（1）工作超载或欠载。工作超载可分为两种：一种是工作量超载，即个体被要求做的工作量超过了他所能完成的工作量，此时主体就会感到压力；另一种是工作质超载，即主体缺少必需的技能去完成特定的工作，此时也会感到工作压力。

工作欠载也分为两种：一种是工作量的欠载，如工作量太少而导致无聊；另一种是工作质的欠载，如单调重复、缺少精神刺激等。这些表现都会变成工作压力源。总之，对主体来说，觉得工作负荷太多或工作难度太大，或工作无聊、过于清闲都会产生工作压力，使主体对工作的不满意感增强，离职倾向增加。

（2）某些特定的职业或岗位。某些特定的职业需要持续不停地监视设备或物料，例如：调度员需要高度集中注意力并且要不停地根据情况做出新的决定与调度，证券交易所的工作人员需要与他人保持不停的信息交换，还有的人需要在令人不愉快的物理环境（危险、肮脏、黑暗）中工作……这些都会增大压力，加大主体的工作压力感。

（3）角色模糊和角色冲突。角色模糊是指不确定因素带来的压力，它是指员工不能确定其工作职责及责任，也就是说，员工不清楚自己应该做什么。角色模糊必然会引起内部角色冲突，从而引起员工的低工作满意感、高焦虑、高紧张、高离职倾向。

（4）家庭责任与工作间的矛盾。现代社会工作上的快节奏使员工无法兼顾工作与家庭，因而造成了工作与家庭的矛盾。

（二）生活事件压力

过度的生活压力会对员工的情绪造成不良影响，进而影响他们的工作积极性与工作效率。美国著名精神病学家赫姆斯（Helmes）根据对500多人的社会调查，列出了43件生活危机事件，并以生活变化单位（Life Change Unit，LCU）为指标对每一生活危机事件予以评分，编制了社会再适应评定量表，如表6-2所示。赫姆斯指出：如果一年内LCU不超过150分，来年一般健康无病；如果LCU为150～300分，来年患病的概率为50%；如果LCU超过300分，未来患病的概率达70%。调查表明，高LCU与猝死、心肌梗死、结核病、白血病、糖尿病等疾病的关系明显。

表 6-2　社会再适应评定量表

序号	生活危机事件	LCU
1	配偶死亡	100
2	离婚	78
3	夫妻分居	65
4	拘禁	63
5	家庭成员死亡	63
6	外伤或生病	53
7	结婚	50
8	解雇	47
9	复婚	45
10	退休	45
11	家庭成员患病	44
12	怀孕	40
13	性生活问题	39
14	家庭添员	39
15	调换工作岗位	39
16	经济状况改变	38
17	好友死亡	37
18	工作性质改变	36
19	夫妻不和	35
20	中量借贷	31
21	归还借贷	30
22	职位改变	29
23	子女离家	29
24	司法纠纷	29
25	个人成就突出	28
26	妻子开始工作或离职	26
27	上学或转业	26
28	生活条件变化	25
29	个人习惯改变	24
30	与上级矛盾	23
31	工作时间或条件改变	20
32	搬家	20
33	转学	20
34	娱乐改变	19
35	宗教活动改变	18

续表

序号	生活危机事件	LCU
36	改变社交活动	18
37	小量借贷	17
38	睡眠习惯改变	15
39	家庭成员数量改变	13
40	饮食习惯改变	1
41	休假	12
42	过圣诞节	12
43	轻微的违法犯罪	11

生活压力源指应激来自与员工个人生活有关的因素，具体包括以下四个方面：

(1) 重要人员的影响，包括员工家庭成员、师长、邻里或亲朋好友的期望与态度。

(2) 个人生活事件的影响，包括结婚、离婚，家庭成员的死亡等个人生活经历中的突发事件、重大变化，这些事件足以扰乱人们的生理与心理稳定。

(3) 生活方式的变化，主要体现为现代生活的快节奏使人们产生不适感，以及消费导向的迷惘感、对生活质量的高期望值与实际生活之间的差异造成的失望感和压力等。

(4) 经济收入压力。一方面收入低会产生生活中入不敷出的压力，另一方面收入高的人则可能有请客、救助甚至道德等方面的压力。人们在收入上常常习惯于进行横向社会比较，容易产生不公平感，引发压力。

四、压力影响的两重性

压力影响是一把双刃剑。如前所述，压力过大会影响员工的身心健康。但是，没有压力生活就无挑战，就没有了困难需要克服，没有新领域需要开拓，这就无法加速运转人的头脑、提升人的能力。

压力本身并不一定有害，认识到这一点是非常重要的。事实上，许多研究人员已经得出结论：适度的压力能够提高绩效、有益健康。如图 6-1 所示，压力达到极端状态（压力过低或者过高）会使人苦恼，因为它们要么刺激不足，要么过度刺激。而理想水平的压力则具有挑战性，并使人产生向上的动力（积极的感觉），而不是苦恼。因此，必须对压力问题进行管理，以创造一种能够使个人和组织都发挥其最佳功能的平衡状态。

工作压力并不都是消极的。工作压力的心理反应有其积极的一面，表现为情绪的适度唤起、注意力的调整等，这些反应可以帮助人们有效地应对环境要求。

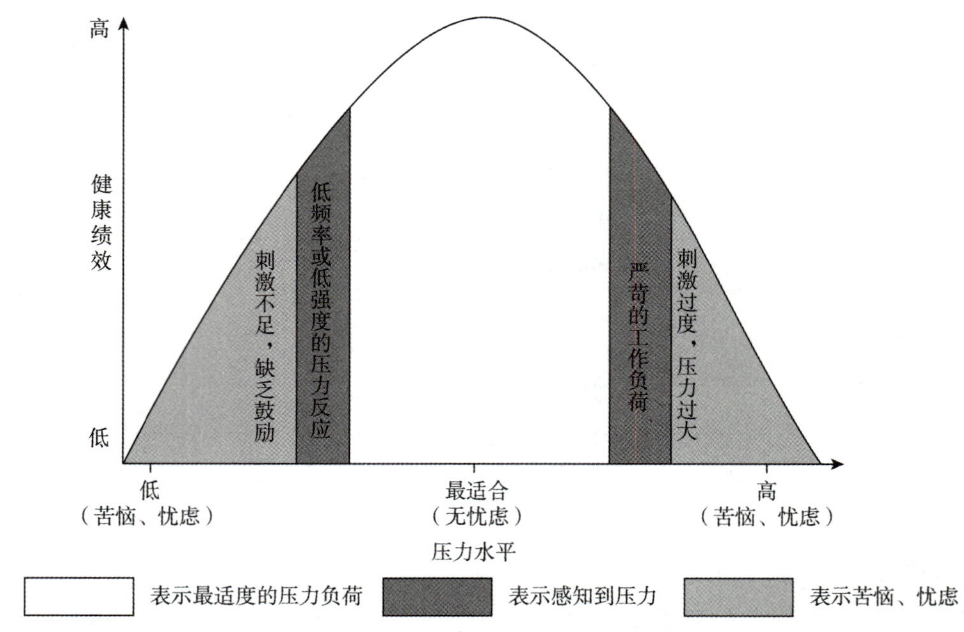

图 6-1　压力对健康和绩效的影响

第四节　压力对员工的负面影响

压力的长期影响会损害员工的心理健康，降低员工的工作绩效。压力对员工的负面影响最明显的表现是倦怠。倦怠是员工长时间从事某种工作后可能体验到的一种低落的心理状态。

倦怠主要包括以下三要素：

(1) 情感耗竭：一种生理上的情感耗尽的严重状态。此时的员工会感觉自己毫无生气，疲惫不堪，因而不能满足工作的需要。其后果为员工经常感觉疲劳，时常缺席。

(2) 人格解体：表现为玩世不恭地对待自己所从事的职业与工作，甚至表现出愤世嫉俗、麻木不仁和冷漠的态度。更有甚者，对待客户和其他人也表现出冷淡、漠不关心，甚至怀有敌意。

(3) 个人成就感低落：表现为评估自己工作成就时持消极的态度，即消极评价自己的成就，表现出低动机、低绩效的倾向。

倦怠最终会导致员工的缺勤、不满，出现不健康症状，工作绩效低，最终导致离职。倦怠中的员工担心会失去工作资源，失去社会支持，以及失去参与决策与提升的机会。所以，对工作压力已产生倦怠的员工，要学会身心的自我调节，降低倦怠水平。

第五节　工作压力的个人调适

工作压力的个人调适方法有问题解决法与情绪调节法。

一、问题解决法

问题解决法是一种通过直接排除应激物而消除应激影响的方法。从一般意义上讲，它比以改变自己的看法来摆脱应激带来的困扰要有效得多。问题解决法能在采取适宜行动的基础上直接排除应激物，可以使应激物引起的不良情绪最直接、最快速地得以消解，可以及时弥补人们还未及时发现的损失，可以提高自己的满意感和自尊心，使自己体会到解决问题的胜任感和控制感。

但是，如果直接行动有悖于社会规范，则可能给他人和自己都带来不利的后果。例如，某人造成了你的经济损失，最直接的应对行动就是夺取他的财产，让他受损失。然而，这样的后果有可能使你触犯道德规范或法律。

因此，在使用问题解决法应对应激带来的问题时，必须要考虑拟采取的行动的社会文化可能性（是否符合社会文化、习惯的要求）、道德可能性、法律可能性和现实条件可能性（能否办得到）等。

二、情绪调节法

情绪调节法是在不改变应激物的情况下，个人通过改变自己的观念或行为反应来削弱或消除应激所带来的不利影响，在弱化应激情绪反应的基础上，个人可以继续维持自己的希望和勇气并重新恢复自尊。在应激物无法改变或没有必要改变的情况下，情绪调节法的效果是理想的。

但是，如果应激物发生了改变，而且无法保证能否真正摆脱应激困扰，情绪调节法就显得无力。在这种情况下，情绪调节法不但不能解决应激带来的消极后果，还可能带来新的应激因素。

情绪调节法也不完全都是情绪的，其中也有大量对情绪起转移作用和抑制作用的行为或行为方式。从紧张时扶扶眼镜、拉拉衣角到抽烟、喝酒、使用药物等，都是情绪调节中常见的表现。美国临床心理学家施瓦茨（Garry Schwartz）把抽烟、喝酒、药物使用等调节方式称为“反调节因素”，长期使用这些反调节因素会不断干扰，甚至最后破坏大脑皮层的调节功能，因此要有节制地使用。

问题解决法是直接的调适方法，而情绪调节法是间接的调适方法，它们各有其长处和短处，如表 6-3 所示。

表 6-3 问题解决法与情绪调节法的利弊

调适方法	有利的方面	不利的方面
问题解决法	能适宜地消除压力源 可以消除情绪 可以弥补未发现的损失 可以提高自尊心 可以提高控制感	可能陷入事与愿违的忧虑 可能错误地诊断问题 可能增加行动不当带来的烦恼
情绪调节法	可能降低自己的情绪反应 可以增加希望和勇气 可以重新获得自尊	防卫机制可能干扰适宜的行为 可能变得情感麻木 意识到威胁可能干扰后续行动 可能维持对症状与原因之间关系的无知

第六节　对员工的心理健康教育

心理健康教育中应更多地采用心理学的原理、原则和方法，这样的心理健康教育才会取得更好的效果。

首先，要确立心理健康的标准，如五项综合标准——认知、情感、意志、个性、适应性，并按照标准区分心理健康与不健康的员工。

其次，要用科学的诊断方法，如焦虑自评量表、抑郁自评量表等，确定心理不健康的程度。

最后，对不同的心理健康症状要采用不同的心理治疗方法与行为矫正法。对于压力、应激而产生的心理健康问题，采取的应对策略是问题解决法与情绪调节法；对于因挫折而产生的心理健康问题，应采取积极的心理疏导法，建立积极的心理防卫机制。此外，还可以通过心理咨询与心理辅导进行个性化的心理健康教育。

心理疏导是指运用一定的心理诱导的策略和方法使受挫者在别人的引导下发挥内在潜力，达到消除心理障碍、明确前进方向、排除不良情绪和行为的目的。心理疏导的原则是优化员工的心理防卫机制。

心理疏导要在三个层面上进行：一是寻找诱发心理健康的诱因（内、外诱因）；二是确定引起心理健康问题的心理反应（表现层面）；三是探寻认知根源（深层的认知，归因层面）。

复习思考题

1. 解释心理健康的内涵与标准。
2. 说明压力的概念，并将其与紧张相区分。
3. 分析引起压力的组织原因与个人原因。
4. 阐述倦怠及其与员工健康和幸福感的关系。
5. 论述如何对员工进行心理健康教育。

第七章 群体与团队

【学习目标】

- 了解群体的定义，并能解释它与人的组合有什么不同。
- 认识群体的不同类型及群体发生、发展的生命周期。
- 掌握群体结构动力学的四个概念：角色、地位、规范与凝聚力。
- 能够正确区分群体中的不同个人绩效：社会助长作用与社会惰化作用。
- 了解工作团队的定义并能解释其与群体的区别。
- 了解如何才能创立成功的工作团队。

第一节 群体概述

一、群体的定义

群体可定义为两个或两个以上相互交流的个体的组合，他们之间有一种固定的关系模式，分享共同的目标，并且把他们自己看作一个群体。

由此可见，作为一个群体的基本特性是社会交互性、稳定性，有共同的兴趣或目标，以及对群体的认可性。

推而广之，工作群体是指两个或两个以上相互影响并拥有相关联任务目标的一个群体。其中相互关联与相互影响是区分工作群体与单纯一群人的标志。

二、群体的组成要素

心理学家霍曼斯（Homans）认为，任何一个群体中，都存在着相互联系的三个要素，即活动、相互作用和感情。存在于群体中的活动（人们所从事的工作）、相互作用（从事这些工作时发生的人与人之间的行为）和感情（人与群体间的态度）这三者是相互关联的，如图 7-1 所示。

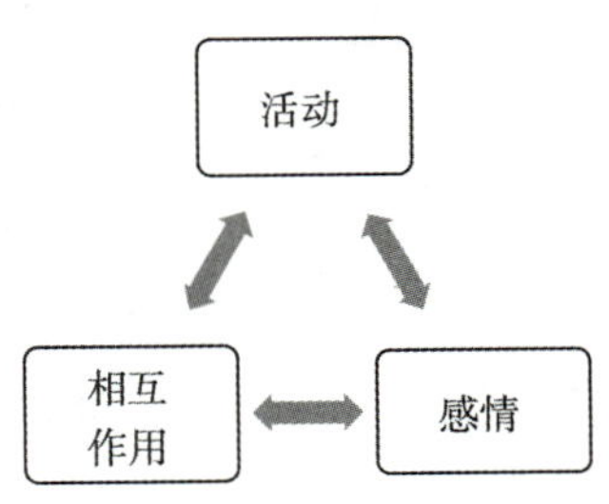

图 7-1 群体的组成要素

三、群体的类型

群体的类型分为正式群体和非正式群体，如图 7-2 所示。

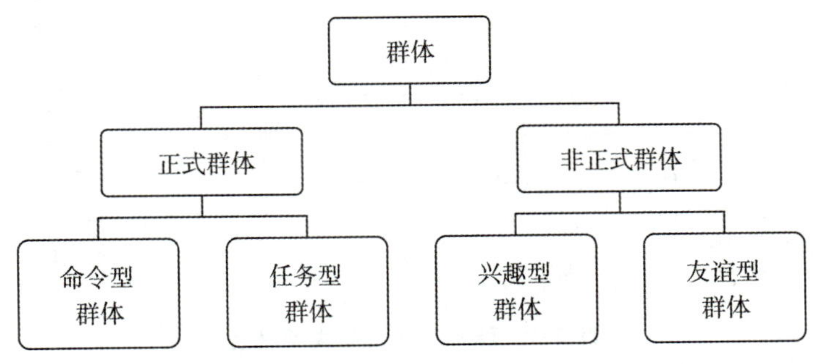

图 7-2 群体的类型

1. 正式群体

正式群体是指由组织产生并且特意用来引导成员完成一些重要组织目标的群体。其包括任务型群体和命令型群体。任务型群体（Task Group）是指由特殊的任务目标所构成的群体；命令型群体是由正式组织的成员之间的关系所决定的一个群体，一般是由几个主管及其下属所组成。

2. 非正式群体

非正式群体是指人们在活动中自发形成的、没有任何权力机构承认或批准而形成的群体。其包括兴趣型群体和友谊型群体。兴趣型群体是由人们共同的兴趣而产生的，友谊型群体是基于成员的共同特点而形成的。

四、群体的形成与发展

毛萧德（Mossholder）与格列芬（Griffin）于 1995 年提出了一个群体发展生命周期模型，如图 7-3 所示，由图可见，群体有形成、发展、成熟、衰老和死亡五个阶段。

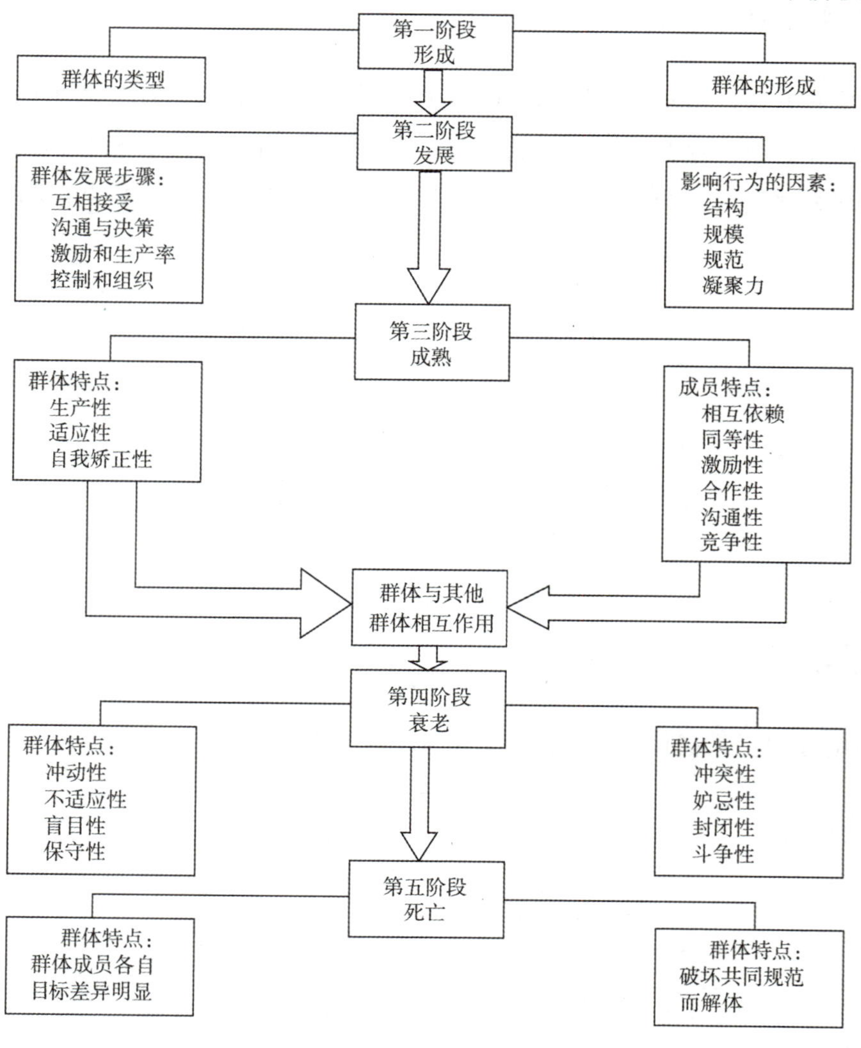

图 7-3 群体发展生命周期模型

第一阶段为区分群体类型和群体形成的阶段；

第二阶段为群体按步骤发展（四个步骤）的阶段，此时群体的发展受到了结构、规模、规范和凝聚力程度的影响；

第三阶段为群体成熟阶段，这一阶段的群体与其成员有其明显的特点，能形成群体决策，并与其他群体相互作用；

第四阶段为群体衰老阶段，并有明显的消极特征；

第五阶段为群体死亡阶段，群体成员的目标差异破坏了群体共同的规范，从而使群体解体。

第二节　工作群体的结构动力学

在工作群体或团队中，不同的成员肩负着不同的任务和责任。群体结构动力学的内涵包括角色、规范、地位与凝聚力等。

一、角色

在群体中每个人都扮演着不同的角色，我们对扮演角色的人期待其有特定的行为，这就是角色期望。在社会结构中，不同的人扮演着不同的角色，称为角色分工，有的扮演任务导向角色，有的扮演社会情感角色，有的扮演自我导向角色。

二、规范

规范是指对群体不言自明的规则。这种不言自明的规则虽然指的是大家共同接受的引导群体成员行为的非正式规则，但它代表了群体成员看待世界的共同方式。规范包括规定性规范与禁止性规范，是为群体成员广为接受的不成文规定。规范的内容包括着装、言谈举止、工作方式等。违反规范者会受到提醒、指责、惩罚、除名等惩治。

三、地位

地位是指群体以外的人对群体或群体成员的位置或层次的一种社会性的界定。地位分为正式地位与非正式地位。正式地位是组织给予员工的再现职权差异的地位标志，如办公室与停车位的差异。非正式地位是通过教育、年龄、性别、技能、经验等特征而非正式地获得的一种地位，是其他组织成员给予某个体的地位。

四、凝聚力

凝聚力首先表现为团队精神，体现为群体的归属感。凝聚力是一种使成员想留在群体中的力量。高凝聚力的群体，其成员间相互吸引、相互帮助，接受同一目标。而低凝聚力的群体，其成员互相排斥，各自接受的目标不同。

凝聚力也是一把“双刃剑”，其影响力可能有益，也可能有害，因为凝聚力是群体对其成员的吸引力以及保持群体完整的各种力量的总和。只有在群体目标正确的前提下提高凝聚力才是有益的，而在群体目标不正确的情况下，提高凝聚力反而无益，甚至是消极的。

第三节 群体中的两种个人绩效

在群体面前，个人绩效可能会提高，也可能会降低，这是社会助长作用和社会惰化作用的体现。

一、社会助长作用

社会助长作用是指他人在场时会提高个体唤醒水平，因而提高了个体绩效，这种现象称为社会助长作用。图 7-4 表示社会助长作用的过程。

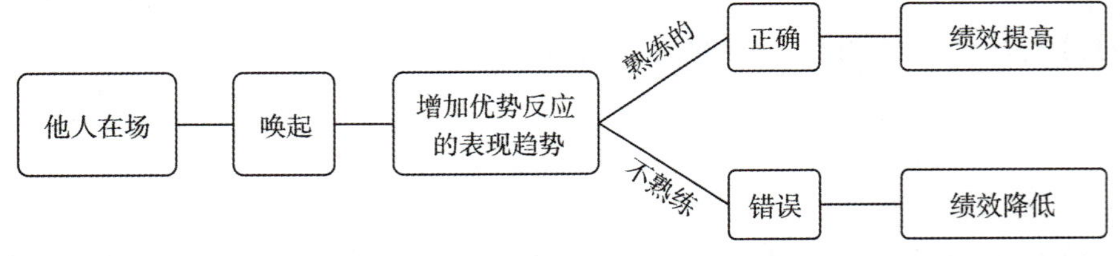

图 7-4　社会助长作用的过程

显然，如果遇到不熟练的复杂任务，为解决问题，则需要提高唤起水平；否则，绩效就会降低，从而产生社会抵制作用。

二、社会惰化作用

社会惰化作用是指对累加性任务贡献的人越多，每个人的付出就越少。在美国因为崇尚个人主义，人们单独工作时的绩效要比集体工作时的绩效高，这就是社会惰化作用在起作用。在崇尚集体主义的群体中，人们作为群体成员工作时，其绩效要比单独工作时高，社会惰化作用在其中同样发挥着重要作用。

总之，社会惰化作用表明，人们在群体中工作，不会发挥出与单独工作时等量的努力，而且群体越大，每个人付出的努力越少。

第四节 团队的性质及建设

一、团队的含义

团队是一种特殊的群体，它的成员之间有互补的技能，并承诺于一个共同的目标或一系列绩效目标，他们认为自己应该为这些目标共同负责。

群体与团队在性质与特点的对比，如表 7-1 所示。

表 7-1 群体与团队性质与特点的对比

对比项目	群体表现	团队表现
绩效依赖	个人的贡献	个人贡献和集体的工作产物
对成果的责任性依赖	个人的成果	共同的成果
群体成员的兴趣	共同的目标	共同目标及对目标的承诺
管理的特点	对管理人员的命令绝对服从	某种程度上的自我管理

二、工作团队的特性

工作团队是工作群体的一种，具有三个特性：一是每个成员的行动必须相互依赖和相互协调；二是每个成员必须拥有一个特定的角色；三是每个成员必须拥有相同的任务目标。

显然，所有工作团队都是工作群体，但并不是所有的工作群体都是工作团队。区别群体与团队的重要标志为是否相互依赖性，团体在完成任务时，要求成员相互之间共享资源或共同协作，而群体成员之间就不必相互依赖。

三、团队类型

按目标或使命的不同，团队可划分为工作团队与改善型团队。工作团队主要关心产品与服务，而改善型团队主要关心方案有效性。

按时间的不同，团队可划分为临时性团队与永久性团队。临时性团队只在一个有限的时期内存在，而永久性团队只要组织存在，它就保持运转。

按自主化程度的不同，团队可划分为工作团队与自我管理型团队。工作团队中仍由领导为群体成员进行决策；而自我管理型团队中，团队成员可以自由、独立地进行关键决策，如负责生产产品，减少投入资源，减少管理资源以实现自我管理。

按职权结构的不同，团队可划分为完整型团队与跨职能型团队。完整型团队可在自己特殊的领域内工作，跨职能型团队由来自不同领域的成员组成。

四、团队的发展阶段

有效团队的形成并不是自发的。在团队的发展过程中将出现各种导致成功或失败的情况。图 7-5 展示了团队的发展阶段。

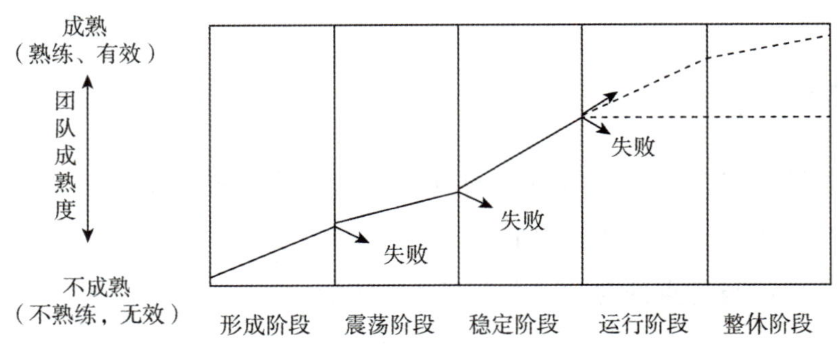

图 7-5　团队的发展阶段

（1）形成阶段：在形成阶段，团队的成员首次相聚到一起，这时大家对任务不甚明了，成员间也相互不是很了解，更不知彼此的兴趣、爱好是什么。一般情况下，团队内部成员之间都比较礼貌，也比较疏远，每个成员的交往有限。因此，在这一阶段成员对领导者表现出较高的依赖性。

（2）震荡阶段：进入震荡阶段，团队中个人成员开始有自己的发现。人们之间开始不断产生冲突，人们对彼此的角色地位和责任有了不同的看法。团队的成员会经常争夺在团队内的地位与权力。

这个时候，人们不易接受彼此的差异，团队的领导者容易受到各方的攻击。成员的反依赖性出现，但依赖性依然存在。领导者在本阶段的中心任务是领导或引导成员之间进行对话和相互理解。

（3）稳定阶段：成员之间经过前两个阶段的磨合，开始进入稳定阶段，这一阶段成员能够理解对立和差异，也可以容忍不同的观点或看法。信息在团队内部得到分享，同时开始形成一种共同的责任感。合作成了团队的核心，协作比较顺利，决策容易在一致的情况下形成。团队的内聚力增强，同时团队从以前的紧张状态中解脱出来。需要注意的是，在这一阶段的最后时期，作为对轻松的状态以及对权威的反应，有可能出现一种不安定的情绪。这时，领导者要能够接受各方对自己的挑战，并且要想办法激励团队在理性的范围内确定标准，使团队进入下一个阶段。

（4）运行阶段：运行阶段是可以取得上佳业绩的阶段。在这个时期，团队成员已经确定了各自的角色定位，包括领导者的角色。他们相互讨论团队的成就，寻找改进工作的措施与方法。每个人都对自己的表现负责。这一阶段是一个团队的黄金阶段。

（5）整休阶段：整休阶段是最后一个阶段。随着时间的推移，一些成员被新的成员替代而离开团队。团队结构的改变通常暗含着退回到前面的某一个阶段。这种转换的比率依赖于改变的范围与程度。这一阶段的团队一般会出现两种人：一种倾向于向前看；另一种人倾向

于回顾往日时光。前者趋向开拓，后者较为保守。

组织理论研究表明，组织结构的改变可以使一个团队保持开放的精神，因为新的成员在思想意识上可能十分新颖，使团队有机会重新考虑那些无人置疑的旧的做法，实际上也给予了团队一个继续学习的机会。

在团队发展的各个阶段中都有成熟与不成熟两个方向。总体来看，团队在形成阶段都是朝成熟方向渐进的。但进入震荡阶段、稳定阶段时，因为各种内外因素对团队的影响加大，有失败的可能，这时，团队就进入不了下一个发展阶段。如果团队顺利发展到运行阶段时，团队的发展则进一步出现三个可能的方向：一是朝更成熟的方向上升；二是团队发展出现停滞不前的现象；三是团队发展受到挫折，面临失败。

五、加强团队建设——团队承诺与团队胜任

有计划地进行团队建设需要强调以下两个方面的内容：

一是团队承诺，团队承诺是指要加深团队成员在团队中的“卷入”程度，这是个体对团队目标的认同、为团队努力工作的意志、留在团队中的意愿的总和。只有团队承诺高，团队绩效才会高，离职倾向才会低，也才会产生高的满意感。

二是要加强团队成员的胜任力，即提高团队成员的胜任素质和可预测的团队工作绩效。其核心内容包括：①团队成员要掌握团队合作的知识，如个体如何在团队中有效工作，个体如何保持与团队成员之间的良好工作关系；②团队成员要关心他人，与人交流以及影响他人；③团队成员应该具备集体主义的人格特征。

六、创建成功团队的条件与潜在障碍

（一）创建成功团队的条件

创造成功团队首先要有合适的规模。一般认为，保持小的团队规模是明智之举，10～20个成员的团队最为理想。其次，要选择合适的团队成员。由于团队经常会面临新的情况，为此要不断地进行培训、培训、再培训。通过培训，向团队成员阐明目标，阐明团队行为的规则。对于受训的团队成员的培训效果要进行合适的绩效评估，对于优秀的成员要给予奖励。在培训中，要重点培养团队精神，促进相互信任，鼓励参与。

（二）创建成功团队的潜在障碍

创建团队的最大的障碍是团队成员不愿意合作，成员得不到管理人员的支持，领导者也不愿意放弃控制权，也不能与其他团队合作。

创建团队的另一障碍是过程损失，即团队成员在与工作绩效没有直接联系的活动中所花费的时间和精力，这些精力和时间主要用来解决群体维系问题。由于群体内部个体相互干扰，产生过程损失，因而群体绩效未必优于个体与个体之和。

复习思考题

1. 区分正式群体与非正式群体的不同特征。
2. 解释群体动力学中的角色、规范、地位、凝聚力的内涵。
3. 举例说明群体中的社会助长作用与社会惰化作用两种个人绩效。
4. 试述创建成功团队的条件与障碍。

第八章 领导心理

【学习目标】

- 了解领导的概念。
- 认识领导者与管理者的联系与区别。
- 认识领导者的权力与影响力。
- 了解领导者有效性的品质理论。
- 掌握领导者有效性的行为理论。
- 掌握领导者有效性的权变理论。
- 了解魅力型领导的特征。
- 认识变革型领导的特征。
- 认识交易型领导的特征。
- 认识道德型领导的特征。

第一节　领导概述

一、领导的概念

在过去的50年中，对“领导”这一概念的定义数量与对其加以研究的数量相当，可以说有多少种研究，就有多少种对“领导”的定义。其实，不同的研究者是从不同的角度定义“领导”的概念的，其内涵与外延都不同，可以归纳为多达65种不同的分类体系。这些研究角度包括目标、权力影响、个性与组织角度，以及品质、行为影响、互动模式、角色关系、行政职位等。

目标角度指领导者是实现目标的手段。大到一个国家，小到一个基层组织，都要由领导人带领才能达到既定目标；权力影响角度指领导者是权力影响者，可对别人产生影响。组织角度指领导是组织变化和活动的中心，领导体现着组织的愿望；个性角度指领导应拥有能带领组织与群体、个人完成任务的特质。

尽管对“领导”的概念存在着许多不同的观点与提法，但以下一些观点是共同的：领导产生于一定的组织中，又服务于一定的组织；领导是一种统御和指引他人的行为过程；领导是从管理中分化出来的高层次的管理组织活动；领导是两个人或更多人之间的一种关系，在这种关系中影响力和权力不是均等分配的。

二、领导者与管理者的联系与区别

（一）领导者与管理者在概念、内涵上的区别

从领导者与管理者两个概念的内涵来分析，领导者和管理者应该有不同的价值观和工作方法及操作程序。

管理者（如经理）的价值观是要使组织稳定、有序和有效率。领导者（如厂长）的价值观是创新、灵活性和适应社会与市场。

显然，经理关心的是如何把事情搞定，如何使人们做得更好；而厂长关心的是什么事情对人们是最重要的、有意义的，领导者要使下属相信他们所做的正是最重要的事。由此可见，管理者是正确做事的人，而领导者是做正确事的人。

（二）领导者与管理者在性质与职能上的区别

对领导的研究早在古希腊亚里士多德时期就已开始。而对管理的研究是在19世纪末20世纪初，工业化社会到来时才开始的。

管理是指在权力的范围内对事物的管束和处理过程。管，在我国古代是指锁匙，引申为管辖、管制之意。理，本义是治玉，引申为整理或处理。管理是为了实现一个确定目标，对人力、物力和其他资源进行整理和处理的过程。管理偏重于执行政策、组织力量、完成组织目标。管理的目标和功能是产生秩序和一致性。

（三）领导者与管理者在工作方法与操作程序上的区别

管理者采用以下方法产生预见性和秩序：正确确定所选择的目标，制订带有时间表的行动计划及合理地分配资源；合理地组织和配置人员，建立合理的组织结构，分配相应的工作；有效地监控结果和解决实际问题。

领导者采用以下方法产生组织性变化：确定未来愿景和促使战略的必要变化；注意与下属沟通并解释愿景；鼓励与激励人们去实现这个愿景。

管理者与领导者的共同点都涉及要决定去做什么，并进一步创造“去做”的关系网络，并能预测将要发生的事情。

当然，过分强有力的管理者可能会妨碍创新与冒险，过分强有力的领导者可能会破坏秩序与效率。仅有强有力的管理可能建立一个没有目的的官僚体系，仅有强有力的领导可能导致变革不能付诸实践。

总之，管理与领导两个过程对一个组织的成功都是必需的。两个过程的相对重要性以及整合它们的最佳方式取决于现实情境。

第二节 权力与影响力

一、权力的内涵

权力是一种影响力、控制力，存在于人与人的相互关系中。权力作为一种影响力、控制力只表现在“命令—服从”的人际关系中，协商、合作、冲突的关系都不是权力关系。权力作为影响力可以影响他人的态度、信仰和行为。为此，可以将权力称为一些人对另一些人造成他所希望和预定的影响的能力。

二、权力的来源与基础

权力的来源分为权力的制度来源说与受影响者的接受来源说。

制度来源说强调，权力不是来源于财产私有制，而是来源于法律、制度与组织；受影响者的接受来源说强调，权力来源于群体成员自愿或不自愿的服从，只有当接受命令或指示的人把这种命令或指示作为具有权威性命令或指示予以接受时，权力才会存在。

我国领导干部要树立正确的权力观，即“权为民所赋，权为民所用”。

三、权力的形式与类型

最早，弗伦奇（French）和雷文（Raver）将组织中的权力分为两大类：一类为职位权力；另一类为个人权力，又称为人格权力。职位权力是指从正规组织系统的特定职位或头衔中衍生出来的权力，这种权力又称为合法性权力，因为它是通过正式授予而获得的，由国家的法律、法令和主管部门的决议、命令直接任命与决定。任何合法性权力都是通过领导者的职权来体现的，如企业中的厂长、经理等。要使领导者履行所在岗位的职责，必须赋予其一定的权力，这种权力是他们推行决策、指导下属行动的依据。个人权力是因具有独特品质或特征而获得的权力，理性说服就是用有逻辑性的论述和事实论据让他人信服某一观点可以接受。

弗伦奇和雷文根据职位和个人权力的综合特点提出了以下五种权力类型：奖励权力、威胁权力、合法性权力、专业权力和参考权力。

（一）奖励权力

奖励权力是指领导者控制着下属所需求的重要资源和奖励，下属要顺从才能获得领导所控制的资源和奖励。

领导者在实施奖励权力时，需要注意：提供公正和道德的奖励；不要作出超过领导者能给予的允诺；解释给予奖励的标准，并使之简单化；如果目标实现，那么立即提供许诺的奖励。

（二）威胁权力

威胁权力是指组织成员要以顺从来避免领导者所控制的惩罚。威胁权力是一种强制力，是领导者可以行使的一种特殊权力。强制力包括威胁、惩罚、纪律处分、罚款、解雇或降薪等手段。

领导者在使用威胁权力时，需要注意：解释规则和要求，确定人们理解违反纪律的严重后果；在运用指责或惩罚之前，通过调查获得事实，从而避免仓促得出结论和草率指责；出现严重错误时，在惩罚之前，要提供充分的口头或书面警告；威胁警告后依然不服从的，要给予行政处罚，维护纪律的严肃性；要运用合法、公正的惩罚，否则会有负面效应。

（三）合法性权力

合法性权力是指来自正式权威工作活动的权力。认同、顺从组织的成员会顺从合法性规则和请求。一个经理的权威范围通常由文件规定，如组织章程、书面的工作描述或一个雇用合同。

领导者在行使合法性权力时需注意：作出礼貌的、清晰的请求，并解释请求的原因；不要超出自己权威的范围；沿着合适的渠道证实权威的必要；如果合适，那么要证实并坚持让

成员顺从。

（四）专业权力

并非只是有行政职务的领导者才拥有权力，具有一定专业知识和经验的专业人士也可以获得权力与影响力。专家、学者，如大学教授以及专业的工程技术人员，获得一定专业资质的医生等，这些人士的专家地位与专业知识可以增强一个人被感知的专家权力，因为人们相信这些专业人士的指导是正确的。

具有专业知识的人士在运用专业权力时需要注意：要让人们感到自己有可靠的信息和建议的来源；能够提供令人信服的证明或建议的证据；不要给出轻率的、粗心的、不一致的声明；在危机时以自信和果断的方式行动；不要夸张或误导事实。

（五）参考权力

参考权力是领导者能对下属、同级、上级产生影响的一个重要来源。行使参考权力的一种方式是运用角色榜样。榜样的力量是无穷的，领导者要力争使自己成为下属的榜样。一位友好、有吸引力、有魅力、忠诚的领导者对下属有重大的榜样与参考作用，下属对这样的领导者会显示出强烈的羡慕和忠诚。

领导者要获得和保持参考权力需要注意：对下属要采取支持性和帮助性行动；要有忠诚、正直的品格，甚至要以自我牺牲的形式保护支持他的下属；主动帮忙；遵守诺言。

除以上五种权力类型外，在现代社会中还有两种权力类型，即信息权力与生态权力。信息权力是指在现代社会中，领导者要学会接受信息，有控制信息传播的能力，信息权力也是当今社会中一个不容忽视的权力来源。生态权力是指领导者要根据环境中机会与约束的变化，微妙地重组与改变情境，故又称为情境工程或生态控制。

上述不同类型的权力会产生不同的领导效能。理性奖励和理性惩罚会给领导者带来正面的绩效以提高领导效能。合法性、专业与参考权力会使下属产生支持态度，会使下属满意，从而产生正面的绩效，领导效能也随之提高。

四、领导者要有正确的权力观

（一）正确认识追求权力是手段，不是目的

众所周知，有权者比无权者更能实现自己的愿望，权力还能使领导者赢得他人的尊敬。因而有些领导者将权力作为目的，当作获取私利与个人荣誉的阶梯。有这种权力欲的领导者必然会导致各种消极与负面的结果，如以权谋私、贪污腐化等劣迹，以致身败名裂。

权力欲若要成为有益的动机，必须与权力以外的某种目的（事业与工作目标）相联系，那就是“权力为民所用”，权力欲所追求的只能是更好地为民服务。对于领导者的权力欲不必采取绝对否定的态度，而是要引导人们追求权力时抱有正确的动机，即追求权力不是目的，避免成为“有权就有一切”的权力至上主义者，而是要将权力看成是工具、手段，最终目的

是“为民”掌权。总之，权力是达到交往与成就的手段，而不是追求的目的本身。

（二）正确使用权力，防止权力的滥用

1. 正确使用权力

正确使用权力会产生高绩效的组织与团队，会得到下属的支持与服从，从而使领导者个人获得更大的信任、尊严、尊敬，其领导地位会更加巩固，在群众中的威信也更高。如果滥用权力，不正确地使用权力，就会导致下属的怨恨，甚至反抗、憎恨，从而导致谴责、尊严与地位的丧失。

权力不是领导者用来凌驾于他人之上以达到自身目的的工具，而是应该有助于领导者与下属实现他们的共同目标。

2. 防止权力的滥用

有效领导者需要一定数量的权力，并且需要有不同类型权力的组合。但是，过多的职位权力与过少的职位权力一样是有害的。如果权力过分集中在少数领导者手中，一旦决策失误就会造成很大的损失。权力过多、过大也会导致权力滥用，权力缺乏监督更是权力腐败的原因。当然，领导者手中的权力太少，也会使决策很难实现。

当前，权力腐败现象很普遍。无数领导者的腐败案例表明，权力腐败与职位权力相关。在拥有相应职位权力后，人极容易利用职位进行权钱交易，这说明，职位权力会轻易地腐化领导者。对于领导者而言，这是一个权力的道德应用问题。

（三）正确进行权力教育

目前，在对儿童与青少年进行权力教育的过程中存在着一些误区。例如，灌输服从命令就是“懂事”，不服从命令就是“任性”；在两个合作者之间唯一可能的关系，只能是一个人指挥另一个人的关系，并向他们展示拥有权力者会获得愉快的情绪与极大的利益，使他们产生“为官就有一切”的观念。这种教育理念会错误地诱导青少年总想“我怎样才能居于一切人之上”的专横型人格。另一种教育理念就是要求孩子顺从，有些父母和学校从一开始就企图教育儿童和青少年要绝对服从，这种教育必然会产生奴隶思想或相反的叛逆心理。这两种人都不是民主政治所需要的。权力教育不应当灌输主人与仆人的意识，而应该让孩子建立起平等合作的理念。

五、领导者影响力的构成

领导者的影响力是由权力性影响力与非权力性影响力两部分组成的。

（一）权力性影响力

权力性影响力属于强制性影响力的一种，强制性表现为对他人的影响带有强迫性、不可抗拒性，以外部压力的形式发生作用；被影响者表现为被动、服从。正因如此，权力性影响力的影响作用是有限的。权力性影响力的因素主要包括传统因素、职位因素和资历因素。

1. 传统因素

数千年中国传统文化的影响，人们对领导者的一种传统观念，总认为领导者有权、有才干，比普通人更强些，这些观念逐渐形成某种形式的社会规定，产生了对领导者的服从感。在组织中的职务和职位会使其下级产生畏惧感，领导者职位越高，权力越大，下级对他的畏惧感就越强，领导者的影响力与本人素质无关，纯粹是社会组织赋予的力量。

在服从感的问题上要反对盲目的服从。在强调下级对上级的服从是符合组织纪律性的同时，反对领导者一味追求个人权威与个人崇拜。

2. 职位因素

领导者的职位会使被领导者产生敬畏感。领导者的职位越高、权力越大，人们对他的敬畏感也越深，其影响力也越大。领导者的职位越高，其影响范围与强度也越大、越强。职位因素造成的影响力与领导者本人的素质没有直接关系，纯粹是社会组织赋予领导者的力量。

3. 资历因素

领导者的经历与资格也是产生影响力的原因，反映一个人的生活阅历与经验的资历是一种历史产物。人们对一位资历较深的领导者往往会产生一种敬重感。

实际工作中不能把资历因素看得过分绝对化。一个资历深但实际工作中表现很差的领导者，仍会使群众失望，仍会失去群众的敬重。然而，一个资历虽浅，但在工作中表现出很强领导能力的领导者，仍会受到信赖与敬重。

（二）非权力性影响力

非权力性影响力属于自然性的影响力，这种影响力表面上并没有合法性权力那种明显的约束力，但能发挥权力性影响力所不能发挥的作用。

非权力性影响力没有正式的规范，也没有上级授予的形式。权力性影响力强调的是命令与服从，而非权力性影响力强调的是顺服与信赖。

构成非权力性影响力的要素如下：

（1）品格因素。品格因素是领导者的道德、品行、人格作风等的总称，它反映在领导者的一切言行之中。优秀的品格会给领导者带来巨大的影响力，使人产生敬爱感。无论职位多高的领导者，倘若在品格上出了问题，他的影响力就会荡然无存。现在的许多领导者因为不能守住道德底线，以权谋私，变成了贪污腐化分子，也就丧失了对群众的影响力。群众最反对的就是言行不一、表里不一、品格低劣的领导者。群众对缺乏非品格因素的领导者，如能力、知识、经验等是可以原谅的，但对品格上出了问题的领导者是绝对不能原谅的。

（2）能力因素。一个有才能的领导者会给组织带来成功的希望，使人们产生敬佩感。敬佩感是一种心理磁石，它会吸引人们自觉地去接受影响。

在现实生活中会出现位高才低的无能领导者，这就是“人”与“岗位”的错位。为此，在进行人事安排时，要使领导者名实相符。如果让一个领导者去担任他完全力不从心的职务，

那么，在这样的岗位上一定显示不出他的才能，也不会得到群众的敬佩，最终只会失去群众的信任。

（3）知识因素。一个领导者具有了某种专长知识，他便拥有了专业权力，因而会对别人产生更大的影响力。领导者在合法权力之外，充分发挥专业权力的作用可以大大提高领导效能。一个没有专业权力的领导者由于缺乏业务知识，可能在许多问题上一筹莫展。

在高科技时代，要树立领导者在行政管理与生产指挥中的真正权威，就必须提高领导者的业务知识能力，这是一项重大的历史任务。

（4）感情因素。感情是人对客观事物（包括人）好恶倾向的内在反映。人际建立了良好的感情关系，便能产生亲密感。人际的关系疏远，双方就会产生心理排斥力、对抗力，对领导就会产生负面影响力，其结果是使领导效能大大降低。领导者仅依靠职位权力、专业权力、行政命令而没有感情的影响力，仍然不能最大限度地发挥领导者的作用。

当前，我国正在建设和谐社会，就需要不断正视矛盾、化解社会矛盾，最大限度地增加和谐因素，减少不和谐因素。为此，领导者要发挥感情因素的作用，真正做到从感情入手，动之以情、晓之以理，在感情上与群众建立真诚的沟通；要使群众心悦诚服，使他们听从领导者的指挥，使他们在感情上与领导者忧乐与共、心心相印，真正发挥领导者感情的影响力。

在上述四项非权力性因素的使用中要注意主次关系，即要以品格、能力因素为主，知识、感情因素为次。如果一个领导者的品格因素发生问题，成了负值，那么其他因素必然会受到严重影响，其影响力的总和可能变为零甚至负值。例如，一位领导者的道德素质差，以权谋私、贪污受贿、违法犯罪，那么他的非权力性影响力就等于零，甚至是负数。

综上所述，领导影响力由权力性影响力与非权力性影响力组成，如图 8-1 所示。

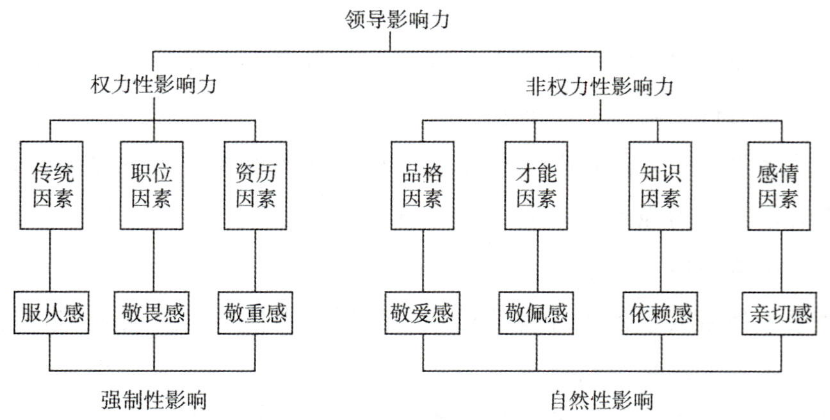

图 8-1　领导影响力的组成

第三节　领导者的品质理论

一、领导者品质理论概述

领导者的品质理论又称特质理论，品质与特质的内涵在此处是相同的。领导者的有效性品质理论主要是指领导者要有一定数量的品质与特质，这样才能将有效领导者与无效领导者区别开来。品质理论的发展经历了近百年的历史，品质的因素构成也有了很大的变化。

（一）早期的品质因素研究

心理学家斯托格迪尔（Stogdill）于1948年在其所写论文《与领导有关的个人因素：文献调查》中全面地总结了品质因素的内容，他将与领导有关的品质因素归纳为八要素：智力水平，应变能力，洞察力，责任感，创新精神，坚韧性，自信心，社会交往能力。

1974年，斯托格迪尔再度研究领导者的品质，在其所著《领导手册》一书中进一步提出了领导者品质特征十要素：才智，强烈的责任心和完成任务的内驱力，坚持追求目标的性格，大胆主动的独创精神，自信心，合作性，乐意承担决策和行动的结果，能忍受挫折，社交和影响别人的能力，处理事务的能力。

与此同时，心理学家曼恩（Mann）提出了六要素的领导者品质特征：智力水平，男子气，适应能力，支配能力，外向特质和自控能力。美国心理学家吉伯（Gibb）在1969年的研究报告中提出，天才的领导者应具备的七项天生的品质特征：善言辞，英俊潇洒，智力过人，具有自信心，心理健康，有支配他人的倾向，外向而敏感。

早期的品质理论，从调查研究与心理测验两方面概括地描述了领导者的许多品质特征，让人们看到有效领导者与某些品质特征相联系，这无疑是一大进步。但传统品质理论在理论观点上存在着一定的片面性，如过于强调领导者的天生品质特征，忽视了教育、环境因素在形成、培养、发展和造就领导者品质中的决定性作用，这就有可能滑入遗传决定论的泥坑。

（二）后期的品质因素研究

1971年，美国心理学家吉色利（Chiselli）密切联系管理实践，改进了研究方法，从动态的角度深入研究领导者的品质特征，编著了《管理才能探索》一书。在书中，他提出了领导品质可以分为三大类13个因素的研究成果。

领导品质的三大类13个因素分别是：能力类，包括管理能力、智力和创造力；个性品质类，包括自我督导、决策、成熟性、工作班子亲和力、男性的刚强和女性的温柔；激励类，包括职业成就需要、自我实现需要、行使权力需要、高度金钱奖励需要和工作安全需要。

进一步分析吉色利提出的这13个品质因素，其重要性并不是等价的，图8-2的排列显示

了这 13 个品质因素的相对重要程度。保证领导有效性的最强有力的六个品质因素的等级顺序：管理能力，职业成就需要，智力、自我实现需要；自我督导与决策。其他七个品质因素不是很重要，其等级顺序为：安全需要、工作班子亲和力，创造力，高金钱奖励需要、行使权力需要、成熟性，男女性别差异。

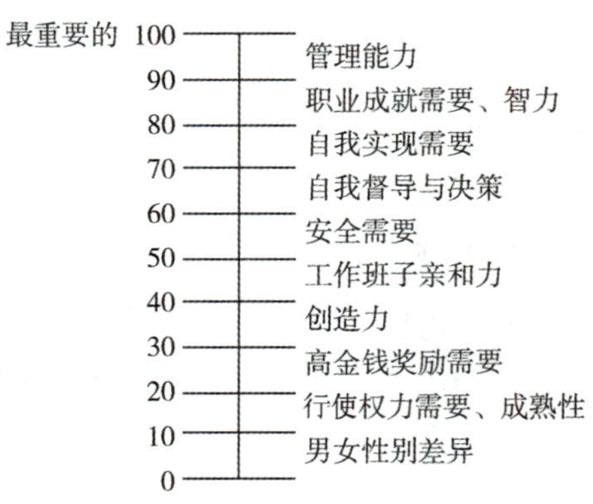

图 8-2　13 个品质因素的相对重要性

（三）现代品质因素研究

随着时代的发展，对领导者的品质需要增加了许多新的因素，如道德层面的因素。由于一般的领导者个人品质与领导效能不一定直接有关，为此，需要探索与领导效能直接相关的领导者品质因素。

自 1991 年起，柯克帕特切克（Kirkpatrick）和洛克（Locke）提出了现代领导者的五项品质因素：

（1）智力水平：普遍认为领导者的智力水平应高于被领导者。但是也有一种看法，认为领导者与追随者之间的智力水平相差太大会有负面作用。因为领导者的思想太超前，与追随者的交往会产生障碍，为此，两者要加强沟通与交流。

（2）自信心：包括自尊感、自信感，领导者应该有超越一般人的信念。

（3）决心：领导者完成某项工作的愿望，并使工作具有创新性。决心还表现为对工作有内驱力、支配欲、能坚持到底等特点。

（4）正直：领导者道德层面的特质，其内涵包括诚实、值得下属信赖、有原则性和责任感等。正直的领导者会使下属相信领导具有忠实、可靠、不欺骗人的道德品质。

（5）社会交往能力：指领导者待人友好、礼貌、得体和老练。

二、与领导效能相关的领导者品质

现代研究的结果表明，与领导效能相关的领导者品质有以下八项：

（1）高的能量等级和忍耐力。高的能量等级和忍耐力品质与管理效能直接相关联。因为领导者也时刻面临着紧张的人际环境，如严厉的老板、麻烦的下级、不合作的同级、不友好的客户等。在这种环境下，面对压力与角色冲突，领导者应保持镇定而不慌乱。

（2）自信。自信与领导效能也呈正相关。因为自尊与自信能提高自我效能。但是，自信又不能超过合适的限度，否则就成了自负甚至刚愎自用，就不能成为参与式领导。

（3）内在聚焦的控制导向。内在聚焦的控制导向并非由机会或命运所决定，而是由自己的行动决定。为此，控制导向内在聚焦者可提高管理效能。

（4）感情稳定和成熟。感情稳定和成熟者以自我管理导向为主，注重关心他人而不以自我为中心，很少冲动，有稳定的情感，不会突然发火。这种领导者能保持与上下级、同级的合作关系，因而会取得好的管理效能。但是，也要避免任用有过于自恋主义倾向的领导者，他们极需权力和自尊（特权、地位），漠视其他人的需要和福利，自我控制力弱。

（5）正直。正直是指一个人的行为和其所主张的价值取向一致，他是诚实的、道德的和可信的。领导者的行为与其价值观应该是一致的，即做到言行一致。正直的主要指标是诚实和忠实，而不是欺骗。正直的另一指标是信守诺言，实现服务的责任，对下属表现出诚信。

（6）扩大社会权力导向。领导者不应该无限制地扩大个人权力导向、夸大自己，也不应该将权力看成是个人权力的象征。领导者应该以社会权力导向为指导，一切为了他人利益，要有长远眼光，在实践中采用参与、指导的管理方式，而不是专断、威胁的手段。领导者只有具备扩大社会权力导向的品质，才能带来有效领导，提高领导效能。

（7）适度的成就动机。成就动机与管理效能之间的关系并非直线关系。一般来说，低成就动机的领导者没有寻求带有挑战性和风险性的目标，很少主动确认问题和承担解决问题的责任。高成就动机的领导者，由于只在乎个人努力方向，而不注重团队、组织的方向，而且通常靠个人单独完成任务，而不能发展下属的责任意识，不能使领导责任分散在管理队伍中，因而也很难有效工作。这样的领导者只注重努力促使自己成为一个快速上升的新星。当一个领导者过于具有雄心和过度竞争时，就会制造过多的“敌人”，这种追求短期利益的行为只会使组织的长期利益与绩效受到损失，其结果可能是最初效益有所提升，但最终会失败。由此可见，领导者的成就动机应该是适度的，中等程度的成就动机的领导者更为有效。

（8）适度的亲和需求。亲和关系度低的领导者不利于发展有效的人际技能。但是，高度重视亲和关系也是不行的，因为他们关心的是关系而不是任务。他们尽量避免冲突，而不是勇敢地面对真正的分歧。由此可见，高亲和与管理效能之间也呈负相关。适度的亲和动机应是中低程度的，而不是极高或极低的。

三、要善于识别不称职领导者的品质因素

（一）不称职领导者的表现

领导者不仅要善于将具有优秀品质的下属提拔到领导岗位，而且要识别那些并不具备领导者品质的领导者，并将其及时调离领导岗位。不称职领导者往往具有以下一些品质特征及表现：

（1）身在其位而名不副实。在现实生活中存在着职位与实际才能的错位，即职位高才能低。这些领导者名不副实，经常做出错误的决策，不能按时完成任务，也不能与其他部门保

持有效的协调。有些领导者终日忙于事务性工作，发挥不了作为领导者应有的职能作用。这些人只能算一个事务员而担当不了领导者的重任。

(2) 身居要职却不谋其政，安于现状、事业心不强。有些人将职位看成是一种既得利益，为了谋取职位而努力工作，一旦取得了某个较高的职位，便安于现状、不求上进，绞尽脑汁地维护既得利益。这种领导者是阻碍事业发展的绊脚石。

(3) 对本职工作兴趣不大，在工作中不能知难而进。有些领导者对本职工作兴趣不大，而乐于从事迎来送往等礼节性的社交活动，目的是使自己能在社会上有些名气。他们没有通过工作实践来发展自己才能的欲望，也缺乏面对困难、接受挑战的热情。

(4) 缺乏组织管理和协调人际关系的能力。有的领导者主观上工作热情很高，但缺乏组织管理与人际关系协调的能力。有的领导者工作抓不住重点，样样都想抓都想管，却都抓不住。有的领导者在领导方式上偏重专制型，自以为是、专制武断，有事不和群众商量。有的领导者处理人际关系简单化，因而效果也不好。

不称职的领导者存在有三个原因：一是不能适应新形势的要求，表现为能力退化；二是领导者本身并非无能之辈，而是将精力用在了消极方面；三是缺乏领导与管理的知识与经验。

对能力退化者，应将其从现有岗位上撤下来，或者调到适宜的岗位上去；对将精力用在消极方面者，应加强教育，教育后仍不改者，应该将其调离岗位；对缺少管理办法的领导者，让他们有学习与提高的机会，以改进领导方式、方法，提高领导的有效性。

（二）领导者品质的培养

领导者品质因素能否真正发挥作用，与个人的主观努力和自我修养程度是分不开的，但环境因素也是一个重要条件。例如，上级领导是否关心、是否放手、是否信任，都是直接影响下属积极性与能力能否发挥的重要因素。

领导者对有十分能力的下属，要给予十二分的权限。只有通过扩大职权范围，给予超过本人能力的职务、权限和课题，才能使下属迅速地成长起来，因为一个人身上有了担子，就会充分运用自己的能力，并抱有强烈的责任感。

就品质中的能力因素而言，人的能力是可以通过实际工作锻炼而得到发展的。必要的岗位经历对于新领导者取得直接的领导经验是有益的。例如，有些领导者专业知识甚佳，但在行政领导能力、人际关系协调能力等方面较差，为此建议这些领导者可以先在政工部门工作一段时间，以便使他们的各种领导品质因素得到补充。凡是在政工部门工作过的技术干部，当他们走上党政领导岗位后，一般都能很快适应，工作也能较为顺利地展开。

现代领导者应具有多方面的知识，因为知识面越广，眼界越开阔，就越有利于实现从“专才到通才，微观到宏观，局部到全局”的转变。对于各级领导者，都要进行系统化、条理化的能力训练，以培养他们的各种品质因素，以便他们在领导岗位上能够更好地处理各种问题。

总之，培养、开发领导者的品质因素要采取综合性的措施，这样才能真正见到实效。

第四节　领导者的行为理论

一、领导者行为研究概况

20 世纪四五十年代，以美国密歇根大学和俄亥俄州立大学为首的机构与学者，对领导者的行为及其测定进行了系统的研究，并提出了领导行为四分图模式、管理方格理论等经典理论与研究方法。沿着这一方向，日本九州大学教授、大阪大学名誉教授三隅二不二又提出了领导行为 PM 理论。下面就介绍这些有代表性的领导者行为理论。

（一）领导行为四分图模式

1945 年，俄亥俄州立大学的学者经过不断提炼、概括，把领导者的行为特征最后归纳为“关心工作”和“关心人”两个维度。他们认为，这两种行为在不同领导者身上表现的高低强弱并不一致，可归纳为四种组合，即高“抓工作”与高“关心人”，高“抓工作”与低“关心人”，低“抓工作”与高“关心人”，低“抓工作”与低“关心人”，并设计出了著名的领导行为四分图模式，如图 8-3 所示。这一模式规范了领导行为的内容即抓关心工作与关心人两件事，这是两个并不互相排斥的维度。

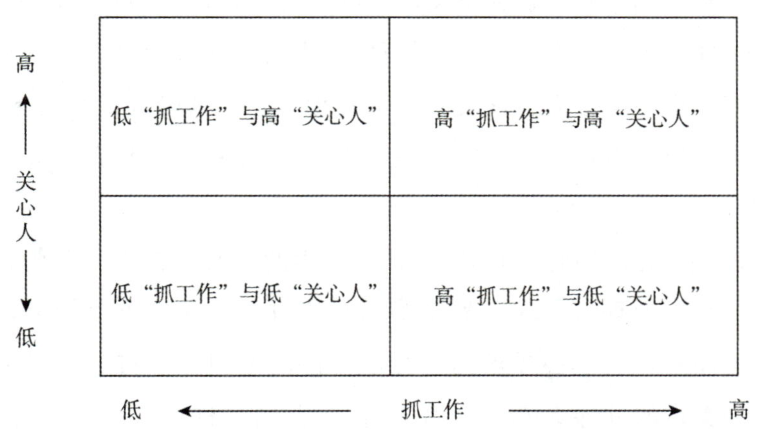

图 8-3　领导行为四分图模式

（二）管理方格理论

管理方格理论是由美国得克萨斯大学的学者布莱克（Blake）和莫顿（Mouton）于 1964 年提出来的。管理方格理论是一种采用图示和量表方式来衡量一个企业领导人的管理是否采用了高效率的方法与手段。管理方格理论的依据是最有效的领导者应该是一位既关心工作又关心人的管理者。如果把这两种维度用坐标图表示出来，就可以画出一种方格图，它不仅可以清晰地显示出领导者每天行为的类型组合，而且可以揭示出他每天关心的愿望组合。

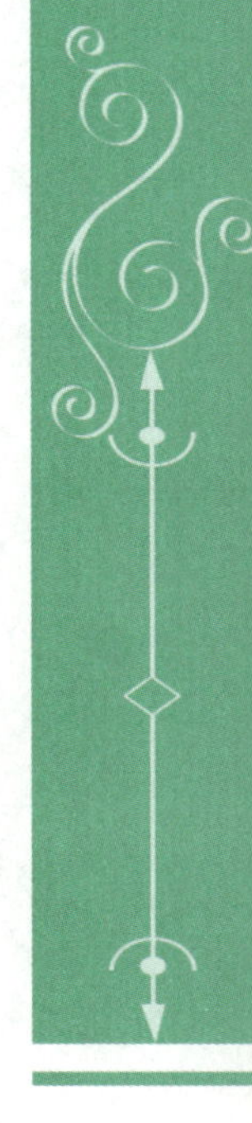

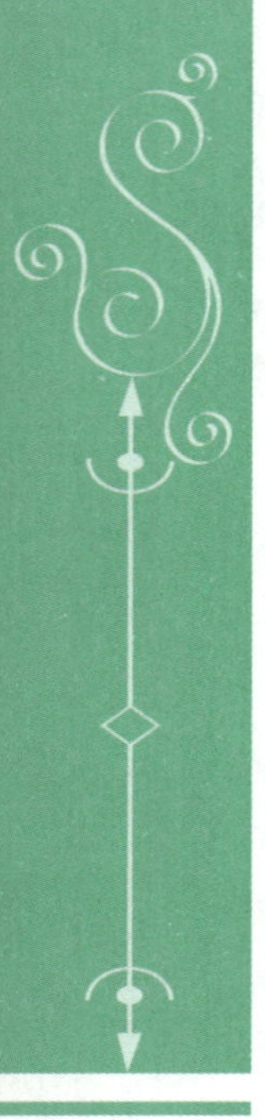

管理方格理论模型如图 8-4 所示，图中的横坐标为“对生产的关心”这一维度，纵坐标为“对人的关心”这一要素，管理方格图将两个坐标轴都画成 9 个刻度，这样便组成了能表示 81 种领导方式的图像，其适用性更强，准确度也更高了。

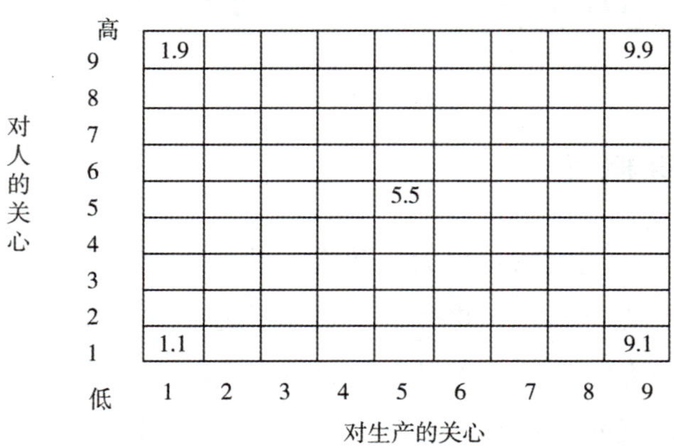

图 8-4　管理方格理论模型

布莱克和莫顿在管理方格理论的基础上提出了以下五种领导行为的类型：

(1)“9.1”型领导行为。拥有“9.1”型领导行为的人又称为任务型管理者。这种领导行为在短期内可能取得较高的生产效率，但由于不关心人，不讲究提高员工的士气，因而长期内会使生产效率下降。

(2)“1.9”型领导行为。拥有“1.9”型领导行为的人又称为俱乐部型管理者。这一类型的管理者只强调关心人，而不激励人去生产，单纯地讨好员工，想以此来获得员工的支持与拥戴。无论从短期还是长期来看，这种类型的领导者也不可能获得较高的绩效与领导效能。

(3)“1.1”型领导行为。拥有“1.1”型领导行为的人又称为贫乏型管理者。这种类型的管理者既不关心生产，也不关心人。这类管理者胸无大志，逃避责任和义务。他们虽然与人、与世无争，所求不多，但因得过且过，贡献也甚微。其结果是，无论其组织绩效还是领导效能预期都是最低的。

(4)“5.5”型领导行为。拥有“5.5”型领导行为的人又称为中间型管理者。这种类型的管理者推崇对问题的折中处理，寻求一种平衡的解决方式。在追求目标上，他们不是去寻找对生产和人都应有的高度，而是去寻求两者可以妥协的方向，如将生产目标降低到人们乐于接受的水平等。这种类型的领导者不是力争上游，而是甘居中庸，因而也只能取得平平的领导效能与组织绩效。

(5)“9.9”型领导行为。拥有“9.9”型领导行为的人又称为战斗式团队型管理者。这种类型的管理者既十分关心生产，又十分关心人的因素，把关心生产与关心人协调起来，使之一体化。

很明显，持“9.9”型管理方式的领导者既能形成和谐的组织内的人际环境，又能实现最高的工作目标，最终使组织绩效与效能最大化。

显然，“9.9”型领导行为类型是最好的，也是值得提倡的；“9.1”与“1.9”型领导行为具有极大的片面性，应该纠正；“1.1”型领导行为是最差的，对于这样的领导者不但要予以批评，还要杜绝任用；“5.5”型领导行为的人需要不断鼓励他们进取。

（三）PM 领导类型理论

沿着上述关心生产与关心人的研究方向，三隅二不二教授将领导行为分为两种类型：一类是以执行任务为主的领导方式，简称为 P（Performance）型领导；另一类是以维持群体关系为主的领导方式，简称为 M（Maintenance）型领导。

P 型的行为特征是将组织中的每一个成员的注意力引向目标，使问题明确化，拟定工作程序，运用专门的知识评定工作的成果等。

M 型的行为特征是维持和谐的人际关系，调解成员之间的纠纷，为少数派提供发言的机会，促进成员的自觉性与自主性，增进成员之间的相互了解与交流。

PM 领导类型可细分为 PM 型、Pm 型、pM 型和 pm 型领导行为，如图 8-5 所示。

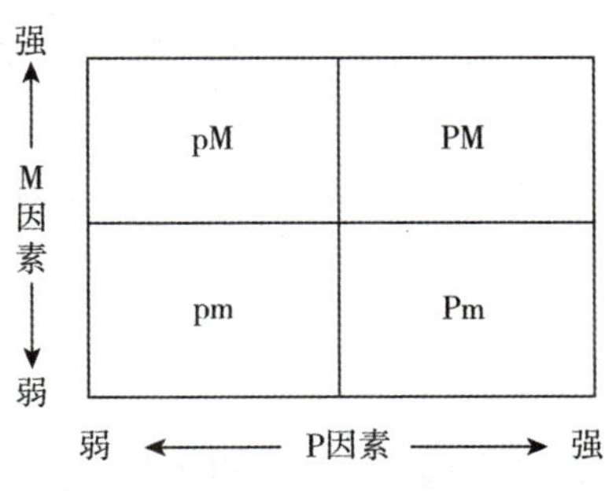

图 8-5 PM 领导类型

PM 型领导行为可导致最高的生产效率，下属对领导者的信赖度最高，领导对下属的亲和力也最高。Pm 型领导行为可导致中等的生产效率，下属对领导者的信赖度占第二位，领导对下属的亲和力占第三位。pM 型领导行为可导致中等的生产效率，下属对领导者的信赖度占第三位，领导对下属的亲和力占第二位。pm 型领导行为可导致最低的生产效率，下属对领导者的信赖度最低，领导对下属的亲和力同样也最低。

四种领导行为的 PM 类型的管理效果如表 8-1 所示。

表 8-1 四种领导行为的 PM 类型的管理效果

领导行为的 PM 类型	生产效率	对组织的信赖度	亲和力
PM	最高	最高	最高
Pm	中等	第二位	第三位
pM	中等	第三位	第二位
pm	最低	最低	最低

二、领导行为模式

20 世纪 50 年代至 80 年代中期，领导行为模式分为任务导向型与关系导向型两种。

（一）任务导向型领导的关键行为

任务导向型领导行为的主要目标涉及任务的实现、人力资源的有效运用、有秩序的管理、可信赖的操作。

任务导向型领导的关键行为是计划、阐明、监督。

1. 计划

计划是一个有宽泛性定义的行为，计划的目的是促使工作单位有效组织、协调活动以及有效运用资源。计划工作活动时要确定计划做什么、如何去做、谁去做、什么时候去做。计划是一个涉及信息处理、分析决策的理性活动，可以分为初级计划和次级计划。初级计划首先包括目标的决策，具有优先性与战略性；然后是工作组织、分配责任、安排活动、分配资源。次级计划包括操作计划和行动计划。操作计划包括对随后几天甚至一周日常工作和任务的安排；行动计划包括制订详细的行动步骤，安排新政策，实现一个项目。此外，针对潜在问题、灾难还需要有应急计划。

总之，计划是指确定目标，明确战略和资源分配，委派责任，安排活动并分配时间的行为。

2. 阐明

阐明是计划、政策和角色期望的沟通。首先要阐明工作责任和需求，包括解释重要的工作责任，阐明个人的权威范围，解释工作与单位的使命关系，解释重要的政策、规则和需求。对指派的工作要明确地解释和分配任务，解释每一个任务的原因，阐明工作的优先性和期限，检查对工作的理解情况。确立绩效目标时要有清晰的目标，确立具有挑战性但又具有现实性的目标，确立达到每个目标的预估时间。

总之，阐明是指通过沟通说明委派的任务，解释工作责任，解释角色，确立特别的绩效目标和期限，指示如何工作的行为。

3. 监督

监督是指通过获取所需信息去评价工作单位的操作和下属的个人绩效。监督的操作过程包括收集组织单位的动作信息，如工作过程、下属绩效、生产与服务质量、工程项目的成功率等。监督操作中要注意：监督关键的过程变量及产量；测定与计划和预算相对的进展；开发有关绩效的独立的信息来源；在可能的情况下直接观察操作；询问关于工作的特殊问题；鼓励报告问题和错误；引入定期的进展评价会议。

（二）关系导向型领导的关键行为

关系导向型领导行为的主要目的是改进关系和帮助他人，增进团队合作，增加下属的工作满意度，建立对组织的认同。

关系导向型领导的关键行为是支持、发展、认同。

1. 支持

支持是指领导要深思熟虑，接受、关心他人的需要和感情，以取得友谊和忠诚、合作与支持。支持型领导有助于建立和保持有效的个人之间的关系。支持行为还应包括：表现接受和主动问候；亲切、关心地对待他人，不粗鲁、不傲慢；分别对待每个下属；记住个人的重要细节；在解释或指示时要有耐心；当人们焦虑或沮丧时，提供同情和支持；在遇到困难任务时，表达对个人的信任，必要时提供工作协助；愿意帮助解决个人问题。

2. 发展

发展是指增加工作相关技能的行为，以利于个人工作的调整和职业的提升。发展主要通过指导、培训、监督、职业咨询等途径实现。在进行培训时要用提问题或建议的方法仔细考察，并分析绩效；对个人展示的有效和无效行为，提供建设性的反馈；提出能帮助改进个人绩效的特殊事项；展示更好的方式，去完成一个复杂的任务或程序；对人们能够完成一个更复杂的任务或程序表示信任；提示个人如何解决一个问题，而不仅仅是提供答案；在工作之前，为人们提供操作这一程序的机会。监督主要显示对每个人发展的关心，帮助个人确认技能的缺陷，帮助人们发现获得必要技能的方式，鼓励员工参加相关的训练课程，为他们提供在工作中能展示和提高技能的机会，提供有益的职业建议，帮助员工提升个人声誉。

3. 认同

认同是指对他人对组织的贡献给予赞扬和表示欣赏的行为。要强化合乎需要的员工行为，改进个人关系，增加员工对工作的满意感，就要及时认同。认同就是对他人的绩效、成就、贡献等进行表扬、奖励。领导者应该认同各种贡献和成就，要认同特别的贡献和成就，要认同绩效的改进；对虽失败但已付出的努力也要表示认同，给予表扬。总之，领导者要善于运用适合个人情境的认同形式。

（三）关心人与关心工作领导行为的效果

关心人与关心工作领导行为的效果是很复杂的。总的说来，关心人的领导行为可以提高下属心理上的满意度，因而两者是正相关。此外，增加关心人的程度可以使下属的不满程度（牢骚度）降低，但两者非线性相关。

关心人的领导行为可以取得较高的工作绩效，但其前提条件是，领导者不仅要关心人，而且要设置目标，保证完成工作任务。对不同类型的下属采用同一种领导行为，或者在不同情境条件下对同类型的下属使用同一种领导行为，都不一定能取得好的工作效果。关心工作的领导者对下属的满意度与工作效果之间的关系也是复杂的，带有不确定性。

在各种不同的情境下，分别表现为正相关、负相关或不相关。面向生产的领导者注重生产与技术，把下属作为简单的“劳动工具”，这样可能使工作很有成效，但会使下属心理上的满意感降低，更不会产生亲切感与融洽感。

三、领导者的领导风格与工作作风

关心人与关心工作的领导行为决定了领导者的领导风格。与这两种领导行为维度相联系，

可以产生一系列典型的领导风格。有的领导者较多地关心人，是一种亲密型的风格；有的领导者偏重于关心工作，可称为创造结构型风格。一般地，关心人的领导风格容易使下属满意，而关心工作的领导风格会促成工作目标的实现。为此，优秀的领导者应该兼具关心人与关心工作的两种领导风格。

将领导者在领导活动中比较固定和经常使用的行为方式与方法的总和称为领导者的工作作风。领导者的工作作风表现了领导者的个性特点。有的领导者在工作中大胆、泼辣，但又主观武断、粗暴专行；而有的领导者胆小怕事、没有主见。领导者的工作作风影响着他所领导的工作群体的作风，从而影响着工作群体的工作效率。

领导者的领导方式可分为专制式的集权领导方式、开明式的集权领导方式、协商式的民主领导方式、参与式的民主领导方式。

在专制式的集权领导方式下，领导者会自行决策后下达任务给下属，必要时强制下属执行。领导者与下属之间存在着一种互不信任的气氛，组织目标难以实现。

在开明式的集权领导方式下，领导者对下属比较和气，领导者决策时也听取下属的意见反馈，执行过程中能够奖惩并用。但上下级之间的沟通是表面的、肤浅的，领导者对下属并不十分信任，下属对领导者也心存畏惧，工作的主动性有限。

在协商式的民主领导方式下，领导者对下属有一定的信任，并充分听取下属的意见，且在决策时也能取得下属的同意。上下级之间沟通的程度比较深入，双方彼此信任，执行决策时能够相互支持。

在参与式的民主领导方式下，领导者对下属充分信任，在规定范围内，授予下属自行决策权。领导者根据工作群体目标，向下级提出具体要求，不过多地干涉下属的工作。上下级之间不仅能充分地沟通与相互信任，而且能够建立起一定的友谊。

显然，采用参与式的民主领导方式效果最好，采用专制式的集权领导方式效果最差。

四、我国领导者的行为特征

我国领导者的基本行为特征是一种三维领导模式，即“抓工作”“关心人”和“率先垂范”。“抓工作”和“关心人”两个维度具有世界性的共同特征。在中国传统文化里，注重修身与个人人格的完善，即正心而后修身，修身而后齐家，家齐而后治国，国治而后平天下。修身为本，把个人道德水准与治国相联系。由此，产生了“领导者吃苦在前、享受在后，身教重于言教，领导者的行为就是无声的命令，榜样的力量是无穷的”等一系列强调领导者自身行为的理念。领导与被领导者之间的指挥与服从模范表率作用，在很大程度上取决于领导者自身的示范效应。

率先垂范起着一种模范表率作用，关心人、关心工作是领导职能中的直接影响力，而率先垂范则是领导者的间接影响力。由于模范表率行为，一方面可使被领导者在工作中的不满得到解除，从而获得心理上的平衡和公正感；另一方面，领导者的模范表率行为，通过角色的认同和内化作用，可激发被领导者的内在工作动机，使其努力实现目标。领导者的率先垂范行为是一种无声的命令，其影响力远胜于命令、指挥、控制和监督。

就我国目前的情况而言，领导者关心人的领导行为，应该集中体现在关心群众生活、关心百姓民主权益上。“关心人”不是一句空话，要从分析群众心理入手，切实解决人民群众的实际困难。

第五节　领导者的权变理论

实际上，并不存在一成不变的领导方式与领导风格。领导者应该根据情况的变化采取随机应变的领导方式与领导风格。更确切地说，领导者的有效性是领导者、被领导者与情境三者的最佳配合关系。可以用公式表示如下：

$$领导有效性=f（领导者 \cdot 被领导者 \cdot 情境）$$

为此，领导者的有效行为应该随着领导者、被领导者、情境的变化而有所不同。领导者要不断观察情境，并评价如何使他们的行为适应这种情境。领导者要灵活并不断创新以适应变化的情境。

有关领导者权变的理论多种多样，下面介绍几种关键的理论模式。

一、领导方式与下属成熟度匹配理论

领导方式与下属成熟度匹配理论是美国俄亥俄州立大学的卡门（Karman）首先提出来的，又名生命周期论。它的要点是领导者的行为要与下属的成熟度相适应，随着被领导者成熟度的逐步提高，领导的方式也要进行相应的调整。

这里所指的成熟度是指心理的成熟度，而非生理的成熟度。在此，成熟度被指为有成就感、有负责任的意愿和能力、有工作经验和受过一定的教育和培训等。下属的成熟度也有一个发展的过程和要经历的阶段，一般来说有不成熟阶段、初步成熟阶段、比较成熟阶段和成熟阶段四个阶段。领导者在下属不同的心理成熟阶段要采取不同的领导方式与之匹配，这样才能取得最佳的领导效能。图 8-6 显示了生命周期理论模式。

当下属处于不成熟阶段时，领导方式应该采取高任务、低关系的领导形态，即命令式最有效。此时，领导者以单向沟通方式向下级规定任务，明确干什么、怎么干。这就是图中第一象限所表示出的命令式领导方式。

当下属的成熟度进入初步成熟阶段时，领导者宜采取任务行为、关系行为均略高的方式，即采用说服式的领导方式最有效。此时，领导与下属通过双向沟通方式，相互交流信息、相互支持。这就是图中第二象限所表示出的高工作与高关系的说服式领导方式。

当下属发展到比较成熟阶段时，领导者应该采取低任务但关系行为强的方式，即采取参与式领导行为最有效。此时，领导与下属之间仍要通过双向沟通方式，相互交流信息、相互支持，但领导的任务行为有弱化。这就是图中第三象限所表示出的高关系与低工作的参与式领导方式。

当下属发展到成熟阶段时，领导者就应采取低任务、低关系的领导方式，即授权式的领

导方式最有效。此时，领导者给下属权力，领导只起监督作用，让下属自行安排执行。这就是图中第四象限所表示出的低工作与低关系的授权式领导方式。

综上所述，对不同成熟度的下属，应该采取不同的领导方式，才能获得最大的领导绩效。在领导工作中要创造条件，让下属在工作过程中更快地趋向成熟，把使用与培养结合起来，注重人力资源的开发。

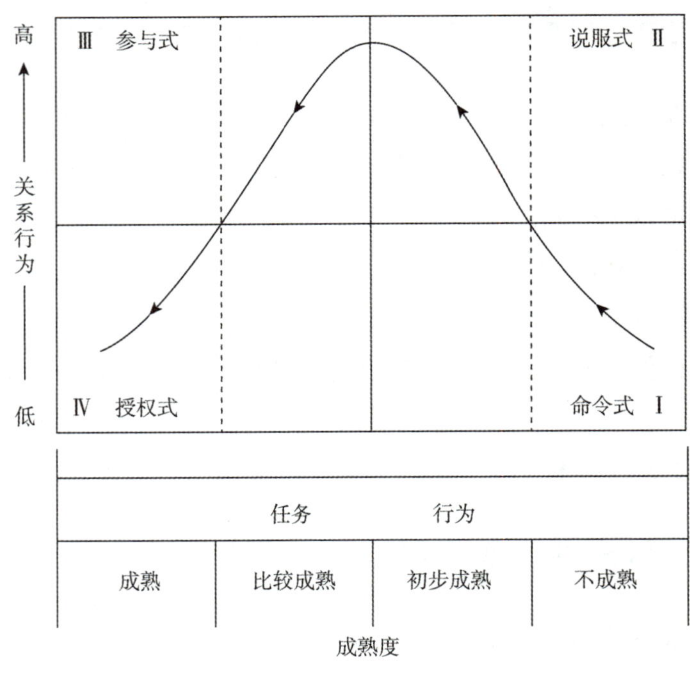

图 8-6 生命周期理论模式

二、领导权变模式

菲德勒（Fiedler）提出了有效领导的权变模式，该模式认为有效领导的行为抉择是由三个特征所决定的，即领导与成员的关系、职位权力、任务结构。

领导与成员的关系是指领导与下属是否相处融洽以及下属支持领导者的程度。当领导者与成员之间关系融洽时，就很少发生摩擦，就能顺利完成工作任务。当领导者与员工关系不融洽，甚至经常发生冲突时，就很难完成工作任务。

职位权力是指领导者拥有的权力与影响力，包括给予奖励和处罚的权力。一般来说，领导者都具有强制性的合法权力。

任务结构是指下属的工作任务被清晰而明确界定的程度。有的工作任务很单调，因而具有明确的目标，只由几步或几个程序组成，这样的任务相对是结构良好的，按日常的基本方法就能完成，这是常规、例行的任务。而有的任务可能没有明确的目标或其目标是动态变化的，因而完成任务也有多种途径，这类任务就是非常规、非结构性的工作任务。

根据上述三种情境特征，并根据这三种特征导致的截然不同的情况——领导与被领导者关系的好与差、工作任务的明确与不明确、工作任务的结构化与非结构化、职位权力的强与弱，领导者应该采取不同的领导方式，如表 8-2 所示。根据三种情境特征的不同情况，可以

有六种领导方式，归纳为任务导向型和人际关系型两种领导类型。

表 8-2　情境特征与领导方式之间的权变关系

领导者与被领导者之间的关系	任务结构	职位权力	领导方式
良好	结构化	强	任务导向型
良好	结构化	弱	任务导向型
良好	非结构化	强	任务导向型
良好	非结构化	弱	人际关系型
差	结构化	强	人际关系型
差	非结构化	弱	任务导向型

从表 8-2 中可见，在情境特征（上下级关系、任务结构及职位权力）极有利或极不利的情况下，领导者采用任务导向型（偏向于任务行为的领导风格）、指挥型（领导者的特征是指挥的、控制的，对事不对人）的领导行为最为有效。

在情境特征（上下级关系、任务结构及职位权力）较差的情况下，领导者采用人际关系型（偏重关系行为的领导风格）、允许型（领导者的特征是宽恕的、容忍的）的领导行为最为有效。

总之，领导与成员关系良好，下属任务高度结构化，并且拥有高职位权力的领导者，会有高度的情境控制；而领导与成员关系恶劣，下属任务结构化程度低，并且职位权力较低的领导者对情境的控制程度也会较弱。

第六节　通路—目标的权变理论

加拿大多伦多大学的心理学家豪斯（House）认为，领导者要向下属说明工作的意义、方向、内容，即向下属说明达到工作目标的“通路”，并以体贴精神使下属在“通路”上顺利通过。具体来说，如果下属在思想上对工作认识不清，领导者应该说明走向工作的“通路”，即通过工作任务引导下属走向程序化的工作目标。如果下属对“通路”已经清楚，那么领导者应该有更多的体贴精神，通过人际关系，使下属得到更多的满足，使之更快地通过“通路”。

通路—目标的权变理论模式如图 8-7 所示。

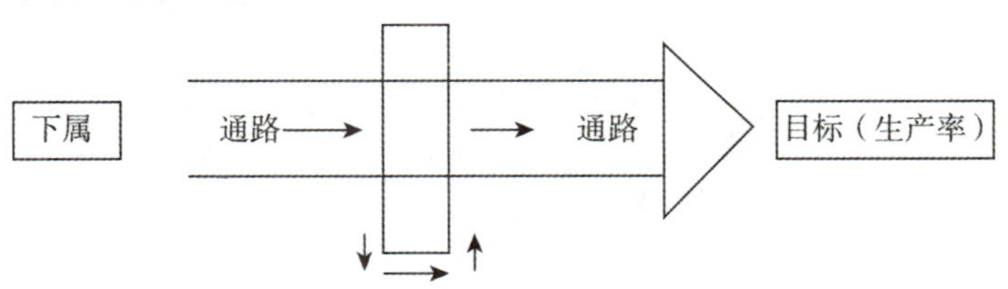

图 8-7　通路—目标的权变理论模式

通路—目标理论下的领导行为的主要内涵为：确定目标，指明路径，消除障碍，提供支持。

领导者选择哪种领导行为要根据下属的工作是否程序化而定。在工作任务模糊不清、非程序化的情况下，下属无所适从时，他们希望有高工作关系的领导者帮助他们对工作进行明确的规划和安排；在工作任务已经明确、程序化了或都是例行性工作的时候，下属希望有高人际关系的领导者，这样才能使他们得到精神上的满足。

同样，领导者选择怎样的领导风格也要根据被领导者的工作是否明确、程序化或不清楚、非程序化而定。

领导的领导风格可以分为支持型、指导型、参与型以及成就导向型四种。支持型风格是对下属的要求和福利表示关注；指导型风格会为下属将工作任务结构化，并让他们知道工作要求是什么；参与型风格是指征询下属的意见，并让他们参与决策；成就导向型风格是强调成就和工作绩效，包括设定挑战性的任务目标以及强调高水平的绩效标准。显然，选择支持型风格对担负重复性任务的下属最为有效；选择指导型风格对不明确工作任务的下属最为有效；选择参与型风格对任务不明确、自我控制能力较强的下属最为有效；选择成就导向型风格对承担具有挑战性任务的下属最为有效。

通路—目标理论强调工作环境和下属特征与领导风格的相应关系。

领导者要选择适当的领导风格以提高下属对成功的期望和满意度，让下属感到能胜任工作，能得到奖赏，因而工作中的付出是值得的。这一理论强调，只有用最恰当的领导风格才能满足下属的需要，激励下属的创造性。

由此可见，领导有效性取决于领导者行为与下属特征和任务特征的吻合程度。

这一理论运用在实践中可以指导、辅导和培训下属，帮助下属实现目标。当任务结构性不强、下属缺乏经验时，指导型风格是最适合的，因为下属不能确定该做什么。一个指导型领导者会告诉下属工作要求是什么以及他们该做什么，在明确任务后让下属负责用自己觉得最合适的方式完成工作，减少指示，将控制权授予下属，避免不必要的支持影响与干扰下属的工作进程。领导者要在任务情境中精确地判断下属的发展水平，选择相应的领导行为类型，才能实现有效领导。

总之，情境领导理论说明，没有最好的领导类型，关键是领导者要有灵活性，领导方式要与情境相适应。情境领导模式是训练领导者的实用方法和行动方案，也是培训领导方法的标准之一。

第七节 魅力型领导

一、魅力

魅力（Charisma）是一个希腊词汇，意指“神灵的礼物”，如能够实现奇迹或预见未来的事件。韦伯用这个词汇描述一种形式的影响，它不是基于传统或正式权威而是追随者认为的领导者所具有的超凡品质。当存在社会危机时，领导者吸引追随者相信愿景，经历一些成功使得愿景更有吸引力，以及追随者认为领导者超能时，领导者就有了魅力。

魅力型领导者强调感情过程与理性过程一样重要，符号行动与制度行为一样重要。领导的某些品质与技能，如自信、强烈的说服力、镇静、演说能力、戏剧性的资质都有被归因于魅力。当有一个吸引人的愿景时，会增加追随者实现它的信心，在追随者之间引起热情和支持。当达到的愿景和战略是创新的，而领导者采取了个人的冒险行动去推动和促成它们的实现并明显是成功的，这时，更可能出现对领导者的魅力归因。

二、领导者的魅力归因

追随者将魅力品质归因于领导者的品质、行为、技能等因素。魅力型领导者会提出一个不同于现状的愿景，但这个愿景仍然在追随者接受的范围之内，因为追随者不接受过于激进的愿景。魅力型领导者常以非常规的方式实现愿景。为实现愿景，魅力型领导者还会做出自我牺牲，不考虑自己利益，甚至冒个人在地位、金钱、领导职位或组织成员上的巨大损失等风险。

魅力型领导对目标有着明显的自信，自信与热情也增加了对追随者的感染力。出现危机时，魅力型领导者会提出对现状的不满，但同时会提供更美好的愿景。魅力型领导善于应用愿景和劝导诉求。

魅力型领导的个性特征包括支配性、影响他人的强烈欲望、自信与坚定的价值观。

魅力型领导的行为表现有以下特征：能为追随者树立鲜明的角色榜样；显示出卓越的能力；清晰表达目标，寄予高期望，表露信心，唤起动机。

但有的企业家具有个人权力导向，其行动专断、自私，这些企业家强调追随者对自己的忠诚，而不是对组织、价值观和意识形态的忠诚。这样的领导即便有些魅力，但对组织的作用仍是负面的。

三、正面及负面魅力型领导的特征

正面魅力型领导的特征主要是实行社会化的权力导向，强调对意识形态的忠诚而不是对个人的忠诚；实施价值内在化，而不是个人认同；在内部，决策参与受鼓励；善于委托，信

息公开分享；奖励用于加强与组织使命相一致的行为；关心追随者及其福利。

负面魅力型领导的主要特征是实行具有个人权力的导向。负面魅力型领导强调的是个人的认同，而不是价值内在化。此外，强调别人对自己忠诚，而不是对理想忠诚，并寻求统治和支配追随者的权力，强调对领导的依赖。在这些领导者看来，奖励、惩罚是用于操纵、控制追随者的工具。这些领导者还自我荣耀，维持对权力的关心，不关心追随者的福利，并试图保持领导者不会失败的形象。

负面魅力型领导必然导致以下的负面结果：

（1）由于对领导者的敬畏，降低了追随者提出好建议的愿望。

（2）追随者只寻求得到领导者的认可，因而妨碍了批评建议的提出。

（3）追随者只会奉承领导者，制造了领导者不会出错的幻觉。

（4）过于自信和乐观，使领导者无视真正的危险。

（5）否认问题的存在，往往错失改进与发展的机会。

（6）对领导者的过分依赖，抑制了继承者能力的发展。

（7）培养继承者的失败，将导致最终的领导危机。

归纳起来，正面魅力型领导与负面魅力型领导的差别如表 8-3 所示。

表 8-3　正面魅力型领导与负面魅力型领导的差别

正面魅力型领导	负面魅力型领导
社会化权力导向	个人权力导向
价值内在化	个人认同
对意识形态、理想的忠诚	对领导个人的忠诚
决策参与受鼓励	决策权集中于领导者
委托、信息公开分享	寻求统治和支配追随者
奖励用于加强与组织使命相一致的行为	奖励、惩罚用于操纵、控制追随者
关心追随者及其福利	自我吹嘘，关心维持权力，不关心追随者福利

作为魅力型领导者，首先，当他们希望追随者具有什么信念和价值观时，他们本身就是这些信念和价值观的坚定持守者，这就是领导者的率先垂范作用。榜样的力量是无穷的，要让下属做到的，领导者首先要自己做到。其次，在追随者看来，魅力型领导者是很有能力的。魅力型领导者会明确表达带有道德色彩的理想目标，美国的马丁·路德·金的著名演讲《我有一个梦》正是这种魅力行为的典范。再次，魅力型领导者对追随者提出了很高的期望，并且表示相信追随者有能力达到这些期望。这种行为的影响结果是增强了追随者对自身能力和自我效能的认识，从而进一步提高了他们的绩效。最后，魅力型领导者能唤起追随者完成工作任务时所需要的各种动机，包括权力动机、亲和动机和尊敬动机。例如，美国总统肯尼迪为了唤起当时美国人民的价值观，曾说道："不要问你的国家能为你做什么，而要问你能为你的国家做什么。"

魅力型领导者对追随者的影响表现在追随者信任魅力型领导者的理念，追随者与领导者

的信仰相近，追随者无怀疑地接受领导者并喜欢领导者，追随者表现出服从和认同领导者，对领导者所指目标的情感增强了追随者实现目标的信心。当追随者处于困境中时，领导者的魅力影响力更有可能产生效果，因为在困境中追随者会指望领导者帮助他们摆脱困境。此外，魅力型领导改变了追随者的自我概念，试图在追随者的认同和组织的集体认同之间建立联系。魅力型领导建立联系的方式是重视工作的内在奖赏，减少外在奖励，希望追随者将工作看成是表现自己的方式。同时，领导者对追随者表示出很高的期望，帮助他们获得自信感和自我效能感。

四、魅力型领导的正面与负面影响

魅力是一种领导者的个人特质，具有魅力的领导者的领导行为必须与人类进步与社会发展相一致，这时，领导者的魅力就会发挥正面作用，起到推动人类进步与社会发展的作用。反之，领导者的行为与人类进步、社会发展背道而驰，那么，这些领导者的魅力就会起到负面作用。

世界上有很多正面魅力型和负面魅力型的领导者。美国第 32 任总统富兰克林·罗斯福就是正面魅力型领导的代表之一。他领导美国摆脱了经济大萧条，推行了 20 世纪 30 年代的社会改革项目，参与了第二次世界大战，并带领盟国获得胜利。而德国的阿道夫·希特勒则是负面魅力型领导的代表。他挑起了欧洲战争，点燃了第二次世界大战的战火，导致了千百万的生灵涂炭。

第八节　变革型领导

一、变革型领导概述

变革型领导的研究者有伯恩斯（Burns）、巴斯（Bass）、本尼斯（Bennis）、纳努斯（Nanus）、蒂奇（Tichy）和德万纳（Devanna）。

一个变革型领导者要通过激励他人，使其设定较高的目标并努力实现。变革型领导者通过为团队明确地描绘愿景，鼓励并支持追随者或以身作则来激励他人。变革型领导者的实质是提出、展开、实施重大变革。领导者能提出和清晰地表达组织愿景，激励和授权追随者完成和实现更高目标，最终使追随者产生认同感，使他们对领导者有坚强的信念，确信领导者有创造性、变革性，强大而值得信赖，坚信只有跟着这样的领导者才能实现愿景。在西方国家，人们推崇林肯、丘吉尔、肯尼迪等均为变革型领导的典范。

变革型领导可以促使组织有较高水平的工作绩效，并使员工有较高水平的工作满意感、组织承诺和组织公平感。与此同时，员工的离职倾向会降低。

变革型领导变革的内容包括改变价值观，发挥追随者的潜能，提高领导者的热情与道德意识。

变革型领导的特点可以概括为：关注并激励追随者达成目标；理解并迎合追随者的需要和动机；变革型领导是变革的代表和良好行为的榜样；能提出和清晰表达组织的愿景；授权追随者实现更高目标；变革型领导的处事方式使人对他更加信任。

二、变革型领导的领导因素

构成变革型领导的领导因素有以下四大项目。

（1）魅力或理想化影响。魅力或理想化影响是指领导者通过言辞和高标准的示范行为对追随者产生较高程度的激励作用。变革型领导者向追随者描绘目标愿景、使命感，领导者自身也是一位高道德标准的领导者，因而等于为追随者树立了榜样，使追随者认同并仿效他们，从而使追随者也具有了较高的道德标准和道德行为，这样的领导者会受到追随者的尊重。

（2）鼓舞干劲。鼓舞干劲是指变革型领导者会阐述一个吸引人的愿景，通过愿景使追随者有一个高的期望，以此实现动机激励。与此同时，这类的领导者会加强信念与情绪感染力，增强凝聚力、团队精神以实现组织愿景。

变革型领导要使追随者为了团队或组织利益超越个人兴趣或个人利益，从而提高追随者对理想目标重要性和价值的意识水平。总之，要鼓励追随者提出更高需求，有效激励追随者实现更大利益，而不仅是个人利益。

（3）个别化关怀。变革型领导者为追随者提供支持、鼓励和教导，同时对追随者的发展和幸福给予关注。在实践中，变革型领导者要充当教练和建议者的角色，同时要聆听个别追随者的要求，创造支持性的氛围。总之，他们要发挥追随者的最大潜能，使其具有强烈的内在价值与观念体系。

（4）智力激发。变革型领导会激发追随者的创造与革新，激励追随者反思现状并思考更佳的做事方法。即这类领导者支持追随者积极革新、独立思考、解决问题，对过时的领导方式、组织信念与价值观质疑。

三、变革型领导的行为特征

变革型领导者提供清晰的组织愿景，愿景应简洁、易懂、有益、富有生机活力，且是出自整个组织的需要并得到了组织全体成员的肯定。

变革型领导者的行为表现为组织的设计师，他们指明了组织的价值观和规范的变革方向。变革型领导者认同新理念，以这种新的成员共享的理念去创造某种新的形态或结构。我国改革开放的总设计师邓小平就是一位变革型领导者，他为中国设计了一条改革开放的道路，使中国社会走向变革。

变革型领导者总是明确地坚持自己的观点，在组织中建立信任感。追随者对变革型领导者的信任是完全可预期的和可依赖的，从而使整个组织形成整体感和同一性的意识。变革型领导者提倡在积极的自我关注过程中创造性地发展自我，由此，追随者对变革型领导者会产生高度的信任感和期望值。

四、变革型领导与魅力型领导的区别和联系

魅力是变革型领导的必要因素，但一个领导者可以是有魅力的但不一定是变革型的。魅力型领导者更多的是塑造超常能力的形象，而变革型领导者的本质是激励和授权。变革型领导者会促进授权，发展下属的技能和自信。

变革型领导者使追随者对工作的重要性和价值更为敏感，促使追随者为了组织利益转变自己的利益诉求。变革型领导者关心发展追随者的技能和信心，让他们在一个授权组织中承担更多责任。变革型领导者将提供支持与鼓励，使下属面对障碍、困难、失败时保持热情与努力，下属会更加信任和尊重变革型领导，愿意做比原先多得多的工作。

第九节　交易型领导

交易型领导者是通过与下属交换有价值的东西来满足他们自己的和下属的需求。领导者与追随者之间是一个交换的过程，在这个交换过程中员工的努力可以换得特定的奖励。交易型领导者具有影响力是因为员工为了自身的利益而去完成领导者希望的事情。在此，领导者可以就追随者需要做什么，完成工作之后有什么报酬，与追随者达成一致。

一、交易型领导与魅力型领导的比较

交易型领导与魅力型领导特征的差别如表 8-4 所示。

表 8-4　交易型领导与魅力型领导特征的差别

维度	交易型领导	魅力型领导
权力的主要来源	报酬、回报	超常的能力与表现
激励下属的基础	外部的、经济的	内部的、情感的
下属的绩效目标	狭隘的、定量的、特定职位的	宽广的、定性的，特定的领导者与愿景
情感上对目标的依附度	低	高
预期的下属行为	遵守规章制度	通过社会准则与团队压力形成
下属对领导者与愿景的承诺	低或中等程度	高等程度
管理者策略印象	低度运用	高度运用

由表 8-4 可见，交易型领导的权力主要来源于报酬、回报，而魅力型领导的权力主要来源于超常的能力与表现。交易型领导激励下属的基础是外部的、经济的，而魅力型领导激励

下属的基础是内部的、情感的。交易型领导对下属的绩效目标锁定在狭隘的、定量的、特定的职位上，而魅力型领导对下属的绩效目标则具有宽广性，包括在特定的领导者提出的愿景范围内。交易型领导预期的下属行为是遵守规章制度，魅力型领导预期的下属行为是要通过社会准则与团队压力来形成。交易型领导要求下属对领导者与愿景的承诺是低或中等程度的，而魅力型领导要求下属的承诺是高等程度的。交易型领导只是低度地运用了管理者的策略印象，而魅力型领导是高度运用了管理者的策略印象。

二、变革型领导与交易型领导的区别

（一）精神价值和自我利益

变革型领导是唤起追随者的精神价值，而交易型领导是唤起追随者的自我利益。变革型领导唤起追随者的精神价值，力求提升他们的道德意识，激发他们的能量、潜力与资源，并实现革新与变革；交易型领导鼓动追随者诉诸他们的自我利益。领导以职位、津贴、利润合同交换选票，用工资和地位交换工作者的努力。

（二）价值和感情过程

变革型领导关注追随者的价值和感情过程，而交易型领导则是关注追随者顺从领导者需要的交换过程。

领导关注追随者价值和感情的过程是现代组织中变革和愿景领导的核心特征。领导要促使追随者为了组织或团体利益改变自我得益的想法，激活他们对更高秩序的需要，鼓励追随者使他们对任务结果的重要性更为重视和努力，要使追随者对变革型领导感到更信任、羡慕、忠诚和尊敬；交易型领导仅关心追随者顺从领导者的交换过程，因而不可能使他们产生对任务目标的热情和支持。

（三）可以转化

变革型领导与交易型领导是处于一个领导连续体的不同点上，而不是彼此独立的，如图8-8所示。

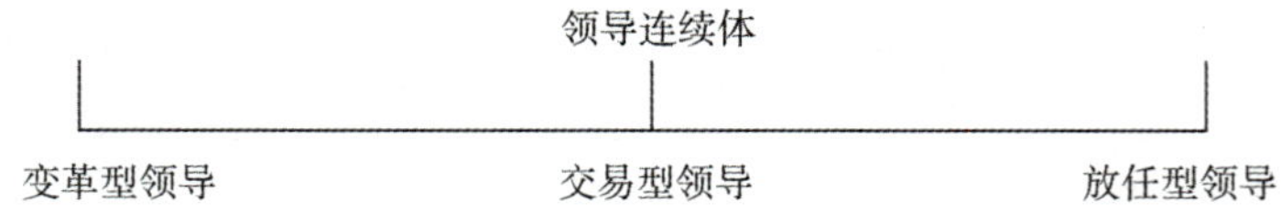

图 8-8　领导连续体上的变革型与交易型领导

由图8-8可见，变革型领导与交易型领导以及放任型领导之间是可以转化的。加强交易型领导的各项品质特征可以使其向变革型领导转化。弱化变革型领导的各项品质特征也可以使其转化为交易型领导。

三、交易型领导的特点

变革型领导与交易型领导之间既存在区别也存在联系，从二者的差别中更可看出交易型领导的特点：交易型领导关注的是领导与追随者之间的“交易”，而变革型领导则时刻关注激励追随者达成目标的过程。

交易型领导一旦“交易”成功，就会提拔达成目标的职员。其交易范围广泛，所有类型组织在不同水平上都有交易。交易型领导既不区别对待下属的个别需求，也不重视下属的个人发展。交易型领导者具有影响力，是因为员工为了自身的利益去完成领导者希望他去完成的事情。

第十节　道德型领导

经过长期的研究，领导科学与领导心理学提出了多种领导类型，如任务导向型领导、关系导向型领导、权变型领导等，直到 20 世纪的最后 10 年才提出道德型领导的研究方向。

一、领导者的“德商”

要成为高效能的领导，必须具备智商（Intelligent Quotient，IQ）、情商（Emotional Quotient，EQ）和德商（Moral Quotient，MQ）。智商反映一个人的智力发展水平，情商反映一个人的情绪管理能力，德商反映一个人的道德水平。在这三商当中，德商最为重要。

美国学者莱尼克（Lennick）和基尔（Kiel）在 2005 年编著的《德商：提高业绩，加强领导》一书中，将德商定义为“一种精神、智力上的能力，它决定我们如何将人类普遍适用的一些原则（正直、责任感、同情心和宽恕等）运用到我们个人的价值观、目标和行动中去”。莱尼克在 20 世纪 90 年代帮助美国运通集团等大公司的经理人和员工发展情商的过程中发现：虽然情商可以使人具有高度的自制力和人际交往能力，但它在大多数情况下是价值中立的，不能帮助人区分“吃饭”与“错”，不能让人避免做错事。而领导者首先要保证的就是“做正确的事”，然后才是“正确做事”，并“帮助别人正确做事”。

德商的内容包括体贴、同情、尊重、容忍、宽容、诚实、正直、负责、平和、忠心、礼貌等各种美德。作为领导者，应加强这些美德的培养。

二、领导者要树立道德权威

领导者权威来自各个方面，其中有科层权威、心理权威、技术—理性权威、专业权威以及道德权威。

（一）科层权威

科层权威是指在等级制的结构中必须强调强制与服从，下级服从上级。个体表现在等级制度、规章与规则、指令以及角色期望中。领导者树立科层权威的结果是使组织处于一定的监控之下，作为下属只能执行既定的决策，并对此做出相应的反应，因而其活动空间受到一定限制。

（二）心理权威

心理权威是指领导者与追随者之间尽管目标、利益不同，但可能通过交易使双方各取所需。领导者可使用各种激励技术、人际技能、人际关系使员工更易相处，善于合作。但是，领导者使用心理权威的结果只能使下级的投入是斤斤计较的，是等价交换的。只有获得奖赏，追随者才会对领导者的要求做出回应。

（三）技术—理性权威

技术—理性权威是指领导者要求员工服从标准化的工作方法与程序，在工作过程中要遵章守则。这样，领导者发挥技术—理性权威的结果使员工始终处于被监控之下，并按照既定的程序和步骤进行操作。

（四）专业权威

专业权威是指领导者本身要有精湛的技艺、知识和个人专长。这些技艺、知识和专长不是外来的，而是来自领导者自身、来自培训和经验。领导者发挥专业权威的结果是使员工做出对专业规范的响应，领导者能给员工提供支持与帮助以及专业发展的机会。

（五）道德权威

道德权威是领导者与员工共同价值观、信念和组织承诺的核心界定，因为员工与领导者的责任感和义务感来自共同的价值观、理想和信念。在组织内要明确什么是对、什么是错，什么是好、什么是不好。领导者的道德权威就是要确认组织的核心定义为共同体的价值观和信念，把价值观和信念转化为指导行为的不成文规范。此外，道德权威还强调团队精神，将团队精神作为内化了的感受和受道德驱动的美德，并依靠相互依赖关系来推进。领导者树立道德权威的结果使员工会因道德而对组织的价值观给出反应。员工的工作将变成集体性的活动，他们的表现舞台得以延展，且稳固而持久。

作为领导者，要提升自己的德商，首先要有自己的道德观、信仰和理想，将自己置身于较高的道德层面上。领导者的行动和决定既受价值观和信念的影响，也会受到自利思想的影响，当两者发生冲突时，价值观和信念通常应该胜过自利思想。此外，领导者与员工之间要有共同的价值观和信念，这样也就建立了组织的共同规范。规范是一种强有力的工具，组织的共同规范可以充当直接的“领导者”，甚至成为领导的替身。

可见，领导者既要依赖科层权威、心理权威、技术—理性权威、专业权威来领导组织与员工，更要特别强调树立道德权威来提升自己的德商，以利于领导者职责的发挥和组织目标的实现。

三、领导者的道德观

关于领导者的道德观，现主要有三种代表性的观点：服务式领导，帮助追随者的领导，增进人们道德意识的领导。

（一）服务式领导

格林里夫（Greenleaf）认为，服务追随者是领导者的主要责任和道德型领导的本质，伟大的领导者首先是一个服务者。服务式领导需要倾听追随者，了解他们的渴求，分享他们的痛苦与挫折。

服务式领导也是一种公仆式领导，同时也是一个利他主义者。要做一个领导者，首先要做一个公仆，同时做一个真正的利他主义者。

公仆式领导要关注弱势群体，要平等地看待他们。领导者少用权力控制别人，把权力还给被领导者。领导者要注重倾听、移情和接纳下属。

服务式领导是通过服务他人来实施的，最终目的是把自己和其他负有责任的人置于理念服务的位置。

（二）帮助追随者的领导

海费茨（Heifetz）认为，领导者的主要角色是帮助追随者面对冲突和提出有建设性的处理方法。领导者要通过信任、培养和移情来营造让追随者感到得到支持的环境，并在这种环境中获得安全感。领导者要运用权力发动下属面对棘手的问题。领导者的职责在于帮助追随者努力奋斗，以适应环境变化，并促进个人成长。

（三）增进人们道德意识的领导

伯恩斯认为，领导者的一个主要角色或职责是增强道德意识，帮助人们解决价值冲突。领导者应呼吁理想和道德价值，给予人们自由、平等、正义、和平、人道主义等积极向上的道德意识，而不是给予惧怕、贪婪、嫉妒、憎恨等消极意识。总之，领导者要努力把追随者的道德责任推向一个更高的水平。

四、领导者的道德标准

领导者要始终坚守行为的道德标准。

（一）道德的内涵及其标准

道德是一种行为规范。“道”为外在规范，“德”为内在规范，即已转化为个体心理的社

会规范。

人们需要对社会具有有利或有害效用的行为进行规范，如诚实与欺骗、公正与不公正等。此外，对社会、他人以及自己有利或有害的行为也要进行规范，如应正确对待自己的幸福、智慧、自尊等行为。

总之，道德规范是具有社会效用的行为。这些行为会造成对社会、他人、自己、自然界的正面积极效应或负面消极效应。良好、高尚的行为规范是促进社会进步、人际和谐、个人幸福、人与自然界顺应的动力，不道德的行为会使社会倒退、人际冲突等悲剧性后果产生。

（二）道德的性质

道德通过社会舆论对人们进行评价，具有强制性。行为的善恶标准，在人们心理的天平上是很明确的。尽管如此，道德仍是一种非权力规范。道德是社会制定或认可的关于人们具有社会效用的行为应该而非必须的非权力规范。

道德是一种不创造财富的权力管理，或称舆论管理，也称为德治。德治的规范就是道德。

道德的本性是一种必要的“恶”，即道德要求通过依靠舆论、教育，规范人的一切具有社会效用的行为，使不正当的愿望和不道德的行为受阻，这样才能使社会的正义与公平得以长存，和谐社会才能存在，个人的合法权利才能得到必要充分的满足。道德对人的影响还会触及人的灵魂。当前，对经济生活中的不道德现象的揭发与批判，使人们能正确区别“假、丑、恶”与“真、善、美”的行为。

（三）道德的标准

什么是道德的，什么是不道德的，这就是一个道德的标准问题。

1. 绝对的道德标准

绝对的道德标准是指道德的终极目的。道德的最终目的是保障社会的存续和发展，增进每个人的利益，实现每个人的幸福。为此，道德的终极标准就是增加或减少社会和每个人的利益问题，也即绝对的道德原则。当人的行为不损害而能增加全社会和每个人的利益时，这一行为也是道德的。

2. 最大多数人的最大幸福原则

行为是否道德还应该以是否符合“最大多数人的最大幸福”的原则来衡量，这是约翰·斯图加特·密尔提出的。他认为，自我牺牲能给他人增加幸福感的行为才是有价值的。当然，这种自我牺牲只有在特定社会条件下才是必要或不可缺少的。“自我牺牲”和“无私奉献”的高尚行为往往是在个人利益与社会利益不一致或产生冲突时发生的。个人利益与社会利益一致时的奉献行为被称为“为己利人”行为，因为这种行为既增加了个人利益也增加了社会利益，符合“不损害一人地增加每个人利益的原则”。

领导者的行为从道德层面可划分为六大伦理行为类型，即无私利他、为己利他、单纯利己、纯粹害他、纯粹害己、损人利己。其中，无私利他、为己利他、单纯利己都符合道德的

终极标准，因而都是善的，只不过无私奉献为最高的善，为己利他为基本的善，单纯利己为最低的善。纯粹害他、损人利己、纯粹害己的行为是不符合道德的终极标准的，因而是恶的。纯粹害他为最高的恶，损人利己为基本的恶，纯粹害己为最低的恶。领导者的行为应尽量做到无私利他，至少做到为己利他，决不能做纯粹害他、损人利己的事。

复习思考题

1. 试述领导概念的核心内涵。
2. 举例说明职位权力与个人权力的五种类型。使用这些权力时应注意哪些要点？
3. 与领导者效能相关的领导者品质因素有哪些？
4. 阐述任务导向型与关系导向型领导各自关键行为的内涵。
5. 阐述通路—目标的权变理论的实质及其意义。
6. 举例说明什么是正面魅力型领导，什么是负面魅力型领导。
7. 说明变革型领导、交易型领导、魅力型领导的区别与联系。
8. 阐述道德的性质以及领导者应遵守的道德标准。

第九章 领导者的领导艺术与技巧

【学习目标】

- 理解授权的含义、内容与方式。
- 了解授权过程中的心理倾向与心理障碍。
- 掌握领导者—下属交换理论及其意义。
- 能够区分程序性决策与非程序性决策，确定性决策与不确定性决策。
- 认识决策风格的个体差异。

第一节 领导者授权

一、授权概述

（一）授权的含义

授权是指上级主管或权力拥有者授予下属一定的责任与权力，使其能相当自主地处理问题与行动。简而言之，授权就是将权力与责任授予下级，使下级在一定的监督下有相当的行动自主权。但是，授权者对被授权者保持指挥和监督权，而被授权者对授权者负有报告完成工作情况的责任。领导者的主要职责是达成目标，但并非都靠自己去做才能完成。所以，领导者的功能在于成事，而不在于做事，而授权就是成事的分身术。

综上所述，授权的性质可用图 9-1 表示。

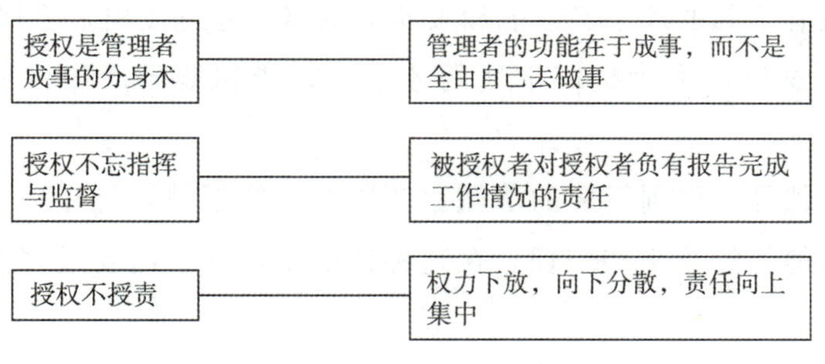

图 9-1 授权的性质

（二）授权含义的界定

授权的含义应该严格界定，有些关系，如分工、代理、助理就不属于授权的范围。首先，授权与分工不同。分工是在领导班子内部进行的，是在同一个领导层的同级之间进行的，各个成员之间没有隶属关系，只是按分工各负其责。而授权者与被授权者是正式的上下级的隶属关系。

其次，授权与代理职务不同。代理职务是在某一特定时期依法或受命代替某人执行公务，如代总经理在总经理出差期间依法行使总经理的职权，而不是总经理授一部分权力和责任给代总经理。

最后，授权与助理职务不同。助理是帮助领导者工作，协助领导者处理有关事务，但不承担责任。授权则不然，授权者有责任，被授权者更应承担相应责任。

明确授权与其他几个概念的区别，有助于理解授权的准确含义，也有助于懂得授权的作用，掌握授权的艺术。

领导者在授权时要明确现代领导体制的特点是权力向下分散，而责任要向上集中。这种趋势说明权力可以分散给下属，但上级领导的责任并未减轻，这就是“士卒犯过，罪及主帅”的原因，也是人们常说的“要负领导责任”的含义。领导者要牢记“授权不授责”才是正确的。

二、授权的意义

（一）授权对领导者的意义

授权体现出领导者是严格按照分组管理的原则行事的。领导者授予下属职权，让各级管理者拥有一定范围的决策权与指挥权，使他们各执其事、各司其职、各尽其才、各得其所，从而提高管理的驾驭能力。

授权体现出领导者能够摆脱具体事务。领导者通过授权将具体工作交给下级管理人员和普通员工去做，就可以从琐碎的事务中分身出来，从而集中精力专心致志地搞调查研究，去发现大问题、寻找大目标、制订大蓝图、谋划大思路、决策重要工作，即作长远规划与战略决策上的研究。领导者只要站在高处，气势自然雄浑，便不易被一些日常琐碎的事务缠身。授权还体现领导者关心下属的才干、智能和素质的培养。通过授权要下属独当一面，出点子、想办法去完成任务，这样可大大提高下属的才干、智能和素质，有利于下属的成长与人才培养。

通过授权还会使领导者得到下属的尊敬。领导者相信下属而且让他们处理属于其工作范围内的问题，将得到他们的尊敬和信任。在这种情况下，并不需要过多监督，下属就能尽其所能地办好事情。

（二）授权对下属的意义

授权有利于发挥下属的创造力和聪明才能。让下属有机会去做属于他们职责范围内的工作而不加干涉，这将有助于发挥下属的聪明才智，充分运用其想象力和创造力把事情办好。下属的成长和发展在很大程度上取决于他们是否有机会去承担需要更高技巧和能力的工作任务。授予的职权越大，越能培养下属的领导能力。

授权有利于充分发挥员工的专长，弥补领导者自身才干、智能的不足。对技术性很强的工作，领导者也不一定熟悉，这时就可以授权技术内行的员工去完成。凡是下级有积极性做的事，尽量给他们一个发挥自己才干、显示自己能力的机会，从而达到培养干部、储备人才的目的。

授权有利于发挥员工的积极性，增强员工的责任感与工作热情，激励员工奋发向上的动机，进而促使他们努力工作。

授权有利于提高人事效率，领导者授权可以有效地减少领导机关的人数，精简不必要的机构，提高办事效率。

综上所述，有效授权的双重意义，一方面，使领导者摆脱日常事务而从事有助于他自己

的成长和发展的更为重要的工作；另一方面，它是促进下级成长的一种必要措施。

三、授权的内容与方式

（一）授权的内容

领导者的工作千头万绪，究竟哪些应由其亲自去做，哪些可以授权下属去做呢？

1. 领导者职责范围内的大事是不能授权的

首先，领导者应该明确，领导者职责范围内的大事只能由领导者亲自去做，而不能授权下属去做。下面这些事务就是不便授权的：确定组织目标政策；制订组织的计划；核定工作成果；干部的培养与激励；工作人员的考核与奖励；与下属做有计划的接触等。如果这些重大事情授权让下属去做，就会造成领导者的“大权旁落”。此外，也不能将自己职责范围以外或界限不明的工作授权给下属去做，这也会造成相互扯皮、责任推诿、越权争权、闹不团结等问题。

2. 从时间维度上看，领导者可以授权的内容

领导活动的过程，从时间维度上可以分为四个阶段：一是认知，包括调查现状，预测未来；二是决策；三是组织实施；四是检查评价。在这四个阶段中，决策是关键，应由领导者亲自去做。但决策是一个漫长的过程，涉及问题诊断、拟订方案、认证研究等过程，这些都可以授权下属和参谋人员去做；但确定目标、选择方案则必须由领导亲自去做。另外，认知、组织实施、检查评价三个阶段中的许多工作都可以授权下属去做，但是领导者也要抓其中的关键环节。

在认知阶段，领导者要抓调查研究的组织工作，包括确定调查研究的内容、时间、地点及调查研究人员。调查之前不要授意调查人员先定调子，一切结果应产生于调查之后。

在决策的组织实施阶段，许多工作也都可授权普通员工去做。领导者的责任主要是组织员工去实施。重点在“组织”二字上，如建立机构、选用干部、指挥协调等。

检查评价阶段是整个领导过程中承上启下的一个阶段，领导者要用较多的精力去抓好。其中具体的检查督促、定量考核等工作可让下级去做。

3. 从空间维度上看，领导者可以授权的内容

一般说来，事关全局的工作、中心工作应由领导者亲自抓，而部门工作、局部工作应授权下级管理人员和普通员工去做。众多的日常工作，包括迎来送往、日常的管理可以授权下级去做，有章可循的问题一律授权下级处理，领导者应集中精力处理重大问题和突发问题，处理那些无章可循、下级不知如何处理的例外问题、困难问题。

领导者应该把下级管理人员和普通员工感兴趣、乐意去做而又有能力去做的工作授权他们去做。授权者应考虑被授权者的能力、体力界限，低于他们能力和体力下的工作授权起不到激励作用，大大超过他们能力和体力外的工作授权则使他们无法完成任务，最好是把稍高于他们能力和体力的工作授权他们去做。

（二）授权的种类

1. 事业部制授权

西方国家推行的事业部制也是一种授权方式。事业部制的实质是强调“集中决策，分散管理”，将经营决策与具体管理区别开来，使经理阶层摆脱日常的管理事务，从而致力于研究和制定各种经营政策；而各个事业部担任日常的生产、销售等具体管理工作。

2. 以利润计算为中心的授权

以利润计算为中心的授权，即授权下属拥有对收入与成本项目的决策权。因为，利润等于收入减去成本。为此，控制了收入与成本，也就是控制了利润，此种授权行为是最高程度的授权。

此外，在教育、事业单位可以推行“以责任为中心”的授权。此时，被授权者拥有完成该项工作的责任及权力。

总之，要按照组织的性质确定授权的种类与内容。

（三）授权的方式

授权的目的在于使组织内部的人力资源能够在其所担负的组织层级上发挥其最有效率的能力，以达到组织的远大目标。

授权的方式方法应视任务的重要程度及被授权者的工作能力和管理水平而定，具体有以下四种方式：

（1）充分授权：在任务下达后，允许下属自己决定行动方案，并创造所需要的一切条件。

（2）不完全授权：指有些行动方案与需要的条件是事先规定好的。

（3）弹性授权：将某项重要职权分解后，授予两个或多个子系统，使子系统之间互相制约、互相补充，共同作用，避免出错，协同完成授予的职权。

（4）授权命令：要明确做什么，如何做则由被授权人自己去考虑。授权的前提是被告知要达成的任务、解决的问题、必要的限制、可利用的资源等。

四、授权过程的四个阶段

第一阶段：授权者得到反馈信息

授权者得到下属已理解所授权责的反馈信息，领导者有责任肯定接受授权的人已经正确地理解和解释了被授予的任务，确切地知道了期望他的成果是什么、在什么时候完成。在任何情况下，都要让接受授权、指示或信息的人把他对授予任务的解释，以及他所承担的领导所期望结果的责任，以恰当的形式复述一下。

第二阶段：形成目标定势

领导者在授权时，往往是向下级讲解了许多完成任务的细节，却忽略了阐明与提出最终目标、最终成果。由于被授权者只知细节、具体措施而不知终极目标，所以这项授权的效果

可能是很小的。反之，在详细讨论授予任务的细节之前，以明确的语言阐明所要达到的最终结果，那么这项授权的效果往往好得多。从心理学的角度来看，这就是有无目标定势的作用。有了心理上对一定目标的准备，其行为的目的性与效果就好，反之则差。

第三阶段：放手让下属去做

放手让下属自己动手做，下属会觉得对自己的工作也有了若干控制权，从中可获得更大的独立感。当已经授权给下级，下级已经承担了取得成果的责任，知道了时间进度要求、进展报告的要点、所期望绩效的标准等，领导就应该尽可能地放手让下级自己去工作。在此，授责不授权的做法是错误的。“放手”的意思就是要授责又授权，否则就谈不上“放手”。授予下属的权力要同肩负的责任相称，绝不能要人家履行职责又不给人家必要的权力，这就是权力和职责的不对等。

当然，放手并不等于放任不管、不加监督。放手以后仍要授权留责，如果出了什么大事，仍保留领导者的责任。

第四阶段：不断跟踪考评

当下级理解并承担了取得成果的责任，接下去取得绩效的代价便是持续不断地跟踪检查。领导者始终有必要进行定期的跟踪检查，以便确定工作的进展是否同已定的时间进度和标准相符合，有无必要对工作做出某些调整，要采取怎样的创新措施或怎样的纠正措施。如果有些领导对自己所做的授权疏于检查，那么其结果就会是下级的松弛、懈怠，工作就会被拖延。

五、领导者在授权中的两种心理倾向

领导者在授权中易产生授权不足与授权过度两种不正确的心理倾向。

（一）授权不足的心理倾向

授权不足或者根本不授权的领导者是常见的。他们自己事必躬亲，不懂得怎样有条不紊地分层次管理人与事，这是衡量领导者组织能力强弱的标志之一。他们往往自己负责过重，使下属处在无所事事和事事请求的状态中。这种心理既不利于人才培养和储备，更危及事业。

（二）授权过度的心理倾向

授权过度等于放弃权力，领导者必须仔细考虑事权轻重，某些权责必须自己保留。领导者要懂得责任的绝对性。虽然职责可以被分派给下级，但自己对上级的责任却既不能分派也不能委派，领导者要保留自己的权责才不至于产生授权过度的倾向。针对授权过程中领导者的授权不足与授权过度两种心理倾向，领导者要做到“大事不糊涂，小事别找我”。前者是指重大事件下属要及时向领导请示汇报；后者是指下属在职权范围内要自行处理问题。这样做既防止了授权过度，也避免了授权不足的缺陷。

六、领导者在授权中的心理障碍

对授权进行的心理分析表明，能否处理好授权的关键是领导者能否清除自身主观上的心

理障碍。

（一）事无巨细型领导者的心理障碍

这些领导者忘了自己的身份，总是喜欢插手下属的工作。他们经常到基层视察工作，甚至亲自动手去做那些有人负责的工作。这些领导者好包揽一切，不喜欢下属在自己职权范围内主动地做一些工作。

事无巨细型领导者一方面是不相信下属的能力与表现，死抱权力不放，认为权力一下放，就要失去一切。另一方面，这样的领导者没有勇气进行人才投资，使下属更好地发挥作用，他们担心把下属培养成了能干的人才，威胁到自己的“宝座”。这是“有权就有一切，无权丧失一切”的观念在作怪。

总之，身居负责地位的领导者，如果不相信下属，就很难培养出来人才，也无法做好工作。

（二）疑人型领导者的心理障碍

授权本身是领导者与下属之间相互信任的表现。有的领导虽然授了权，但又不愿意相信下属，因而称之为疑人型领导者。

用人多疑，从形式上看表现虽然多种多样，但从原因上看却不外乎三种：第一种认为，人有缺点，不堪重任；第二种认为，人有过失，不能信任；第三种则是领导者从权术的角度考虑且认为，人有野心，自己会大权旁落。

疑人型领导者经常信不过所用的人，派自己信得过的人当“监军”，或不断地派“调查组”“蹲点组”下去贯彻“精神”；时常否定下属报告上来的成绩，这就会让下属有被掣肘的感觉。长此以往，就会使上下级间产生隔阂，矛盾尖锐。由于上下级之间全靠相互信任、相互支持这根支柱维系着，倘若上级对下级产生忌疑，势必使下属感到缺乏安全感，进而产生强烈的不安，于是双方戒心甚严，矛盾日趋恶化。

消除以上心理障碍的关键是要让领导者做到“疑人不用，用人不疑”。

当然，除领导者本身的心理障碍之外，也存在着来自下级对授权的心理障碍，其主要表现为：想走捷径，不愿承担责任，凡事找领导决策；害怕批评；缺乏训练，有畏难情绪等。

第二节　领导者的人际关系

人际关系是指在共同的活动过程中可以直接观察到的人与人之间的关系。两个人之间的关系可以是亲密的、疏远的、敌对的。显然，不同的人际关系会引起不同的情感体验，影响领导者与下属的心理距离。

领导者通过管理、指挥、劝告、教育等行为会使下属产生尊重和服从的反应，通过帮助、支持、同情等行为会使下属产生信任和接受的反应，从而缩短领导者与下属的心理距离；若

领导者对下属采取攻击、惩罚等不友好的行为，就会引起下属的敌对、反抗、拒绝、不信任、自卑等反应，从而使领导者与下属之间的心理距离拉大。总之，在领导者的人际关系中，应以正确的行为来引发下属的积极行为反应，力求避免错误行为导致的消极行为反应。

一、领导者的人际吸引

领导者应该具有很强的人际吸引力，能使周围的人们感受到来自领导者的关怀，从而缩短领导者与被领导者之间的心理距离，融洽上下级关系。

领导者是否具有较强的人际吸引力，同领导者的个性特征有关。领导者在实际工作中，在处理人际关系上应该具有人缘型的个性特征，这些特征表现为：尊重他人，关心他人，对人一视同仁，富于同情心；热心事业，对工作认真负责；持重，耐心，忠厚老实；热情开朗，喜欢交往，待人真诚；重视自己的独立性，有谦逊的品质；有多方面的兴趣与爱好；有审美的眼光和幽默感；温文尔雅，端庄。

领导者要用自己的才能去吸引下属，只有当下属对领导者的才能非常欣赏，并发自内心的钦佩时，才愿意与之接近，这时的领导者才具有真正的吸引力。

领导者要想使自己具备更强、更广泛的吸引力，就应该多与群众接触与交流。但是，领导者往往容易同空间距离较近的人成为知己。而作为一个领导者，如果人际关系的接触面太狭窄，仅局限于空间距离较近的人是很不恰当的。领导者与不同层次的下属的心理距离是不相等的，因而远离领导者的下属会有“领导者高高在上，缺乏吸引力”的感觉。改进的办法是领导者应尽一切可能增加人际接触与交流面。

二、领导者与下属的人际关系

（一）下属的支持是巩固领导地位的重要因素

领导地位能否巩固取决于下属是否支持，其重要性几乎占70%。有时，虽然领导者本人的能力极为平凡，但由于他能非凡地发挥部下的能力，终会为企业创造巨大的价值。

一个理想的领导者，他应该是能让各方面的专门人才成为自己所在组织的优秀带头人，并使能力比自己强的人都能很好地团结在自己的周围，让他们心情舒畅地工作，以集体的力量和他们的支持来成就自己的事业。

由此，可以认识到，只要得到部下的支持，即使普通的人也能当上出色的领导。而没有部下的支持，即使多么了不起的人物，也将从英雄的宝座上坠落下来。

卡耐基的墓志铭是这样一段话：“这里长眠着一位善于同才干高于自己的人一道工作的强人。”

（二）领导者与下属间的依存性和行使权威的关系

在现代社会的工作群体中，领导者与下属的依存程度极高。下属要依靠他们的上级主管

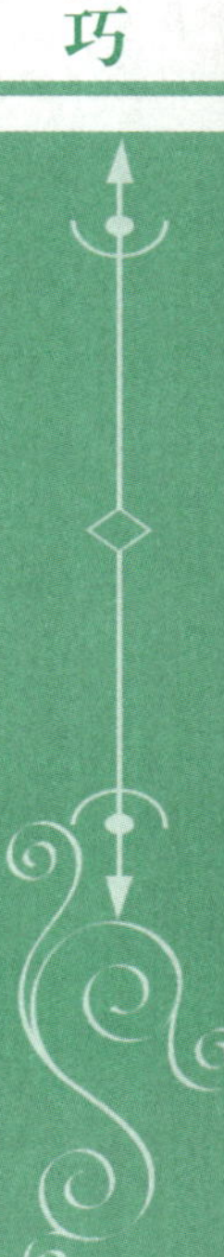

才能满足自己的需要，达到自己的目标；领导者也要依靠下属才能达到自己个人的目标与组织的目标。个人对他人的依存会使个人心理上得到一种满足，个人能够受到充分的照顾，从而产生安全感。但是，在上下级之间既要有依存的一面，又要有独立的一面。下级对上级要有依存，要服从权威、服从组织命令，这样才能贯彻上级意图，执行上级的方针、政策。但是，下级也要有独立的一面，即遇事要问一个“为什么”。因为上级的指示也有错的时候，这就需要下属进行独立思考；即使上级的指示是正确的，下级在具体贯彻时，也要根据具体情况，独立思考加以贯彻。

上级有时喜欢下级对自己有较多的依存性，也就是说能听话、言听计从；更有的领导者，要求下级对自己唯唯诺诺，不喜欢下级有独立性。正确的选择是，上级应该要求下属既有依存性又有独立性。在领导者的自我训练中，缺乏独立性的人要加强自立和独立思考的能力，缺乏依存性的领导者要加强组织纪律性的严格训练。

三、领导者与上级的人际关系

（一）作为下级的领导者，怎样才能自用其才

首先，要善于将自己的见地用一种能为上级所接受的方式提出来。

其次，要做到使上级不疑。一般的领导者最忌学识、能力强的下级蔑视自己，对于清高孤傲、目中无人、锋芒毕露的下级往往存有戒心，甚至会萌生走马换将的想法。炫耀于外表的才干固然令人赞美，而深藏未露的才干则能带来幸运。

最后，要经受得起一次乃至多次不恰当的批评或暂时的冷遇。倘若被这些东西牵着鼻子走，结果不是大吵一场后消极怠工，便是在不断叹息中蹉跎时光，使情绪波动、精力消耗。

（二）领导者怎样协调与上级的人际关系

首先，要尽可能地了解上级。作为下属应该准确地知道上级的长处和短处，以及上级的工作方式和生活习惯，尽量展其所长、避其所短，使上级不仅愿意，而且能够有效地支持自己的工作。为此，下级对上级要做到以下几点：根据上级的不同特长，主动寻求有效的支持；区分上级的长处和短处，灵活掌握汇报的方式和分寸，从而寻求尽可能多的支持和帮助；尽量适应上级的工作方式和生活习惯，这是提高工作效率、充分调动上级积极性的有效方法。

其次，要尽可能地尊重上级。作为下属，最重要的一条就是要尊重上级，努力获取上级的信赖和理解，这是避免上级产生心理屏障的重要因素，也是有效地协调上下级关系，使上级愿意积极帮助和支持自己工作的重要前提。尊重上级不仅仅是一种态度上的表示，更要体现在下属的思维方式、行为方式和心理活动上。

再次，尽可能地消除认识与行为上的误差。作为下属应该准确理解上级在宏观和整体上的指导思想和战略意图与自己在微观和局部上的指导思想和战略意图，存在多大的认识误差和行为误差。在此基础上，尽力拿出使两者趋于一致或基本接近的可行性方案，这是使上级能够帮助下属的又一重要环节。

最后，尽可能地使上级理解自己。作为下属，应该运用有效的方式方法，使上级了解自己工作的重要性和可行性，理解自己的战略意图，这是使上级愿意帮助下级的重要心理基础。此外，下级可采取反复强调法、侧面疏通法、实绩启迪法、时势催逼法等帮助上级理解自己。

四、提高与改进领导者人际关系的途径

（一）领导者要善于自以为非

领导者要善于自以为非，才能处理好人际关系；反之，总是自以为是的领导者是处理不好人际关系的。人总是怕别人揭自己的短处，领导者也一样。当有人揭出领导者的短处时，领导者就应该进行反思，这叫作自我启发。缺点被公开是一件难堪的事情，但若能冷静地接受，并使其成为反思的机会，这就证明已经从容地迈出了克服缺点的第一步。

（二）领导者要通过主动接触改善人际关系

人际关系只有通过人与人的实际接触才能得到改善、培养与发展。各级领导者所处的领导地位不同，所接触的人的范围也不同。任何一级的领导者由于工作性质的局限，接触到的人都是有限的，因而要实现人际关系的融洽就要发挥自己的主动性。从领导者与下属接触量的大小能看出和评定领导者人际关系的疏密程度。

（三）领导者要学会角色转换和换位思考

作为领导者，要学会把自己当作下属进行角色转换和换位思考。这是因为，站在上级的立场考虑的方针、政策有时并不符合下级的需要。如果一位领导者经常能把自己当作一位普通的员工，设身处地地想员工所想、做员工所需要的事，那么他的所作所为定能取得很好的效果。

（四）领导者要勇于坦露自己的不是

领导者与他人相处，由于各人所站角度不同，所以会发生如图 9-2 所示的情况，即双方都存在着别人看得见与看不见的一面。图中：A 区为双方都能看得见的一面，即人际交往中的暴露面；B 区为他人看得见而领导者隐藏看不见的一面；D 区为双方都看不见的隐藏面；C 区是领导者看得见而他人看不见的一面。

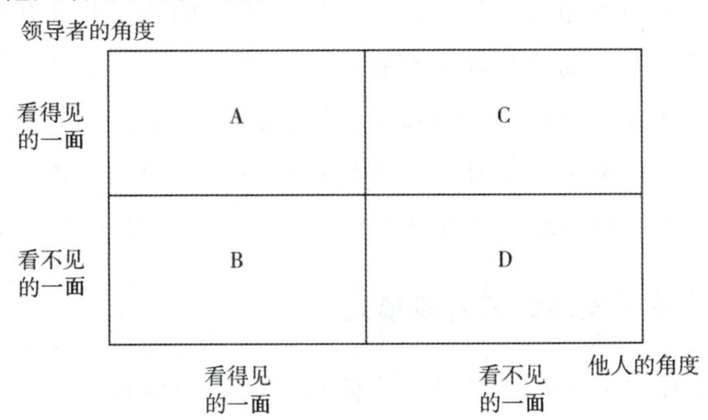

图 9-2 领导者人际交往中的暴露面与隐藏面

领导者在与他人交往中要尽量做到缩小 D 的部分，即作为领导者要有勇气向别人坦露只有自己知道而他人不知道的事情。领导者做了错事，不要存在“别人能知道吗？大概不会知道吧！”的侥幸心理，试图掩盖和逃避都是不对的。B 区则提示领导者，自己不懂而别人懂的，要尽量请教于人。而 C 区则告诉领导者要把自己看得见的一面与下属分享，特别是关于战略、愿景、决策等一些高层面和宏观的内容要经常跟下属沟通，让他们理解、认同自己的思想和行为。想要处理好人际关系，领导者与下级之间要互相学习。

五、领导—成员交换理论

（一）领导—成员交换理论的内涵

领导—成员交换（Leader-Member Exchange，LMX）理论，又称为二元角色塑造理论，或垂直二元联结理论。这一理论最早是由葛伦（Graeo）于 1975 年提出的。这一理论描述了领导者如何与各种下属发展不同的交换关系。其目的是建立有效的领导者与下属间的二元关系，认识领导者与下属之间的相互影响过程以及领导者与单个下属之间的角色塑造过程。

领导者与下属之间可以存在高质量与高水平的交换关系，也可能只存在低质量与低水平的交换关系。只有当领导者与下属的交换关系达到一个顶点，即存在高程度的相互依赖、信任和支持时，领导者与下属间的交换质量与水平才会达到一个新的高度。

（二）领导—成员交换理论的关系类型

领导者与下属的关系可以分为内集团关系与外集团关系两大类型。以扩展的职责和协商达成的职责（额外职责）为基础的关系称为内集团关系，以正式雇用合同（规定的职责）为基础的关系称为外集团关系。属于内集团关系中的下属为圈内人，属于外集团关系中的下属为圈外人。

实际上，领导者的时间与所掌控的公共资源都是有限的，所以领导者仅同一小部分忠诚于自己的下属建立特殊的交换关系。内集团关系是以相互信任、尊重、喜欢和相互影响为特征，交换关系的基础是个性的相容以及下属的能力和对领导的依赖程度。作为内集团的圈内人可以得到更多的信息、自信、关注及领导给予的利益。当然，为了获得更高的地位、影响和利益，高交换关系的下属负有额外的义务和成本。与上级建立了高质量交换关系的下属，是上级最可靠的助手，承担着超越工作岗位上规定的工作职责。与此相应，他们会得到更多的资讯与回报，获得领导者的高度信任和尊重，以及晋升机会。显然，圈内人获得的利益明显多于他们的付出，这样会造成偏护、偏私及不公正感的影响。

与上司仅有低质量交换关系的圈外人，他们仅仅是雇来的人手，外集团关系是以工作描述的正式交流为特征，上级只要求其完成基本的工作任务，保持正式例行的交换关系。

（三）领导—成员关系发展的三阶段模式

领导者与所有下属建立关系都要经过三个阶段，故这种模式称为领导—成员关系发展的

三阶段模式，又称为领导制作理论。这一理论表明，领导者在努力与组织内所有成员都建立有效的双向交流时需要经历三个阶段：

第一阶段是陌生人或初始尝试阶段。在这一阶段中，领导者与下属之间相互评价动机、态度，以及双方交换潜在资源。在此阶段内，领导者、下属双方只有契约关系，是低质量的交换关系，下属指向的都是个人利益。

第二阶段是相识阶段。这一阶段主要是建立相互的角色期望。在这一阶段中，领导与下属之间相互给予，分享资源，增强彼此间的信任与尊重。如果此阶段的交换安排妥当，双方之间会取得信任，忠诚和尊重将会得到发展，交换就算完成了。

第三阶段是成熟的合作阶段。在这一阶段中，领导与下属之间有高质量的交换活动，除了双方相互信任、尊重和负有责任外，主要是实现群体与组织的利益，自我利益交换的动力转换为支持实现工作单位目标的使命。

经过上述的三个阶段，领导者完成了由交易型领导向变革型领导的转化。

由此可见，LMX 理论具有两大核心特征：一是强调有差别的垂直对偶关系。传统理论认为领导是以同样的交换方式对待他的下属，LMX 理论认为领导与下属之间会有远近亲疏的不同关系；二是从交换的视角来描述领导者与下属的关系，上下级关系是以社会交换为基础的，一方必须提供另一方认为有价值的东西，这样双方都认为交换是公平合理的。

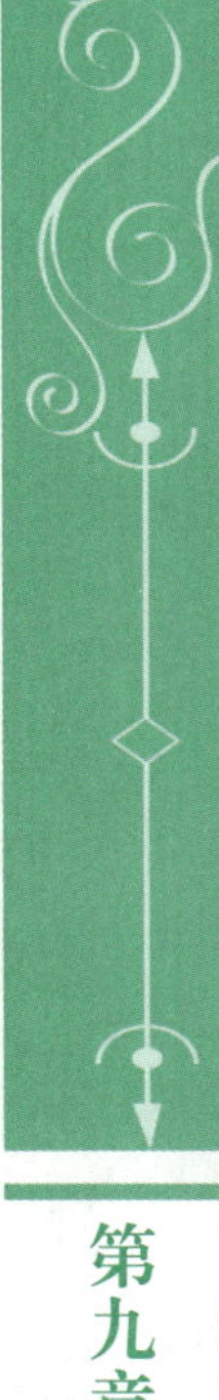

（四）LMX 理论的积极与消极意义

LMX 理论的积极意义在于，它是一个强有力的描述性理论。此理论将领导者与下属的双向关系作为领导过程的中心概念加以阐述，强调有效的领导取决于有效的领导一成员之间的交换。这一理论强调领导过程中交流的重要性，只有当领导者与下属间的交流呈现出相互信任、尊重和承诺的特征时，才会产生有效领导。

LMX 理论的消极意义在于，它过分强调将关系作为一种能持续交换利益的友谊。在这种关系中，双方要承诺会给对方带来好处，因而关系帮助组织或个人降低了交易成本，提高了效率，并作为竞争资源的成本。但这种关系也折射并助长了社会中的腐败现象。

第三节　领导者的决策

“决策”一词是根据英语 Decision Making 翻译过来的，通俗地定义决策，就是“做出决定”的意思。心理学中定义决策是强调对于一个缺乏确定性情境的事情的抉择反应。决策的中心问题是解决事情（或事件、对象）本身的先验的不确定性。因为，如果对于某项事件只能有一个抉择，那么在这种情况下根本没有任何其他选择，从而也就没有决策的问题。在这种意义上，决策是对不确定性事件的选择反应。选择的结果可以是获得了最佳的方案，也可以是选择了失败的方案。

在任何一个企事业单位中，决策都是行为的选择，而行为是决策的执行。实际上，如果决策合理，执行起来就顺利得多，效率也会提高。决策不合理，甚至是错误的，那么执行起来就困难，效率也会大大降低。

从心理学的角度来看，人是决策中的主要成分，而计算机仅仅起辅助作用。决策是需要人进行的创造性活动，决策过程还带有情绪色彩，这些都是计算机所不具备的。在现实生活中，机器只能起提供信息、提出参考意见的作用，而任何决策的最后“拍板”都是由人做出的。在实际工作中，任何决策也都是由领导或领导班子集体确定的。

一、决策的种类

从不同的角度看，决策有不同的分类。

（一）程序化决策与非程序化决策

程序化决策是指按照事先确定的指导原则进行常规性决策。非程序化决策是指没有现成的方案可以利用，面临的问题情境极其混乱，结构性差，为此需要采用新颖、创造性的方案进行决策。

程序化决策与非程序化决策的差别见表 9-1。

表 9-1　程序化决策与非程序化决策的差别

变量	程序化决策	非程序化决策
任务类型	简单、常规性的	复杂，有创造性，独特，全新
对现场方案的依赖程度	相当程度上接受过去决策的指导	不能从过去的决策方案中获得指导
决策主体	低层员工（单独决策）	高层主管（通常集体决策）

（二）确定性决策与不确定性决策

区别确定性决策与不确定性决策的变量有决策的风险性、决策结果的认知、决策结果的概率以及信息来源。表 9-2 反映了确定性决策与不确定性决策的变量差别。

表 9-2　确定性决策与不确定性决策的变量差别

变量	不确定性决策	确定性决策
决策风险	高风险	低风险
决策结果的认知	完全不确定（结果未知）	完全确定（结果已知）
决策结果的概率	低	高
信息来源	客观信息	主观信息

由表 9-2 可见：确定性决策具有低风险、认知的确定性及决策结果的高概率等特征；不确定性决策具有高风险、认知的不确定性、决策结果的低概率等特征。

（三）理性决策与印象理论决策

根据决策的特征与方法又可分为理性决策与印象理论决策。

理性决策的特征是寻求完美的决策方案，是一种理想的最佳决策，精确而不带偏见。事实上，人们只能达到有限的理性，达到完全理性的决策是不现实的。有限理性决策的过程如图 9-3 所示。

图 9-3 有限理性决策的过程

西方现代决策理论学派代表人物是诺贝尔经济学奖获得者卡内基·梅隆大学的西蒙（Simon）教授。同时代的还有伯纳德（Bernard）、马奇（March）等学者。1977 年，西蒙的《管理决策新科学》问世，这部著作以及此间其他人的研究成果都是研究组织决策的先驱之作。

西蒙教授认为，决策贯穿管理的全过程，因而管理即决策。西蒙是现代决策理论学派的代表人物。西蒙同时又提出了有限理性决策理论。他认为，在选择决策方案时，应以满意原则代替最优原则。古典经济学派把经营决策看成是脱离实际环境的“经济人”，是理想化了的人，而传统的最优原则只是纯粹逻辑推理的产物，其实用意义不大。决策者应当是“管理人”，选择决策方案只要求达到满意目标即可，故称为有限合理性原则，或称为甚优原则。人们在实际生活中就是要遵循这个原则。例如，在购买商品时，希望所购商品是最好的，但总不能走遍所有商店，挑选全部商品后再决策。事实上只是挑一个认为满意的商品就可以了。总之，最优是一个理想化的标准，满意才是有实际意义的决策原则。有限理性决策强调的不是最优而是满意解决。满意解决是指一个可以接受的但不是最优的目标或备选方案。这一方案更容易确定和达成，更少争论。

有限理性决策理论告诉人们：决策能满意即可，最佳、最优是困难的。

印象理论决策，即利用直觉的方式进行决策。这种决策是以无意识的、直觉的方式进行的。这种决策的依据是过去决策的成功经验与失败教训。这种决策要经历两次检验：一是一致性检验，主要考察是否与主观印象相一致；二是利益性检验，主要考察是否与自己的原则相匹配以及匹配的程度。

二、决策过程

（一）决策过程

（1）明确问题；

（2）确定目标；

（3）进行预决策（确定决策程序）；

（4）确定备选方案；

（5）评价备选方案；

（6）进行决策；

（7）决策执行；

（8）跟踪反馈。

（二）决策过程的三个阶段

决策过程包括人的心理过程与个性心理的各个方面。就决策的全过程来说可分为问题识别、问题诊断与动作选择三个阶段。

1. 问题识别阶段

问题识别过程如图 9-4 所示。

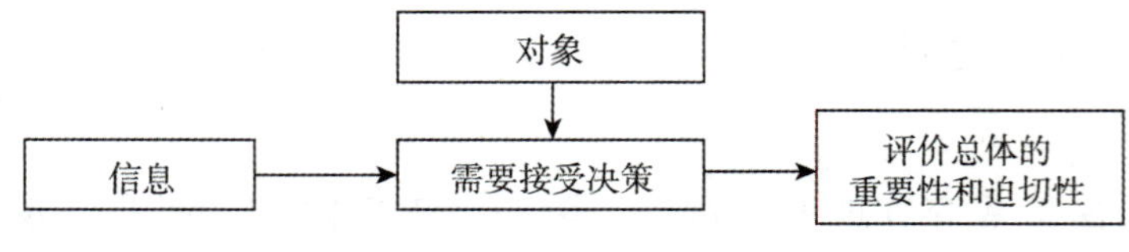

图 9-4　问题识别过程

这一阶段的主要内容为信息输入和情境监视。通过问题识别阶段，可以判断需要决策的问题到底是否存在，也就是说，有些问题根本不必由领导者来决策的。如果确实存在需要决策的问题，那么也应该明确这些问题的性质、重要性与迫切性。

哪些问题需要由领导与技术专家来决策，哪些问题由下级自己讨论协调解决，哪些问题根本不需要决策而是属于技术性的枝节问题呢？

决策问题四分图可以帮助判断上面所提出的问题，如图 9-5 所示。其中的认可维度有九等，并且有两个参数，一个是问题质量（Quality，Q）维度，另一个是认可（Acceptance，A）维度。下面来分析领导者应该如何根据这两个维度的水平来进行决策的选择。

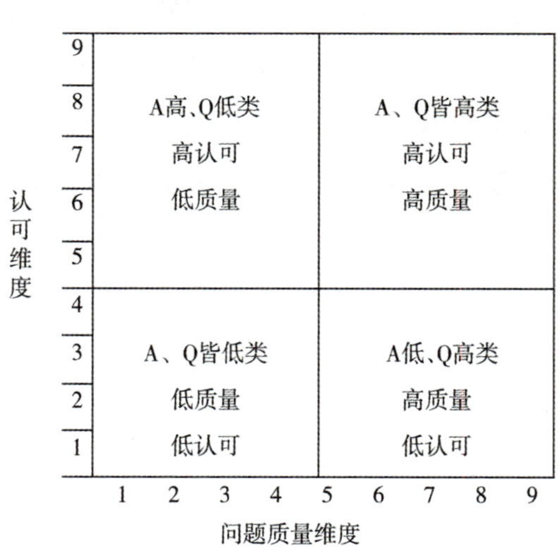

图 9-5　决策问题四分图

管理心理学

如果遇到 A、Q 皆低类问题，也就是说这类问题与个人、企业利益关系都不大，即问题的质量维度很低，下级对此类事件的认可维度也很低，那么这种性质的问题领导者根本不必去讨论，也不要去参与，而是随机决定就可以了。例如，单位里面要排值班名单，电话线的架设是 A→B→C 还是 C→B→A？此类问题，领导与技术专家都不必参加，而交给行政人员安排就可以了。

如果遇到 A 高、Q 低类问题，也就是说这类问题与单位利益、前途、发展方向都没有太直接的关系，但是与个人利益是密切相关的。例如，单位里来了一辆新卡车，谁去驾驶较合适，这类问题领导者可以放弃决策。因为这件事同驾驶员的利益密切相关，为此，由驾驶员协商解决最好。

如果遇到 A 低、Q 高类问题，也就是说这类问题与单位利益、发展前途有紧密联系，但是同工人的利益没有直接的关系。例如，工厂里原料的来源、产品销售的情况、技术专利权等问题，这些都要靠领导与技术专家来决策，在这种情况下领导者就要进行企业的经营决策、行销决策等。

如果遇到 A、Q 皆高类问题，也就是说这类问题与单位发展、利益紧密联系，又与工人的利益直接有关。例如，要决定企业的生产指标、质量指标、操作方法、改革等重大问题，此时，不仅要由领导与技术专家一起讨论决策，而且要发动群众一起讨论，吸收他们意见中的合理部分作为决策的参考。

2. 问题诊断阶段

问题诊断过程如图 9-6 所示。

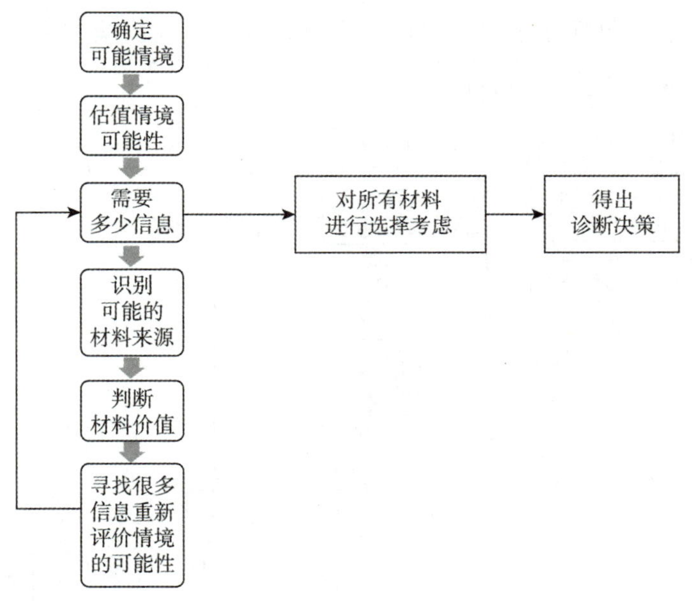

图 9-6　问题诊断过程

问题诊断阶段在某种意义上说是决策过程的关键阶段，在这一阶段中要求领导者能从众多的问题情境中寻找出最优的决策方案，这在很大程度上取决于领导者对所决策问题性质的正确判断，以及决策时如何采取正确的方法与技巧。在这方面有以下两点值得考虑：

（1）确定问题的性质。领导者必须清楚地意识到，所面临的问题是例常性问题还是偶然的特殊事件。对于例常性问题是不需要决策的，处理这类事件有规律可循。例如，对于给逝者家属该发多少抚恤金等问题，不需要领导作为特例来决策。但是，对于真正的偶然的特殊事件就需要领导决策，采取政策、原则、规定上可能并没有的办法来特殊处理。例如，发生了天灾、人祸，急症病人要动手术而又付不出住院费等。总之，领导者要学会确定问题的属性，如果类别搞错了，那么决策也可能出错。

这说明，真正需要决策的问题是重大的、带有方向性的问题，而例常事件按规则与政策就足以解决了。

（2）领导者在决策判断时，要始终明确自己的决策是否正当，而不必过多考虑是否能为人接受。因为每一项决策不可能达到让每一个人都满意的状态。如果一个领导者一开始就有“这样做恐怕别人不肯接受吧”的顾虑，决策就永远不会有结果。

3. 动作选择阶段

这一阶段实质上是决策的执行阶段，其过程如图 9-7 所示。

如果考虑边界条件是决策过程中最难的一步，那么化决策为行动是最费时的一步。决策不能付诸行动，便是纸上谈兵。

化决策为行动是要由人来实现的，为此，领导者要明确：谁应该了解此项决策？应该采取什么行动？谁来采取行动？这些行动应该如何进行才能使实施的人确实能实施？可见，能将决策的执行整合于决策本身是不容易的。领导者在决策时，同时应该考虑到某一项决策需要怎样的行动承诺，需要怎样的工作划分，以及使用什么样的人才去实施决策。

最后，信息反馈也应包括在这一阶段内，也就是说，应在决策中建立一项信息反馈制度，以便对决策所预期的成果做实际的验证。

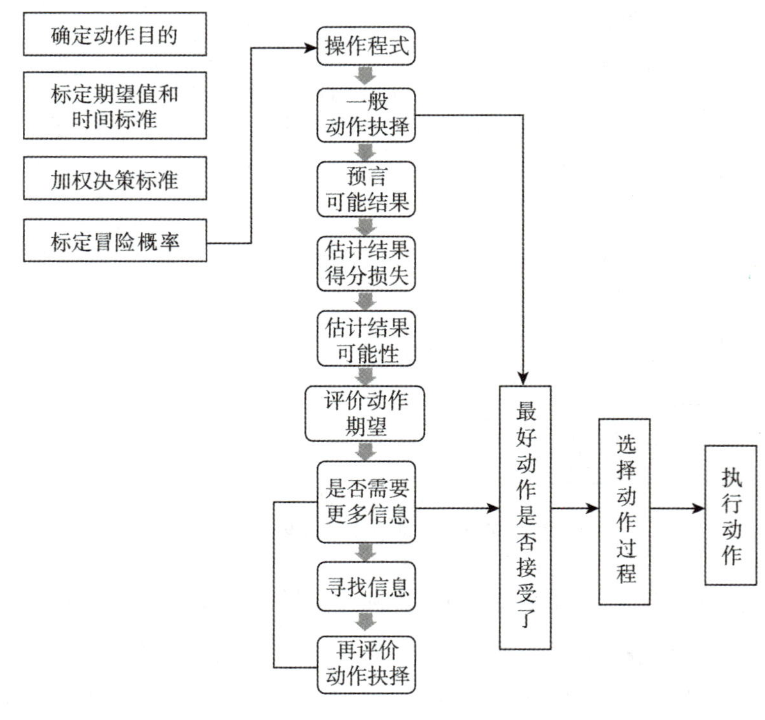

图 9-7　动作选择过程

三、决策风格

（一）决策风格类型

决策风格是指决策存在着显著的个体差异。一般存在着以下四种明显个体差异的决策风格：

（1）命令型决策风格：表现为喜欢简单、清晰的解决方法，并迅速决策。此类风格的决策者不会选出很多的备选方案，主要是依靠现成的规则进行决策。

（2）分析型决策风格：表现为愿意寻求复杂的解决方案，仔细对备选方案进行分析，从解决问题中得到乐趣，用创新的方法达到目的。

（3）概念型决策风格：表现为采取人文的、社会化的、艺术化的解决方法，创造性地解决问题，能从新思想、新理念的形成过程中获得乐趣。

（4）行为型决策风格：表现为关注所在组织，乐于帮助他人，乐于听取下属意见，期望通过会议讨论进行决策。

（二）风险决策的个体差异

任何决策都是要冒一定风险的，根据领导是否敢冒风险的程度，可以区别出三种不同的领导者决策类型。为了说明这个问题，可用一组效用曲线来表示三种决策类型，如图 9-8 所示。

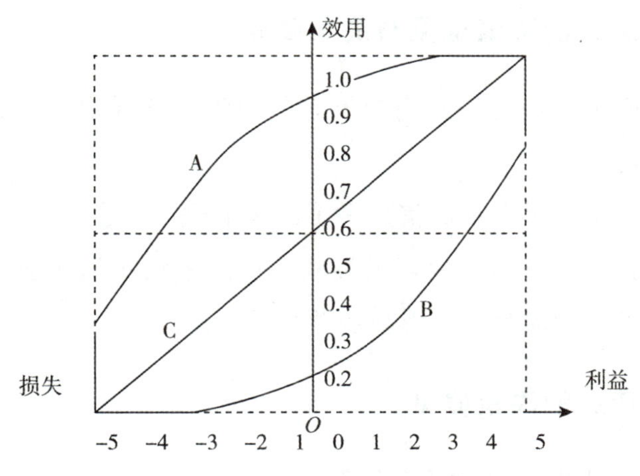

图 9-8　三种决策类型的效用曲线

“效用”在此处就是表示领导者对于风险的态度，而风险就是指失败与成功的期望值，反映在企业中就是对效益（损益）的期望值。不同的领导者对此会有不同的反应。例如，在某企业中有一个机会，以 0.5 的概率可获得利润 200 元，但同时也可能损失 100 元。在这种情况下，有的领导者为了追求 200 元的利润，乐意承担 100 元的风险损失，而另外的领导者为了不损失 100 元，甘心错过获得 200 元利润的机会。

上述第一种类型的领导者为敢冒风险型，在图 9-8 中用 B 曲线表示。这种人追求大利、

不怕风险、大胆进取，他们对利益非常敏感，对损失反应迟钝。

上述第二种类型的领导者为怕担风险型，在图 9-8 中用 A 曲线来表示。这种人不求大利、怕损失、回避风险、谨慎小心，他们对利益反应迟钝，而对损失非常敏感。在图 9-8 中的 C 曲线代表中间类型的决策人，他们完全以损益的期望值的高低作为选择方案的标准。

（三）决策中的框架效应与决策偏见

随着问题呈现的方式不同，人们有作出不同决策的偏向。问题呈现的方式是冒险，抑或规避风险，称之为风险选择的框架效应。以消极的方式或以积极的方式呈现信息，都会造成两种信息有本质上的认知偏差，从而造成决策偏见。

框架效应有三种，除上述提到的风险选择的框架效应外，还有特性的框架效应与目标的框架效应。

风险选择的框架效应是指呈现信息中强调否定框架，即避免损失，使遭遇风险的可能性最小；而肯定框架，即获得利益的可能性最大。在医院中医生希望病人死亡的可能性达到最小，而病人获救的可能性最大。

特性的框架效应是指对事物的特性从积极或消极两个方面进行评价，即有的从负面特性进行评价，有的则从正面特性进行评价。

目标的框架效应是指考虑问题的出发点不同，有的强调可能的损失，因而着眼于降低发现问题的可能性；有的则强调获得的利益，因而着眼于提高发现问题的可能性。

上述三种框架效应都会导致认识偏差，因而造成决策偏见。

（四）依赖启发式造成的决策偏见与决策障碍

依赖启发式是指用简单的经验法则指导复杂的决策，这样也会成为决策的障碍。依赖启发式又可分为以下两种情况：

（1）可得性启发式：是指根据现成信息做出决策的倾向，也会增加决策的失误性。

（2）代表性启发式：指团体的刻板印象推断。用经验法则简化复杂问题虽可起到辅助决策的作用，有时却影响了决策质量，会形成决策偏见。

（五）内隐偏爱所造成的决策偏见

决策者在决策过程的早期就已选定了内隐偏爱（Implicit Favorite）的方案作为备选方案，其他为证实方案。决策者从心理上以歪曲证实方案的认识来证明选择内隐偏爱方案是明智的，这样就会造成决策偏见，影响方案的决策质量。

（六）承诺升级造成的决策偏见

承诺升级是指进行错误决策的人为了证明先前决策的正当性而继续投入人力、物力来支持和执行这一错误决策的现象。这种自我正当化现象会加深决策的偏见与障碍。

四、群体决策

群体参与决策有优点，但也存在潜在的问题。群体决策的优点是能集中智力资源，实现劳动分工，具有可接受性。

群体决策的潜在问题是会浪费时间，引起人际关系紧张，群体冲突。群体决策时会产生群体盲思现象。因为群体凝聚力过于强烈，个体由于害怕与群体意见不一致而受排斥，因而不会对问题质疑，也不会有批判性反思，而是采取自我封闭的态度。因此，群体内部的高度一致会阻碍成员对群体行为进行质疑，群体盲思会使决策质量下降。规避群体盲思的策略是要开放言路、利用群体、容忍缺陷。

为了发挥群体决策的优点而规避其问题，需要提高群体决策技术。德尔菲技术与名义群体技术（Nominal Group Technique，NGT）有利于提高群体决策。

德尔菲技术又称专家法，是指由专家集体做出决策。

名义群体技术又称机构化的群体会议，其中要求决策者召集 7～10 人面对面地开会，会议允许成员自由地表达观点并作出评价。名义群体技术中一般采用阶梯技术进行决策，其步骤如下：

（1）召集群体开会，确定讨论规则，明确讨论的问题。

（2）成员独自写下自己的解决方案。

（3）陈述自己的方案，用表格形式展示。

（4）讨论一个方案，使其清晰化并进行评价。

（5）按自己的认可程度对方案进行排序，进行无记名投票。

（6）总排名最靠前的方案就是群体决策方案。

1. 通过案例分析说明授权中的两种心理倾向——授权不足与授权过度的表现及其深层次的原因。

2. 试述提高与改进领导者人际关系的途径。

3. 根据领导—成员交换理论评述我国上下级关系中的“圈内人”现象。

4. 举例说明决策风格的个体差异。

5. 评价群体决策的优、缺点。

第十章 组织与管理

【学习目标】

- 理解组织的概念。
- 了解组织理论的发展历程。
- 认识常见的组织设计形式。
- 了解组织变革的动力与阻力。
- 了解组织发展的特征与流程。
- 掌握组织结构设计的六要素。
- 掌握常见的组织变革方法。

企业在发展过程中完全可能通过企业部门调整、企业内部重组、企业流程再造（BPR）而大大提高劳动生产效率，使企业的经济效益和社会效益发生明显的好转。

第一节 组织概述

一、组织的定义

“组织”有两种含义：一种是动词，指有目的、有系统地集合起来；另一种是名词，指按照一定的宗旨和目标建立起来的集体，如工厂、机关、学校、医院、各级政府部门、各个层次的经济实体、各个党派和团体等。

从广义上说，组织是指由诸多要素按照一定方式相互联系起来的系统，既包含生物有机体组织（如皮下组织、肌肉组织等），还包括动物的群体组织，如一窝蜜蜂等。

从狭义上说，组织就是指人们为了实现一定的目标，互相协作结合而成的集体，如党团组织、工会组织、企业、军事组织等。摩根（Morgan）从不同的角度对组织进行了定义和举例，如表 10-1 所示。在现代社会生活中，人们已普遍认识到组织是人们按照一定的目的和形式编制起来的社会集团，它不仅是社会的细胞和基本单元，而且是社会运行的基础。本章所说的组织就是指狭义的组织。

表 10-1 组织的定义和举例

组织的定义	举例
组织是追求目标的理性实体	企业
组织是权力分子的结盟	立法机构
组织是与环境互动的开放系统	科研单位
组织是为了实现目的的人为系统	宗教团体
组织是由相对独立的单位组成的松散式结构	学校
组织是影响决策的政治系统	工会
组织是对内部成员互动加以约束的工具	军队
组织是通过内部纵向、横向关系处理资讯的单位	行政部门
组织是成员只能接受制度而无权自由选择偏好的模式	工厂

资料来源：[加] 加雷思·摩根. 组织，金马，译. 2005.

二、组织的分类

（一）按组织的规模分类

按组织的规模可分为小型组织、中型组织和大型组织。例如：同是企业组织，就有小型

企业、中型企业和大型企业；同是医院组织，就有个人诊所、小型医院和大型医院；同是行政组织，就有小单位、中等单位和大单位。按这个标准进行分类具有普遍性，无论何种类型的组织都可以进行这种划分。按组织规模划分组织类型是对组织现象的表面的认识。

（二）按组织的社会职能分类

按组织的社会职能可分为文化性组织、经济性组织和政治性组织。文化性组织是一种人们之间相互沟通思想、联络感情、传递知识和文化的社会组织，各类学校、艺术团体、图书馆、艺术馆、博物馆、展览馆、纪念馆、报刊出版单位等都属于文化性组织。文化性组织一般不追求经济效益，大多属于非营利组织。而经济性组织是一种专门追求社会物质财富的社会组织，工厂、工商企业、银行、财团、保险公司等都属于经济性组织。政治性组织是一种为某个阶级的政治利益而服务的社会组织，国家的立法机关、司法机关、行政机关、政党、监狱、军队等都属于政治性组织。

（三）按组织内部是否有正式分工关系分类

按组织内部是否有正式分工关系可分为正式组织和非正式组织。正式组织是为了有效地实现组织目标，明确规定组织成员之间职责和相互关系的一种结构，其组织制度和规范对成员具有正式的约束力。对成员有无正式的约束力是判别一个组织是否为正式组织的主要标准。

非正式组织是组织成员之间在感情相投的基础上，由于现实观点、爱好、兴趣、习惯、志向等一致而自发形成的结伙关系。非正式组织也有自己的目的，也可能存在分工，但是其目的和分工并不是经过正式计划的，也没有严格的规章制度来保证其目的和分工的实施及存续。非正式组织中的目的和分工是自发的、富有弹性的、非生存性的或自娱性的。正式组织与非正式组织的区别如表 10-2 所示。

表 10-2　正式组织与非正式组织的区别

正式组织	非正式组织
经过计划的、正式的组织结构	没有正式计划的组织结构
有意创造出具有一定形式的关系	经由相互作用而自发产生
通常用组织结构图来说明	不用图表来说明
传统理论推崇正式组织	人际关系理论推崇非正式组织

非正式组织在满足组织成员个人的心理和感情需要方面较正式组织更具有优越性，而且它形式灵活、稳定性弱、覆盖面广（可以渗透到组织内不同部门甚至组织外部），几乎所有正式组织的成员都介入某种类型的非正式组织。因此，管理者应正视非正式组织的存在，在组织中有意识地引导和促进具有积极意义的非正式组织的形成和发展，努力使其成为正式组织的辅助力量。

第二节　组织理论

组织是人类生活中经常接触到的机构或活动，除了管理学、心理学学者外，其他专业的学者也对研究组织问题感兴趣，因此关于组织的见解非常丰富。以时间为序，可以将组织理论大致分为古典组织理论、新古典组织理论、现代组织理论和当代组织理论。

一、古典组织理论

古典组织理论是 20 世纪初开始形成的，代表性的流派有：泰勒的科学管理组织理论、法约尔的组织理论和韦伯的行政组织理论。

（一）泰勒的科学管理组织理论

泰勒于 1911 年编著的《科学管理原理》一书中，创立了科学管理理论和组织理论。他着重探求在企业的操作层次提高工人的劳动生产率并开展组织管理工作，提出了工时定额、标准化操作方法、超额奖励工资制，把计划工作同执行工作分开，提出了计划室与职能工长制等组织制度。

（二）法约尔的组织理论

法约尔（Fayol）于 1916 年出版的《工业管理与一般管理》一书中，首次将管理职能概括为计划、组织、指挥、协调和控制五个方面，并且提出了 14 条组织管理原则，即劳动分工、权力与责任、纪律、统一指挥、统一领导、个人利益服从整体利益、报酬、集权化、等级制、秩序、公平、人员的稳定、主动性和集体精神。法约尔提出的这些组织原则对后来的组织结构和模式的发展产生了深刻的影响。他认为，随着企业组织规模的扩大和人员的增多，必然会出现层次和等级：管理人员对下属的控制，应当有一个合理的幅度，这就是管理幅度。法约尔主张组织内维持一种比较狭窄的管理幅度，除最低一级的管理人员可以领导的人数多一些外，其他每一层次一般不超过 6 人；可以设置参谋机构来协助高级管理人员，参谋机构的任务是通信、接洽会谈、收集情报、帮助拟订规划、协助联系和协调计划的执行；初步提出了直线和参谋制的组织原则，即参谋机构听命于总经理，但不能对下级直接发号施令。

（三）韦伯的行政组织理论

韦伯（Weber）1910 年创立行政组织理论。韦伯的组织理论影响较大，有的管理学者将韦伯称为“组织理论之父”。韦伯反对中世纪的个人崇拜，针对“由超凡魅力来统治组织”的观点，主张组织应该是科层结构（金字塔形的结构）。他认为科层结构主要包含以下五方面特征：

（1）层级结构：其组织体系的结构呈金字塔形，分为高层、中层和基层。高层是负责人，其职能是决策；中层是行政管理人员，主要职能是贯彻决策；下层是一般工作人员，主要职能是实施决策。这样，每个管理人员能对其部下的行动和决定负责。

（2）劳动分工：对个体来说，要学会胜任一个组织中各种各样的工作是非常困难的，所以只有当工作上有专门分工，而且按个体受过的训练及技能、经验来指派他们各自的任务时，才会有高效的结果。

（3）以规章制度来控制：组织的决定和行动以成文的规章制度为依据，以此保证一致性、可预料性和稳定性。

（4）淡化人情关系：如果在一个组织中去除纯粹个人的、情绪的和非理性的因素，便可建立对人员和各种活动较为有效的控制。组织的成员要在他们主管部门的指导和控制下，服从系统化的严格纪律。

（5）职业定向：雇员的录用以专长为基础，升迁以年资和业绩为依据，工资与科层组织中的各级职位挂钩，个体有辞职的自由，也有权享受养老金等福利待遇。

韦伯提出的科层结构为企业建立稳定、严格、精确、有效的生产秩序提供了保证，一些思想至今仍有积极的应用价值。随着时代的发展，科层结构也显露出许多缺点，例如：过分注重形式，下级没有主动性、创造性，易使人员思想僵化，导致组织僵化、缺少弹性；组织中的沟通容易造成曲解，产生冲突；忽视组织成员的心理、情感，将人视为机器零件；组织成员长期受制度约束，可能本末倒置，即忽视组织目标而将制度法规视为目标。

二、新古典组织理论

新古典组织理论是以科层结构为基础的，同时吸收了行为科学、心理学和社会学的观点。新古典组织理论的代表人物有斯科特（Scott）、莫尔（Moorc）等。新古典组织理论的贡献主要表现在对古典组织理论的修正和补充以及对非正式组织的系统性研究。

（一）对古典组织理论的修正和补充

在专业化和劳动分工方面，早期工业心理学对专业化引起的疲劳和单调感进行过研究，之后，新古典组织理论受到霍桑实验的启示，发展出有关激励、协调和新型领导的一系列理论和观点。

在组织结构方面，新古典组织理论对组织结构中不同职能之间、直线与参谋之间产生的矛盾进行了研究，并提出了一系列消除冲突的措施，如参与管理、初级董事会、联合委员会、良好的人际交往等，通过这些努力试图在以古典组织理论为基础的组织结构中形成一种和谐协调的关系。

在管理幅度和组织类型方面，新古典组织理论反对“精确地减少幅度”和“唯一可能应用的比例”的主张，认为管理幅度的确定要受到管理能力、监督职能、人的品格和交往的有效程度等因素的制约，选用的组织结构类型视情况而定。

（二）对非正式组织的系统性研究

新古典组织理论对非正式组织进行了系统的研究，认为非正式组织具有以下特点：

（1）一般存在着某种共同的准则和价值观，影响和制约着成员的行为。

（2）有自身的沟通渠道。

（3）自发抵制变革。

（4）有自发产生的领导者。

（5）有特殊的交往关系。

三、现代组织理论

现代组织理论是20世纪60年代以来逐步发展起来的，其代表人物有巴纳德、西蒙、迪拉克、伯恩斯、史托克等。

（一）巴纳德的系统组织理论

巴纳德指出，组织的本质是一种协作系统，一种由任何人之间的互动关系组成的系统。组织无论大小，其存在都必须具备三个条件，即协作的意愿、共同的目标和信息联系。所有的正式组织中都存在非正式组织，两者是协作中相互作用、相互依存的两个方面。巴纳德在组织管理理论方面的开创性研究，奠定了现代组织理论的基础。

（二）西蒙的决策组织理论

西蒙的组织理论是以决策论为基础的，他认为组织结构的建立必须同决策过程联系起来，组织的部门划分必须以决策类型为依据。西蒙的组织理论的主要观点如下：

（1）组织的层次和等级结构。西蒙把组织划分为三个层次：最下层从事基本的操作过程；中间层从事程序化决策制定过程，是控制日常生产操作和分配的一层；最上层从事非程序化决策制定过程。复杂组织不仅分层次，而且分等级。分层等级结构消除了规模和复杂性之间的联系，这样大的组织才能顺利运行。

（2）集权与分权。西蒙认为，有关整个组织的决策必须是集权的。但由于人的认识是有限的，即使是高层领导者也不可能洞察一切，必须实行适当的分权，让各级管理人员参与决策。

（3）直线与参谋的关系。直线管理人员有时与参谋人员意见不一致，参谋人员可能意见正确，但在传统组织理论里参谋人员是无权决策的。西蒙建议：下级人员可以从几个上级处接受命令，但如果这些命令发生冲突，下级人员就只能服从其中一个上级的命令；每个组织高层管理人员在某个特定的领域内具有全权。

（三）伯恩斯和史托克的组织理论

伯恩斯和史托克把适应于不同环境的组织结构划分为机械的组织结构和有机的组织结构

两部分。

1. 机械的组织结构的特点

（1）以高度专业化、集权和垂直沟通为特征。

（2）采取正式的科层结构来协调。

（3）每个职务的角色权利、义务和技术方法都有明确规定。

（4）控制、职权与沟通分等级、分层次实施。

（5）高层管理人员独占知识信息，强化层级结构。

（6）注重垂直关系之间的沟通。

（7）主管部门依靠发表指示和决定来实现管理。

（8）强调作为组织成员的条件是服从上级和对公司忠诚。

2. 有机的组织结构的特点

（1）以工作没有明确界定、自我控制、横向沟通为特征。

（2）个人的任务由整个公司的总任务和目标来规定。

（3）个人的任务通过同其他人的共同协商和活动来不断地调整和重新确定。

（4）由一个控制、职权与沟通形成的网状结构来协调。

（5）将专门的知识经验都用来为实现公司的共同目标服务。

（6）组织内注意横向沟通，地位不同的成员之间的沟通采取协商而不是命令的方式进行。

（7）沟通的内容主要是信息和劝告，而不是指示和决策。

（8）重视公司任务的完成和技术经济的发展，承担任务超过忠诚与服从。

知识链接

1957 年 6 月，管理学大师阿吉里斯在《管理科学季刊》第二卷中发表了《个性与组织：互相协调的几个问题》（*The IndividLlal and Organization：Some Problems of Mutual Adi-ustment*），这篇文章犹如一颗重磅炸弹，将经典组织理论轰开了缺口。

阿吉里斯认为，人的个性均会经过一个由“不成熟”到“成熟”的发展过程。然而，这种成熟过程会被组织不客气地打断，凡是正式组织，都会阻碍个性的成熟。因此，组织理论的一个重大课题就是找出这种冲突的解决方案。阿吉里斯的这一发现很快就成为组织行为学的一个热门话题。

正式组织肯定是理性的，这种理性会“设计”出井井有条的结构和运行秩序。然而，现实中的员工千差万别，所以正式组织总会要求它的员工适应组织，而不是组织适应员工。如果要按照每个员工的喜好和偏爱来设计组织，那么组织就会变成由一片片补丁拼缀起来的“百衲衣”。无论是泰勒的“精神革命”，还是法约尔的“团队精神”，在阿吉里斯眼里，一概都是改造个人，使个性适合于组织的手段。根据研究，阿吉里斯提出了以下“定理”：

定理一：正式组织的要求和健康个性的发展是不协调的。规范的正式组织与成熟的（独立自主的、积极的、个性彰显的）员工组合到一起，只会造成混乱。因为正式组织要求员工

具有依赖性和被动性，循规蹈矩，严格遵从组织的规章制度。由此可以从定理一导出推论：组织的混乱不安程度与健康个性的发展程度及个性同组织的不协调程度成正比。

定理二：组织与个性的不协调，将导致员工的挫折、失败、短期行为和思想矛盾。对于追求健康、成熟与自我实现的员工来说，结果必然是产生挫败感；由于不能根据自身需要来确定奋斗目标以及实现目标的道路，员工会感到无能和失败；由于无法确定和控制自己的未来，员工只能做短期打算；这种冲突还会使员工产生种种思想焦虑，作为具备健康个性的人，希望取得成就，他们的遭遇却是经常遇到挫折、失败和不得不只顾眼前。即使感到不满，想离开现在的组织，也会付出重新就业的代价，即使能够顺利找到工作，情况未必不同，说不定仍是原来的状态。

定理三：正式组织的原则会导致竞争和压力，产生并激化人际冲突，割裂工作的整体性。员工自我实现的目的，要通过下属对领导者的依赖性和从属性来达到，通过提升职务来获得承认。而上级岗位有限，员工为了提升，就会拼命表现自己，员工之间相互仇视甚至相互攻击。组织的原则要求下属只要做好本职工作就给予奖励，下属因此会变得只注重本职局部而忽视整体。组织为了维护整体性，协调局部和整体利益的矛盾，又会加强领导的控制力度，这又进一步加强了下属的依赖性和从属性。由此，组织和管理就会陷入一种恶性循环。

由于正式组织对个性发展的阻断会导致员工产生离心力，而这又是正式组织所不愿看到，甚至不能接受的。对于组织成员产生的这种离心力甚至对抗，正式组织的管理者一般会采取三种手段：一是强化领导行为中的压力因素；二是强化管理行为中的控制手段；三是增加“虚假”的员工参与和沟通。这些对策只能使员工变得更加依赖和服从，而依赖性和从属性的增加又使问题变得更严重，管理者本来打算克服的现象，由于这些措施而加剧。

基于对组织中人性的发展及其与组织的冲突研究，阿吉里斯认为，跳出上述恶性循环的关键是通过新的组织设计来实现个性与组织的协调。他认为，解决个体成长和组织原则之间的矛盾是管理者长期面对的挑战，管理者的任务之一就是努力减少这种不协调。而要减少这种不协调，就必须减少员工的依赖性和从属性。阿吉里斯指出：如果工作内容可以扩大并且有效实施以员工为中心的领导，情况就会得到很大改善。

在实践中，为了在健康的组织中培养出健康的个人，协调组织和个人的关系，管理者应该注意运用以下办法：工作扩大化和丰富化，扩大职工的工作范围，用从事多种工作或加大工作难度的方法扩大员工的技术领域与知识面；实行参与式的以员工为中心的领导方式；加重员工的责任，激发责任心和创造性；更多依靠员工自我指挥和自我控制等。然而，这还取决于员工是否对组织有兴趣，是否愿意参与组织的活动。个体的个性和组织的关系是管理中最基本的关系，也是管理者所面临的永久性挑战。组织行为学在这一领域的研究尚有待开拓。

第三节 组织结构与设计

组织结构是组织体系的决定性架构，是一个组织有效运转的平台。组织结构的设计和变革是管理工作中的一项重要内容。有了适合的组织结构，组织的人流、物流、信息流才能正常流通，组织的目标才有可能实现。组织结构可视为组织部件的排列组合，既有一定的构建规律和方法，又有个性化的内容融合在其中。

一、组织结构的概念与要素

组织结构是对于工作任务进行的分工、分组和协调合作。从系统论的角度看，组织结构就是安排各部门的排列顺序、空间位置、聚焦状态、联系方式以及各要素相互关系的一种模式，它是执行组织管理和经营任务的体制。组织结构是组织的全体成员为实现组织目标，在管理工作中进行分工协作，在职务范围、责任、权利方面所形成的动态结构，其本质是为实现组织战略目标而采取的一种分工协作体系。组织结构包含以下要素。

（一）工作专业化

工作专业化用来描述组织中把工作任务划分成若干步骤来完成的细化程度，其实质是将一项工作分解成若干步骤，每个步骤由一个或一组人去做，通过实行工作专业化，员工完成重复性工作的技能有所提高，使得组织的整体工作效率得到提升。同样重要的是，从组织角度来看，实行工作专业化有利于提高组织的培训效率。挑选并训练从事具体的、重复性工作的员工比较容易，成本也较低。对于高度精细和复杂的操作工作尤其如此。

（二）部门化

一旦通过工作专业化完成任务细分，就需要按照类别对它们进行分组，以便使共同的工作分类的基础是部门化。

根据活动职能划分是最常见的部门化方法，职能的变化可以反映组织的目标和活动，这种职能划分方法的主要优点是可以把同类专家集中在一起，如把专业技术、研究方向接近的人分配到同一部门中，以实现规模经济，提高整体效率。也可以根据组织生产的产品类型进行划分，这种分组方法的主要优点是可以提高产品绩效的稳定性，因为公司中与某一特定产品有关的所有活动都由同一主管指挥。还可以根据地域来进行部门划分。如果一个公司的客户分布地域较宽，这种部门化方法就有其独特的价值。此外，可以根据客户的类型来划分，其理论假设是每个部门的客户存在共同的问题和要求，因此通过为他们分别配置有关专家，能够满足不同类型客户的需要。组织在进行部门划分时，需要综合考虑上述各种方法，以取得最佳效果。

（三）命令链

命令链是一种不间断的权力路线，从组织最高层扩展到最基层。在讨论命令链之前需了解两个辅助性概念，即权威和命令统一性。权威是指管理职位所固有的发布命令并期望命令被执行的权力。为了促进协作，每个管理职位在命令链中都有自己的位置，每位管理者为完成自己的职责任务都要被授予一定的权威。命令统一性原则有助于保持权威链条的连续性，意思是每个员工应该对一个主管且只对一个主管直接负责。如果命令链的统一性遭到破坏，一个下属可能就不得不穷于应付来自多个主管不同命令之间的冲突或优先次序的选择。

然而，随着计算机和互联网技术的发展，组织中任何位置的员工都能同任何人进行交流，而不需通过正式渠道。权威的概念和命令链的维持也越来越无关紧要，因为原本只能由管理层做出的决策已可以授权给操作员工自己。此外，随着自我管理团队、多功能团队和包含多个上司的新型组织设计思想的盛行，命令链和命令统一性的概念越来越无关紧要。当然，有许多组织仍然认为通过强化命令链可以使组织的生产率最高，但这种组织越来越少。

（四）控制跨度

一个主管可以有效地指导多少个下属？这种有关控制跨度的问题非常重要，因为在很大程度上它决定着组织要设置多少层次，配备多少管理人员。在其他条件相同时，控制跨度越宽，组织效率越高。但是，在某些方面控制跨度过宽可能会降低组织的有效性，因为控制跨度太宽，主管人员没有足够的时间为下属提供必要的领导和支持，员工的绩效必然会受到不良影响。

（五）集权与分权

集权化是指组织中的决策权集中于一点的程度。这个概念只包括正式权威，即某个位置固有的权力。一般来讲，如果组织的高层管理者不考虑或很少考虑基层人员的意见就决定组织的主要事宜，则这个组织的集权化程度较高；基层人员参与程度越高，或他们能够自主地作出决策，组织的分权化程度就越高。

集权式与分权式组织在本质上是不同的。在分权式组织中，采取行动、解决问题的速度较快，更多的人为决策提供建议，所以员工与那些能够影响他们工作生活的决策者隔膜较少，或几乎没有。

（六）正规化

正规化是指组织中的工作实行标准化的程度。如果一种工作的正规化程度较高，就意味着做这项工作的人对工作内容、时间、手段没有多大的自主权。在高度正规化的组织中，有明确的工作说明书，有繁杂的组织规章制度，对于工作过程有详尽的规定；而正规化程度较低的工作，相对来说，工作执行者和日程安排不那么僵硬，员工对自己工作的处理许可权比较宽。由于个人许可权与组织对员工行为的规定成反比，工作标准化程度越高，员工决定自

己工作方式的权力就越小。工作标准化不仅减少了员工选择工作行为的可能性，而且使员工无须考虑其他行为选择。

组织之间或组织内部不同工作之间正规化程度差别很大，这与组织和工作的性质有关。

二、组织结构设计的基本过程

（一）岗位设计——工作的专业化

组织结构设计的第一步是将实现组织目标必须进行的活动划分成最小的有机关联的部分，以形成相应的工作岗位。只有通过工作的专业化，才能挑选出具有不同才能的人去从事相应的不同性质的工作。在进行工作专业化划分后，通过估算每一项工作所需的时间，就可计算出完成组织目标所需的操作人员数。操作人员数等于各项工作所需时间之和除以每个人一年的有效工作时间。

（二）部门化——工作的归类

将组织的任务分解成具体的工作以后，第二步就是将这些工作按某种原则合并成一些组织单元，如任务组、部门、处室等。常见的有职能部门化、产品部门化、地区部门化、顾客部门化和综合部门化等方法。

（三）确定组织层次

部门化解决了各项工作如何进行归类以实现统一领导的问题，接下来需要解决的是组织层次问题，即确定组织中每一个部门的职位等级数。组织层次的多少与管理幅度的大小有直接关系。在一个部门中的操作人员数一定的情况下，一个管理人员能直接管理的下属数越多，该部门内的组织层次就越少，所需要的行政管理人员也越少；一个管理人员能直接管理的员工数越少，所需的管理人员就越多，相应地组织层次也越多。一般来说，人们把管理幅度较大、组织层次较少的组织称为扁平型结构，把管理幅度较小、组织层次较多的组织称为锥型结构。

三、常见的组织结构类型

（一）直线—职能制

特点：直线—职能制是建立在直线制和职能制基础上的。直线部门担负着实现组织目标的直接责任，并拥有对下属的指挥权；职能部门只是上级直线管理人员的参谋与助手，主要负责提出建议、提供信息，对下级机构进行业务指导，但不能对下级直线管理人员发号施令。

优点：既保持了直线制集中统一指挥的优点，又吸取了职能制发挥专业管理职能作用的长处。指挥权集中，决策迅速；分工细密，职责分明，易发挥组织的集团效率。

缺点：不同的直线部门和职能部门之间的目标不易统一，相互之间不易协调；不利于培养熟悉全面情况的管理人员；不易迅速适应新情况。

适用性：企业规模较小，产品品种较简单，工艺较稳定，销售情况较易掌握的情况下可采用。

直线—职能制的组织结构如图 10-1 所示。

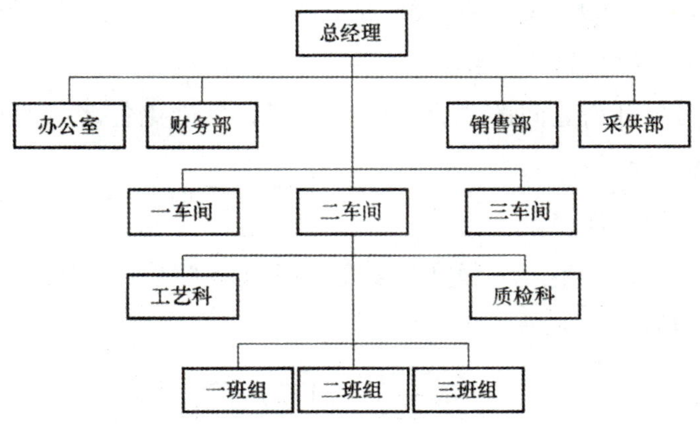

图 10-1　直线—职能制的组织结构

（二）事业部制

特点：事业部一般按产品或地区划分，具有独立的产品或市场，能自主经营、独立核算；政策制定集权化，业务运营分权化；最高管理层是最高决策机构，各事业部在总目标的指导下，可自行处理其经营活动。

优点：有利于高层管理者集中精力考虑战略问题；有利于发挥各事业部的积极性、主动性；有利于培养高素质的管理人员。

缺点：各事业部往往只重视眼前利益，本位主义严重，不利于协调一致；容易造成机构重叠，管理费用增加；对各事业部一级管理人员的水平要求较高。

适用性：企业规模较大、产品种类较多的大型企业或跨国公司可采用。

事业部制的组织结构如图 10-2 所示。

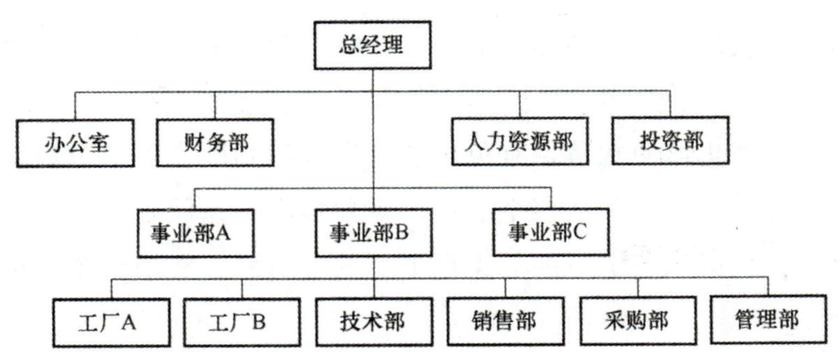

图 10-2　事业部制的组织结构

（三）矩阵制

特点：矩阵制是为了适应在一个组织内同时有几个项目需要完成，每个项目又需要具有不同专长的人在一起工作才能完成这一特殊需求而形成的。矩阵制结构既有按管理职能设置的纵向组织系统，又有按产品、项目、任务等划分的横向组织系统。横向组织系统所需的人员从各职能部门抽调，他们既接受本职能部门的领导，又接受项目组的领导。一旦项目完成，该项目组即行撤销，人员回原部门工作。

优点：有利于加强各部门之间的配合和信息交流；可避免各部门的重复劳动，加强组织的整体性；灵活性、机动性较大。

缺点：双重领导；稳定性差。

适用性：创新任务较多、生产经营复杂多变的组织，如军工、航天工业、高科技产业。

矩阵制的组织结构如图 10-3 所示。

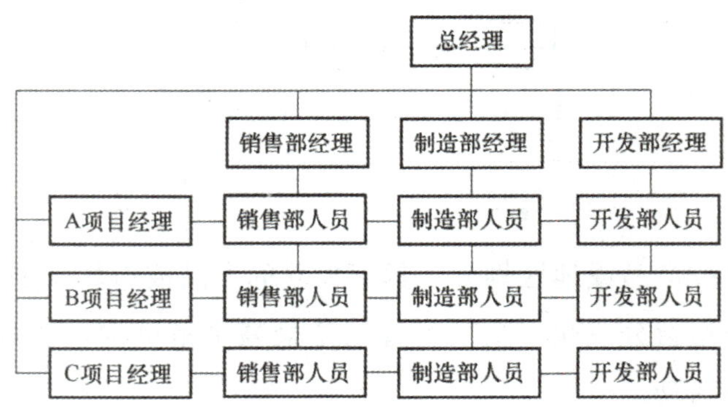

图 10-3　矩阵制的组织结构

管理心理学

（四）委员会制

特点：委员会由一群人组成，其中各个委员的权力是平等的，并依据少数服从多数的原则处理问题。它是集体决策、集体行动。

委员会可以有多种形式：按时间长短可分为常设委员会和临时委员会；按职权可分为直线式和参谋式委员会，直线式委员会如董事会，参谋式委员会的主要功能是为直线人员提供咨询和建议。

优点：可以充分发挥集体的智慧，避免个别领导人的判断失误；少数服从多数，可防止个人滥用权力；地位平等，有利于从多个层次、多种角度考虑问题，并反映各方面人员的利益，有助于沟通和协调；可在一定程度上满足下属的参与感，有助于激发组织成员的积极性和主动性。

缺点：作出决定往往需要较长时间；集体负责，个人责任不清；有委曲求全、折中调和的危险；有可能为某一特殊成员所把持，形同虚设。

第四节　组织变革与发展

一、组织变革

组织变革是指运用行为科学和相关管理方法，对组织的权利结构、组织规模、沟通渠道、角色设定、组织与其他组织之间的关系，以及对组织成员的观念、态度和行为，成员之间的合作精神等进行有目的的、系统的调整和革新，以适应组织所处的内外环境、技术特征和组织任务等方面的变化，提高组织效能。

（一）组织变革的压力与动力

首先，全球经济一体化引起企业经营战略的变化，国际化经营绝不仅仅是企业经营范围的扩大，企业也不能把已有的生产经营策略自然而然地套用到国际经营活动中，伴随着国际化经营的进程，企业往往要修正甚至制定新的发展战略。由于组织结构服从于经营战略，企业战略的变化必然会导致企业组织结构的变化。其次，世界经济一体化的事实使得远程协调控制变得越来越重要。另外，应注意不同文化的接触与交融，不同文化背景的企业成员一起工作，人们在思维方式、价值观念、生活习惯和宗教信仰等方面的差异会反映在日常工作中，容易在上下级和同事之间引起冲突和纠纷。

知识经济社会的到来对企业产生很大影响：信息知识取代资本成为社会中的决定因素，价值增长主要靠增加知识来实现；企业组织工作的重要任务是战略性地开发和利用知识资源；知识经济加速了高技术企业的发展；信息技术的普遍运用正在改变传统的组织管理模式。

消费市场对企业的挑战更为直观：生产者与消费者之间的天平正在向消费者一端倾斜；消费者需求越来越多样化；市场变化速度惊人；对服务的重视大大超出对生产制造的重视。

环境的剧烈变化在很大程度上改变了传统的企业竞争方式，弱化了企业传统的优势基础，并迫使企业本着创新的思想寻找新的竞争优势来源，以便在快速变化的经营环境中求生存。另外，劳动力、社会趋势以及世界政治格局的变化都是导致组织变革的动力。

（二）组织变革的阻力

组织变革就是要改变那些不能适应企业的内外环境、阻碍企业可持续发展的各种因素，如企业的管理制度、企业文化、员工的工作方式和工作习惯等，这种变革必然会涉及企业的各个层面，引发企业内部个人和部门利益的重新分配。因此，必然会遭到来自企业各个方面的阻力。

1. 个人层面

人们对待组织变革的态度与其个性有十分密切的关系。敢于接受挑战、乐于创新、具有

全局观念、有较强适应能力的人通常变革的意识较为强烈；有强烈成就欲望的人，或是一些因循守旧、心胸狭窄、崇尚稳定的人对变革的容忍度较低，抵触情绪较大；依赖性较强、没有主见的员工常在变革中不知所措而依附于组织中群体的态度倾向。

此外，由于变革会打破现状，破坏已有的均衡，必然会损害一部分人的既得利益，这类人常常是组织变革的最大抵触者，他们常常散布谣言、制造混乱，甚至采取强硬措施抵制变革。

个人层面的阻力主要是来源于员工的个性心理和对经济利益的追求，这种变革阻力的力度较小，却是构成组织变革阻力的基本单元。

2. 组织层面

在组织层面上产生变革阻力的因素有很多，既包括组织结构、规章制度等显性阻力，也包括组织文化、氛围、员工的工作习惯等隐性阻力。由于组织变革会对组织内部各部门、各群体的利益进行重新分配，原本在组织中权力较大、地位较高的部门和个体必然会将变革视为一种威胁，他们为了保护自身利益常常会抵制变革。另外，企业的业务流程再造必然会重组企业的组织结构，对某些部门、某些层次予以合并、撤减，以及重新进行权责界定，一些处于不利地位的部门和层次就会反对变革。相对组织内的显性阻力而言，组织内的隐性阻力更加隐蔽，而且一时间难以克服。在长期的工作中，组织内的文化、员工的工作方式已经成为一种工作习惯，员工与员工之间、员工与领导之间、员工与组织之间已经形成了某种默契或契约，一旦实行变革，就意味着改变员工已形成的工作关系和工作方式，必然会引起员工的不满。

（三）组织变革的方法

组织变革总体来说有以下五种方法。

1. 强制执行

强令人们进行改变，在组织内，强制执行往往是与惩罚措施并用的，强制执行的好处是简单、见效快。其弊端是难以被员工接受，可能会带来两种后果：一是迫使员工辞职；二是受到惩罚威胁的员工可能会以各种形式破坏变革。一般而言，在紧急情况下适合采取强制手段。

2. 说服

向员工讲明变革将给其自身所带来的好处。在组织中，说服常常是与奖励机制挂钩的。如能说服员工进行变革，并辅以加薪或升职等激励措施，他们就会从切身利益出发，主动为变革的成功而努力。说服方式是从员工个人的切身利益出发的，人们之所以愿意参与变革，是因为他们看到变革能使其个人受益。但说服也有不利之处：首先，一些人不相信组织会在变革发生以后，切实兑现其所承诺给予员工的各种好处。这种情况下，人们自然不会同意参与变革。其次，相比而言，说服是一种比较昂贵的方式，因为人们总是期望得到更高的提薪数额或其他好处，只有当管理者拥有能够作出并履行承诺的财力时，说服才会成为一种有效的方法，否则就应当选择其他变革方式。

3. 制度约束

组织内部的制度，即组织的各种规定也同样能起到约束员工行为的作用，如果员工违反有关规定，就要受到惩罚甚至被解雇。如果人们不能真正为自己或他人的利益考虑，那么可采用这种形式。这种方法不利的一面是对组织内员工的行为具有消极影响，在情况迅速发生变化或强制手段只会促使人们藐视权威时，就不宜采用这种方法。

4. 更换领导者

人们往往非常信赖优秀的领导者，相信他们几乎无所不能，如果原来的领导者或经理人抱残守缺，或在情况发生变化的情况下拒绝变革，就应采用更换领导者的办法。但是，如果某些问题是领导者无法控制的各种原因造成的，采用更换领导者的战略就未必合适了。

5. 辩论实行

变革的一种特殊方式是对变革所带来的各种有利因素和不利因素进行充分的辩论，一些组织在考虑实行重大的战略变革时，常常倾向于采取这种方法。辩论的目的是彻底弄清变革的各种利弊，以便组织作出正确决策。辩论的好处在于它有助于迅速而准确地弄清事实。辩论的质量取决于辩论双方的水平，如果一方忽视了重要事实，辩论则达不到预期的目的。在执行组织变革时，如果对一项决定有两种迥然不同的意见，就可采用辩论的办法。遗憾的是，情况并不总是那么简单。

二、组织发展

组织发展是一个利用行为科学的技术和理论，在组织中进行有计划的变革的过程。它致力于增强组织结构、进程、战略、人员和文化之间的一致性，开发新的能够创造性地解决问题的方法，以及发展组织的自我更新能力。这是通过组织员工之间及其与使用行为科学理论、研究和技术的变革推动者之间进行合作来实现的。

（一）组织发展的特征

组织发展是提高全体员工积极性和自觉性的手段，也是提高组织效率的有效途径。组织发展有以下五个显著的基本特征：

（1）组织发展包含深层次的变革和高度的价值导向。组织发展意味着需要深层次和长期性的组织变革。由于组织发展涉及人员、群体和组织文化，这里包含着明显的价值导向，特别是注重合作协调而不是冲突对抗，强调自我监控而不是规章控制，鼓励民主参与管理而不是集权管理。

（2）组织发展是一个诊断—改进周期。组织发展的思路是对企业进行“多层诊断”“全面配方”“行动干预”和“监控评价”，从而形成积极健康的诊断—改进周期。因此，组织发展强调基于研究与实践的结合。组织发展的一个显著特征是把组织发展思路和方法建立在充分的诊断和实践验证的基础之上。组织发展的关键部分之一就是分析和解决问题，这也是组织发展的一个重要基础。

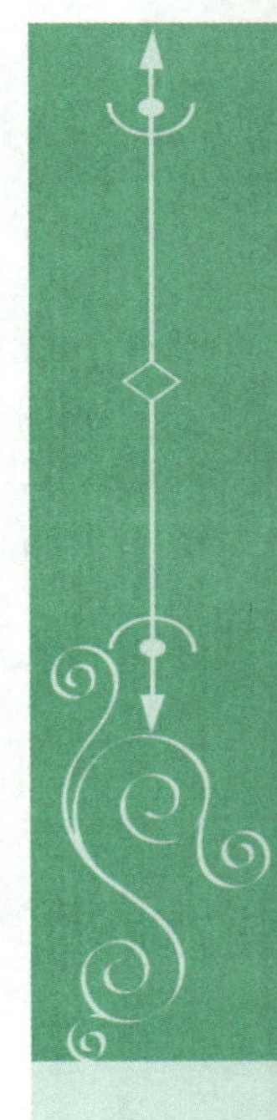

（3）组织发展是一个渐进过程。组织发展活动既有一定的目标，又是一个连贯的、不断变化的动态过程。它的重要基础与特点是强调各部分的相互联系和相互依存。在组织发展中，企业组织中的各种管理与经营事件不是孤立的，而是相互关联的，一个部门或一方面所进行的组织发展，必然影响其他部门或其他方面的进程。因此，应从整个组织系统出发进行组织发展，既要考虑各部门的工作，又要协调各方面的活动，并调节组织与外界的关系。组织发展着重于过程的改进，既解决当前存在的问题，又通过有效沟通、问题解决、参与决策、冲突处理、权力分享和生涯设计等过程，学习新的知识和技能，解决相互之间存在的问题，明确群体和组织的目标，实现组织发展的总体目标。

（4）组织发展是以有计划的再教育手段实现变革的策略。组织发展不只是有关知识和信息等方面的变革，更重要的是在态度、价值观念、技能、人际关系和文化气氛等管理心理方面的更新。组织发展理论认为，通过组织发展的再教育，可以使员工抛弃不适应形势发展的旧规范，建立新的行为规范，并且使行为规范建立在员工的态度和价值体系优化的基础之上，从而实现组织的战略目标。

（5）组织发展具有明确的目标与计划性。组织发展活动就是订立和实施发展目标与计划的过程，并且需要设计各种培训学习活动来提高员工进行目标设置和战略规划的能力。大量的研究表明，明确、具体、中等难度的目标更能够激发员工的工作动机并提高工作效能。目标订立与目标管理活动，不但能够最大限度地利用企业的各种资源，发挥人和技术两个方面的潜力，而且还产生高质量的发展计划，增强员工长期的责任感和义务感。因此，组织发展的一个重要方面就是让组织设立长远的学习目标并掌握工作规划能力，包括制定指标和计划、按照预定目标确定具体的工作程序，以及决策技能等。

（二）组织发展的流程

组织发展的流程如下：

（1）进入。组织出现了变革的需要，这可能突出地表现为组织中出现了明显的绩效问题。组织的高层决策者从组织内部或组织外部聘请专门的人员来针对性地解决问题。

（2）开始。内部的或外部的咨询机构逐渐进入角色，他们开始厘清出现的问题并分析问题的症结。与此同时，他们努力获得组织高层对变革的承诺。

（3）评估和反馈。内部的或外部的咨询人员对前期的诊断进行总结，向组织的高层人员汇报，由他们对问题进行评估，并将结果反馈给咨询人员。

（4）行动计划。在得到了组织高层的认可后，咨询人员同公司高层人员一同研究解决问题的方案。

（5）变革。实施解决问题的方案，组织开始了变革的过程。

（6）评价。咨询人员协助组织高层人员对整个变革的过程进行评价。

（7）采纳。组织的其他成员开始接受变革。

（8）分离。咨询人员开始准备离开组织，在离开前，咨询人员需要确认组织变革能够正常地开展下去。

1. 什么是组织？它有哪些分类方法？
2. 组织理论的发展历程是怎样的？
3. 组织结构设计流程有哪些？常见的组织结构类型有哪些？
4. 组织变革中动力与阻力有哪些？组织变革方法有哪些？
5. 说明组织发展的特征与流程。

参考文献

［1］陈春花，杨忠，曹洲涛．组织行为学［M］．3版．北京：机械工业出版社，2016.

［2］邓靖松．管理心理学［M］．2版．北京：中国人民大学出版社，2013.

［3］马金斯基．心理学与工作：工业与组织心理学导论［M］．姚翔，等译．北京：机械工业出版社，2014.

［4］陈春花．组织与文化管理［M］．广州：华南理工大学出版社，2018.

［5］俞文钊，苏永华. 管理心理学［M]. 6版. 大连：东北财经大学出版社，2018.

［6］段锦云．管理心理学［M］．2版．杭州：浙江大学出版社，2017.

［7］乐国安，管健．社会心理学［M］．2版．北京：中国人民大学出版社，2013.

［8］李爱梅，凌文辁．组织行为学［M］．北京：机械工业出版社，2015.

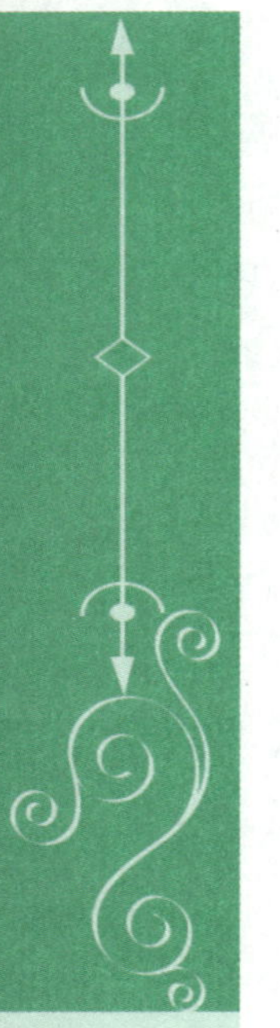